KB060546

新石器時代 住居와 聚落 研究

新石器時代

住居와 聚落 研究

● 구자진 지음

서경문화사

지은이_ 구자진 具滋振

1999년 한남대학교 역사교육과 졸업
2004년 한남대학교 문화재학과 졸업(문학석사)
2010년 숭실대학교 사학과 졸업(문학박사)
2006년~현재 한국토지주택공사 문화재담당

주요논문

2004, 「대천리 신석기유적의 토기와 석기에 대한 연구」『호서고고학』11, 호서고고학회.

2005, 「옥천 대천리의 신석기시대 집자리 연구」『한국상고사학보』47, 한국상고사학회.

2005, 「신석기시대 대상반복문토기에 대한 검토」『한국신석기연구』제9호, 한국신석기학회.

2006, 「중부 서해안지역의 신석기시대 집자리 연구」『숭실사학』19집, 숭실대학교사학과.

2006, 「우리나라 중서부지역의 신석기시대 집자리 연구」『한국신석기연구』제11호, 한국신석기학회.

2007, 「우리나라 신석기시대 집자리의 지역권설정과 변화양상」『한국신석기연구』제13호, 한국신석기학회.

2007, 「영동지역 신석기시대 집자리 연구」『강원고고학보』제10호, 강원고고학회.

2008, 「신석기시대 대천리식 집자리의 재검토」『호서고고학』18, 호서고고학회.

2008, 「중부 서해안지역 신석기시대 마을의 생계·주거방식 검토」『한국상고사학보』60, 한국상고사학회.

2009, 「남부내륙지역 신석기시대 마을의 구조와 생계방식 연구」『한국상고사학보』63, 한국상고사학회.

2009, 「아산만지역 신석기시대 집자리의 시공적위치」『문화재』42-3호, 국립문화재연구소.

2009, 「서·남해안지역 신석기시대 조개더미 유적의 집자리 의미」『한국신석기연구』18, 한국신석기학회.

2009, 『한국의 신석기시대 집자리』, 한국신석기학회·한강문화재연구원(공저).

新石器時代 住居와 聚落 研究

2011년 9월 15일 초판 1쇄 인쇄
2011년 9월 20일 초판 1쇄 발행

지은이 구자진
펴낸이 김선경
펴낸곳 서경문화사

주소 서울시 종로구 동숭동 199-15(105호)
전화 02-743-8203, 8205
팩스 02-743-8210
E-mail sk8203@chollian.net
출판등록 1-1664호
제책처 반도제책사

ISBN SBN 978-89-6062-077-3 93900

값 20,000원

　학부시절 역사를 공부하는 학생이라면 고고학 발굴조사 현장에 참여해 보아야 한다는 생각으로 첫 발을 내딛은 지, 18년이 흘렀다. 방학기간 동안 문화재 발굴조사 현장에서 선후배들과 함께 땀 흘리며 삽질(?)을 한 후, 먹는 달콤한(?) 소주 한잔에 매력을 느꼈는지도 모르겠다. 그러나 고고학의 길로 들어서게 된 직접적인 계기는 학과 선배님이며, 박물관 학예사로 근무하시는 김근완 선배님의 권유에서였다. 그 후 박물관에서 5년 동안 많은 것을 경험하고, 배우며, 때로는 호된 꾸지람도 들었지만, 그 시간이 필자가 지금까지 고고학을 공부할 수 있는 밑거름이 되었음은 두말할 필요도 없을 것이다.

　박물관에 근무하면서 많은 현장에 참여하게 되었는데, 2000년 여름에 조사한 옥천 대천리 유적은 필자가 고고학이라는 매력에 흠뻑 빠져들게 하였을 뿐만아니라, 석사학위논문으로 이어져 지금과 같이 신석기시대 전공자로 활동할 수 있게 된 계기가 되었다.

　대천리 유적은 그동안 공백지역으로 남아 있던 충청지역의 신석기문화를 이해하는데 매우 중요한 자료로 평가되며, 집자리 구조가 독특하고 발전된 형태로 당시 신석기시대 연구자를 비롯한 고고학자들에게 큰 이슈가 된바 있다. 이후 집자리 출토 유물을 정리하던 도중 토양시료에서 쌀, 보리, 밀, 조, 기장 등의 탄화곡물이 확인되어 다시 한번 고고학계에 큰 반향을 일으키게 되었다.

이 책은 본인의 박사학위논문을 단행본 형식으로 출간한 것으로, 한국을 비롯한 연해주와 요동반도 일부지역을 포함한 한반도 전역의 신석기시대 집자리와 마을에 대한 구조와 변화양상을 살펴보고, 이러한 변화양상이 일어나게 된 원인을 밝혀보고자 한 것이다. 최근 신석기연구의 다양화와 유적의 증가, 특히 마을유적의 증가로 이 같은 작은 결과물을 낼 수 있는 계기가 마련되었지만 부족한 부분이 많아 앞으로 보다 다양한 분석과 연구방법의 적용을 통해 조금씩 보완하고자 한다.

부족한 글이지만 박사학위를 받고 논문을 책으로 낼 수 있었던 데에는 많은 분들의 도움이 있었기에 가능한 일이었다. 먼저 고고학 학문의 길로 이끌어 주시고 항상 따뜻하게 보살펴 주신 한창균 선생님과 최병현 선생님의 은혜는 평생을 살아가면서 마음속 깊이 되새기며 살아도 부족함이 없을 것이다. 학문의 자세가 무엇인지 몸소 실천으로 보여주신 두 분 선생님의 가르침에 언제나 기대에 미치지 못해 죄송한 마음뿐이다. 또한 학부시절부터 대학원에 입학하여 학문의 길로 들어설 수 있도록 항상 옆에서 지켜봐 주시고 배려해 주신 이필영 선생님과 최이돈 선생님의 學恩 또한 평생 잊지 못할 것이다.

신석기시대를 공부하면서 무지한 저의 질문에 친절한 답변과 자료를 아낌없이 내어주신 신숙정 선생님과 안승모 선생님, 박사학위논문을 심사하여 주시고, 늘 많은 조언과 가르침을 아끼지 않으신 하인수, 임상택, 권영국 선생님께도 감사의 마음을 전합니다. 이밖에도 한국신석기연구의 어른이신 정징원, 임효재 선생님을 비롯한 이동주, 신종환, 김건수, 이준정, 최종혁, 박준범, 이영덕, 배성혁, 강창화, 고동순, 고재원 선생님들의 격려와 도움도 빼놓을 수 없다.

학위논문을 쓴다는 핑계로 가정에 충실하지 못한 남편을 묵묵히 인내해 준 사랑하는 아내 허세연과 아들 본찬, 본민에게 미안함을 이 자리를 빌어 전하며, 박사학위를 받는날 저보다 더 기뻐해 주신 부모님께 조그마한 위로가 되었으면 한다. 마지막으로 책의 출판을 흔쾌히 허락해 주신 서경문화사의 김선경 사장님과 편집진에게도 깊이 감사드린다.

2011년 9월
구 자 진

:: 차례

책을 내면서 ●5

제1장 머리말 ——————————————— 11

  1_ 연구현황 ●13

  2_ 연구목적과 방법 ●22

제2장 지역권과 상대편년 ——————————— 25

  1_ 지역권설정 ●25

  2_ 상대편년 ●43

제3장 집자리의 구조와 유형 ——————————— 63

  1_ 지역별 집자리의 구조와 특징 ●63

  2_ 지역별 집자리의 상관관계 ●102

  3_ 집자리의 유형설정 ●115

제4장 움집의 복원 ——————————————————————— 137

1_ 움집의 가구방식 ● 138

2_ 복원사례 검토 및 문제점 ● 152

3_ 유형별 움집 복원 ● 156

4_ 움집 복원을 통해 본 가구방식의 변화 ● 174

제5장 마을의 구조와 변천 ——————————————— 179

1_ 마을의 입지와 규모 ● 180

2_ 마을의 구조와 분류 ● 190

3_ 마을의 변천 ● 223

제6장 맺음말 ——————————————————————————— 229

:: 부록 1 신석기시대 집자리의 방사성탄소연대측정값 ● 235
:: 부록 2 한국의 신석기시대 집자리 현황표 ● 242
:: 참고문헌 ● 267
:: 찾아보기 ● 283

머리말

제1장

　신석기시대 연구의 주된 핵심은 당시 사람들의 생활상을 복원하는데 있다. 신석기인들에게 의식주는 가장 중요하고 시급히 해결해야 할 문제이며, 그 중에서 집자리는 먹고 입는 문제를 해결하기 위한 생산활동과 함께 사람들이 살아가기 위한 기본조건을 마련하는 중요한 일 중 하나였을 것이다. 집자리는 당시 사람들의 생활을 유지·확대해 나가기 위한 중요한 거점으로 생업경제 및 자연·지리적 조건과 밀접히 관련되어 있으며, 기후와 지형적 조건에 따라 일정한 특징을 나타내고 있다.

　일반적으로 지리학에서 인간이 정주하여 생활하는 장소라는 영어의 'settlement'는 한자어인 '聚落(마을)'으로 쓰이며, 이는 협의와 광의의 두 가지 의미로 사용되고 있다. 협의적 의미의 마을은 '한 지역을 점거하는 과정에 있어서 인간이 세운 건조물이며, 인류의 공동생활의 단위인 가옥의 모임을 총칭'하는 개념으로 사용되고 있다[1]. 즉 고고학에서 확인되는 집자리의 집합체가 마을에 해당한다. 광의적 개념은 '가옥 뿐만 아니라 이에 부수하는 토지, 수로, 공지, 기타의 주거에 수반되는 제요소를 포함하는 총칭'으로 사용되고 있다. 마을을 이처럼 광의적 의미로 파악하면, 고고학적으로 집자리와 연관되는 모든 유구, 즉 집자리 주변의 경작지, 도로망, 행위공간, 조개더미유적, 무덤, 가마, 공동건물지, 제사유적과 같은 의례장소 등이 모두 포함되는 개념으로 볼 수 있다[2].

집자리는 마을을 구성하는 기본 단위이며, 이를 통해 당시 사람들의 생활영역 및 사회·경제적 의미를 파악할 수 있는 필수적인 요소이다. 특히 선사인들에게 특정장소를 선택하여 집단의 거점을 마련하는 일은 매우 중요했을 것이다.

1990년대 이전까지 마을에 대한 연구는 초보적인 수준에 불과하였다. 그러나 1990년대 이후 대규모 개발에 따른 전면발굴이 시행되면서 집자리를 비롯한 개개 유구의 발굴에서 마을유적에 대한 전체적인 규모와 배치 등 마을연구의 기초적인 자료가 축적되기 시작하였고, 이를 기반으로 마을연구는 한 단계 진전된 논의가 가능하게 되었다.

최근 집자리와 마을 연구는 청동기시대와 (원)삼국시대 유적을 중심으로 다루어지고 있는데, 당시 사회의 계층화, 영역화, 정치체의 설정 등 다양한 연구가 이루어지고 있다. 그러나 신석기시대 집자리와 마을에 대한 연구는 2000년 이후에 와서야 자료의 축적이 이루어지고 있어 앞으로 이에 대한 본격적인 논의가 필요하게 되었다. 본고에서 다루고자 하는 신석기시대 집자리와 마을 연구는 이러한 문제의식을 가지고 출발하게 된 것이다.

---

1 洪慶姬, 1985, 『村落地理學』, 法文社.
2 秋淵植, 1994, 「聚落考古學의 世界的 研究傾向」 『마을의 考古學』, 韓國考古學會.

1_ 연구현황

우리나라 최초의 신석기시대 집자리 연구는 1960년대까지 발굴 조사된 집자리를 각 유적별로 입지, 평면형태, 규모, 바닥처리 방식, 내부시설물 등을 소개하는 정도였다[3]. 당시 연구는 고고학 자료의 부족으로 말미암아 연구자의 관심을 받지 못하였고, 대부분 신석기시대 유적의 확보와 빗살무늬토기를 통한 편년설정에 모든 관심이 집중되었다.

1970 · 80년대 들어서면서 신석기시대 집자리에 대한 초보적인 검토가 이루어졌다[4]. 북한에서의 선사시대 집자리에 대한 연구는 신석기시대에서 청동기시대에 이르는 집자리 자료들을 기존의 편년에 맞추어 그 변천과정에 대하여 논한 것이었다. 집자리의 평면형태와 기둥 배치 등을 통하여 추정되는 집의 짜임새, 즉 가옥 복원형의 변화에 주목하였다. 전기에 해당하는 집자리는 네모집에 서까래를 움 안에 세운 양면지붕인 지탑리 제1호 집자리를 제외하고는 모두 '고깔지붕'으로 보았다. 이러한 초기형태에서 방형의 움에 벽체가 형성되어 지붕이 보다 높아지고 서까래가 움 밖으로 나오는 양면 경사진 지붕으로 변화해간다고 본 것이다[5].

이후 신석기시대 집자리 연구는 움집의 복원에 초점이 맞춰지기 시작하는데, 선사시대 살림집의 발달과정을 민속학 자료를 중심으로, 도구의 발달 단계에 따라 사회적 생산 능력도 달라진다는 가정

---

3 金正基, 1968, 「韓國豎穴住居址考(一)」『考古學』1輯, 한국고고학회.
4 대표적으로 김용남 · 김용간 · 황기덕과 김홍식, 임영진 등의 연구가 있다.
5 金勇男 · 金用玕 · 黃基德, 1975, 『우리나라 원시집자리에 관한 연구』, 사회과학출판사.

하에서 신석기시대 움집의 복원안을 제시한 연구가 있다. 신석기인들은 도구의 발달로 큰 건축 부재를 생산할 수 있는 능력을 갖출 수 있게 되었고, 인공부재를 멀리서 채취 수송해서 집을 지었을 것으로 보았다. 그리하여 신석기시대 살림집을 외기둥형, 외다리형, 몽고포모양, 쌍다리모양, 모임지붕으로 추정 복원하였다[6].

또한 실제 유적에서 발굴 조사된 집자리를 대상으로 복원 실험한 결과를 발표하였는데, 기본적으로 암사동 집자리는 백이기둥 4개가 세워져서 뼈대를 이루는 쌍다리형이나 까치구멍집(한쪽은 모임지붕이고 다른 쪽은 합각을 만든 집)이 되는 것으로 판단하였다[7]. 이는 실제 조사된 집자리를 대상으로 한 최초의 움집 복원 실험으로써 그 의미가 크다고 할 수 있다.

임영진은 당시까지 발굴 조사된 신석기시대에서 철기시대에 해당하는 움집을 평면형태, 깊이, 지붕모양 및 기둥배치에 따라 분류한 후, '圓(楕圓, 四角)錐 無柱, 圓錐(楕圓, 四角) 1柱, 圓錐(楕圓, 四角) 4柱, 長方맞배 1列, 長方맞배 3列, 長方맞배 2列' 등으로 구분하였다. 이러한 형식분류를 통해 집자리의 평면형태, 지붕형태, 기둥배치, 움 깊이 등이 시대흐름에 따라 변화·발전해 가고 있다고 판단하였다. 이를 토대로 압록강, 두만강, 대동강, 한강유역, 기타지역의 주요 큰 하천을 중심으로 각 지역별로 집자리를 상대편년하고 지역별 시기적인 변화양상을 검토하였다[8]. 이는 고고학 연구자에 의해 최초로 시도된 선사시대 움집의 분류 및 복원연구로써 연구사적으로 매우 중요한

---

6 金鴻植, 1977, 「先史時代 살림집의 構造에 대한 연구(假設)」『文化財』11, 문화재관리국.
7 金鴻植, 1985, 「岩寺洞 움집 復元 考」『文化財』18, 문화재관리국.
8 林永珍, 1985, 「움집의 分類와 變遷」『한국고고학보』17·18합호, 한국고고학회.

성과로 평가받고 있다. 그러나 너무 넓은 지역의 오랜 시간 폭을 지닌 집자리를 대상으로 하여 검토하였기 때문에 지역적인 변화와 의미를 파악하는데 한계를 지닐 수밖에 없었다.

1990년대에는 그동안 간헐적으로 언급되었던 암사동 유적에 대해 종합적인 검토가 이루어졌으며[9], 집자리 내부공간과 거주 인원수에 관한 연구도 시도되었다[10]. 또한 개별 유적을 주변지역과 비교검토하거나 생활영역을 추정한 연구도 있다[11].

건축학 연구자들에 의해서도 신석기시대 집자리에 대한 연구 성과가 발표되었는데, 조형래는 선사시대 집자리의 벽체시설을 고고학적인 현상과 건축학적인 관점에서 유형별로 나누어 구조적 기능을 용도와 집을 짓는 방법을 통해 검토하였다. 그는 움집에서 고상가옥으로의 발전과정에서 움집에 벽이 처음으로 생겨난 것으로 판단하였다. 이때 주거 외부로부터 빗물이 새거나 위험물로부터 생활공간을 보호하기 위해 수장벽의 높이를 좀 더 높이는 작업을 했을 것이며, 이로 말미암아 움집 내부로부터 벽의 개념이 서서히 생기기 시작한 것으로 보았다. 이후 보다 넓은 주거공간의 확보를 위한 노력을 통해 지하로 주거의 용적을 확장시키는 것보다 지상으로 확장시키는 작업이 더욱 용이하다는 것을 알게 되고, 그 후 본격적인 벽의 발전이 이루어졌다고 보았다[12].

---

9 정성희, 1994, 「암사동 주거지에 대하여」『마을의 고고학』, 한국고고학회.
10 김희찬, 1995a, 「신석기시대 주거내 공간활용과 주거 인원수에 관한 연구」『경희사학』19, 경희대학교 사학과.
11 고동순, 2000, 「양양 지경리 유적의 생활영역」『지경리 선사문화에 대한 학술강연회』, 양양문화원.
   이동주, 2000, 「남강유역의 신석기문화와 일본 열도」『진주 남강유적과 고대일본』, 인제대학교 가야문화연구소.

또한 김도경·주남철은 당시까지 발굴된 신석기시대 집자리를 토대로 평면과 기둥배치 형식을 구분한 후, 당시 사용되었던 도구와 기술수준 등을 고려하여 구조를 추정하고 그 유형을 분류하였다. 크게 지붕의 구조에 따라 뿔형(모임지붕)과 용마루형(맞배지붕, 우진각지붕)으로 분류하고 평면형태와 기둥구멍의 배치에 따라 세분하였다. 이는 건축학자의 시각에서 신석기시대 움집을 무주식-뿔형에서 보강기둥식-뿔형, 그리고 기둥식-뿔형의 변천과정으로 상정한 것이다[13]. 집자리의 평면형태와 기둥구멍 배치에 따른 지붕구조의 추정복원이 건축학측면에서 다루어져 고고학 연구자들에게 움집의 구조, 즉 가구방식에 대한 이해에 도움을 주었으나, 집자리의 지역성과 시기구분 및 출토 유물에 대한 이해가 부족하여 자료의 인용과 해석에 한계를 지니고 있다.

2000년대 들어서면서 집자리 유적은 급격히 증가하여 지역적으로도 그동안 조사 예가 적었던 충청도, 강원도, 경상도 내륙지역 등을 비롯하여 우리나라 전 지역에서 고르게 조사되었다. 이를 바탕으로 신석기시대 집자리와 관련된 논문들이 본격적으로 발표되었으며, 다양한 주제와 분석이 이루어지고 있다. 지역권별로 집자리의 구조와 변화양상을 검토한 글이 발표되었으며[14], 동굴 및 바위그늘 유적에 대

12 조형래, 1996, 「수혈주거의 벽과 벽구에 관한 연구」, 부산대학교 석사학위논문.
13 김도경·주남철, 1998, 「新石器時代 움집의 構造와 變遷에 관한 硏究」『大韓建築學會論文集』14권 10호, 大韓建築學會.
14 송은숙, 2003, 「암사동선사주거지의 특성」『동아시아 속의 암사동 선사문화의 위치』, 제5차 암사동 선사 문화 국제학술대회 자료집.
   지현병, 2003, 「강원지방의 선사시대 주거구조에 대한 고찰」『강원지역의 역사와 문화』, 한국대학박물관협회 제50회 춘계학술대회 자료집.
   구자진, 2005a, 「옥천 대천리의 신석기시대 집자리 연구」『한국상고사학보』47,

한 종합적인 검토도 이루어졌다[15]. 이후 집자리 연구는 개별 집자리에서 마을단위의 연구로 진전되고 있다.

신석기시대 마을구조에 대한 대표적인 연구로는 이상균, 임상택, 배성혁의 글이 있는데, 이상균은 우리나라 신석기시대 마을유적의 경우 環狀과 弧狀形態이며 중앙에 광장이 있는 구조로 판단하였다. 이는 일본 죠몽시대 마을 유적에서 나타나는 특징을 통해 집자리 밀집지역에는 공공장소가 반드시 존재하고 저장시설이나 토기제작장은 집자리 밀집지역에서 벗어나 있으며, 석기제작장은 집자리 내부에 존재하기도 하고 중앙광장의 중심에 위치하기도 한다고 보았다. 또한 집자리 내에서 가족단위의 독립성을 유지하면서도 중앙광장을 둘러싸는 배치형태를 통해 단합하는 사회적 규범을 보이고, 영속적으로 광장공간을 일정하게 유지하며, 마을 내에서도 한 가족이 생활

한국상고사학회.

구자진, 2006a, 「중부 서해안지역의 신석기시대 집자리 연구」『숭실사학』19집, 숭실대학교사학과.

구자진, 2006b, 「우리나라 중서부지역의 신석기시대 집자리 연구」『한국신석기연구』제11호, 한국신석기학회.

구자진, 2007a, 「우리나라 신석기시대 집자리의 지역권설정과 변화양상」『한국신석기연구』제13호, 한국신석기학회.

구자진, 2007b, 「영동지역 신석기시대 집자리 연구」『강원고고학보』제10호, 강원고고학회.

구자진, 2008a, 「신석기시대 대천리식 집자리의 재검토」『호서고고학』18, 호서고고학회.

구자진, 2009c, 「대전지역의 신석기문화」『고고와 민속』12, 한남대학교중앙박물관.

구자진, 2009d, 「아산만지역 신석기시대 집자리의 시공적위치」『문화재』42-3호, 국립문화재연구소.

15 신숙정, 2004, 「우리나라 신석기·청동기시대의 동굴 및 바위그늘 유적 연구」『우리나라 선사시대의 동굴유적과 문화』, 연세대학교박물관.

하는 장소가 제한되어 있어 함부로 이동할 수 없다는 점을 집자리의 중복과정을 통해 알 수 있다고 보았다[16].

이러한 마을 구조 및 특징에 대한 견해는 일본 죠몽시대 연구결과를 우리나라 신석기시대에 그대로 적용한 것인데, 마을의 형태가 環狀과 弧狀形態이며 중앙에 광장이 있고, 집자리 밀집지역에는 공공장소가 반드시 존재한다는 가정[17]은 현재까지 들어난 우리나라 신석기시대 마을에서 일반화하기 어렵다. 저장시설의 경우에도 집자리 밀집지역에서 벗어나 있는 경우는 우리나라의 유적에서 거의 존재하지 않으며, 대부분 집자리 내부나 주변에 인접해 있다.

임상택은 마을구조의 변화상을 신석기시대 사회변화상을 판단할 수 있는 중요한 요소로 판단하고, 마을구조와 지역별 집자리의 분화현상, 규모 및 입지 변화에 대해 분석을 시도하였다. 특히 중서부지역의 집자리 변화를 시기적으로 분류하고 전개과정을 마을의 구조변동과 연계하여 그 원인을 밝혀보려 한 것이다[18].

그는 중서부지역 늦은 시기의 가장 큰 특징 중 하나로 대형 장방형 집자리의 출현을 들고 있는데, 이들의 출현양상은 대동강 · 황해도지역과 중부 이남이 차이가 있다고 보았다. 전자 지역에서는 다른 소형의 집자리와 공존하는 양상을 보이는 반면, 중부 이남에서는 단독으로 등장하는 양상을 보이는데, 옥천 대천리나 대전 관평동, 청원 쌍청리 등 충청내륙지역의 소위 대천리식 집자리에서 나타난다. 또한

---

16 이상균, 2003, 「한반도 신석기시대 주거의 변천과 구조적 양상」 『고문화』61, 한국대학박물관협회, 22~25쪽.

17 이러한 견해는 아직 일반화하기 어렵고, 배치상태의 파악은 상당히 주관적인 요소가 개입될 가능성이 높음을 주의하여야 한다는 지적이 있다(임상택, 2006a, 『한국 중서부지역 빗살무늬토기문화 연구』, 서울대학교 박사학위논문, 106~108쪽).

18 임상택, 2006a, 앞의 글.

개별 집자리 자체의 규모는 대형화하는 반면, 마을규모 또는 조직이라는 입장에서는 축소된 모습을 보인다는 것이다.

충청내륙지역에서 보이는 장방형 집자리들은 한강·임진강유역에서는 잘 보이지 않으며, 남부내륙지역의 장방형 집자리들과 연관될 가능성도 있으나 내부구조에서는 차이를 보이기 때문에 아직 이러한 계보관계를 설정하는데는 무리가 따른다고 보았다. 필자도 집자리의 구조와 입지 및 연대상에서도 차이점이 드러나며, 이는 생계방식의 차이에서 기인한 것으로 본 바 있다[19].

이에 비해 대동강·황해도지역에서는 금탄리, 남경, 표대 유적 등에서 보는 바와 같이 대형 집자리와 소형 집자리가 공존하고 있으며, 대형 집자리에서는 다량의 유물이 반출되는 특징을 보인다. 임상택은 이 대형 집자리를 공동시설로 판단하였으며, 이는 마을 조직원리상의 변동을 의미하는 것으로, 즉 동일 수준 집자리의 무작위적 병렬배치[20]에서 낙차가 있는 집자리간의 구심배치로 변화하는 것으로 보았다. 이러한 견해는 甲元眞之도 주목한 바 있는데, 그는 이 단계 마을의 기본단위를 대형 집자리 1기와 소형 집자리 3~4기로 구성된 '世帶'로 규정하고 이전단계의 소가족단위의 집단구조가 변화한 것으로 보았다[21]

결국 중서부지역 신석기시대 마을구조의 변화는 늦은 시기로 가면

---

19 구자진, 2009b, 「남부내륙지역 신석기시대 마을의 구조와 생계방식 연구」 『한국상고사학보』63, 한국상고사학회, 5~25쪽.

20 병렬 배치란 반드시 열을 이루어 배치되는 것만을 의미하는 것은 아니며, 집자리간 낙차가 존재하지 않는 상태에서의 임의적 배치를 일컫는 말로 사용한 것이며, 구심배치는 이와 상대되는 개념으로 보았다(임상택, 2006a, 앞의 글, 108쪽).

21 甲元眞之, 1997, 「朝鮮先史時代の集落構造」 『住の考古學』, 東京大學考古學研究室五十周年記念.

서 소형 집자리 몇 기로 이루어진 마을과 소형 집자리와 대형 집자리의 결합, 대형 집자리의 단독 존재라는 세 부류로 마을구조가 분화되는 양상으로 이해하였다.

배성혁은 김천 송죽리 유적을 모델로 자연환경을 고려한 입지선택으로부터 집자리나 토기가마, 석기제작장 등 개별유구의 공간배치구조 등에 이르기까지 일련의 계획에 따라 마을이 구성되었다고 판단하였다. 송죽리 유적에 반영된 기본적인 공간구조는 토기생산공간과 주거공간을 분리 배치한 것으로서 토기생산공간은 화재로부터 주거공간을 보호하기 위해 의도적으로 주거공간과 분리하여 배치한 것으로 보았다. 주거공간은 광장을 중심으로 중심부에는 공동작업시설인 석기제작장과 대형 공용가옥을 배치하고, 개별 집자리들의 일렬배치관계나 주거공간의 확장구조, 생활전용 주거공간을 확보하기 위한 야외저장창고 · 취사전용 야외 화덕시설의 분리배치구조 등의 특징을 지닌다고 보았다. 더불어 이러한 특징들을 보이는 마을은 기본적으로 공동체 단위의 생활을 영위한 사회구조로 파악하였다. 그리고 주거공간과 토기생산공간이 분리된 공간배치구조는 시기나 지역에 상관없이 적용되고 있음을 주장하고 있다[22].

최근에는 집자리 유적을 통해 생계 · 주거방식에 대한 논의도 본격적으로 다루어지고 있어 신석기시대 집자리와 마을 연구는 한 층 더 진전된 연구 성과를 보이고 있다[23]. 이외에도 신석기시대 집자리 유

22 배성혁, 2006, 「김천 송죽리 신석기시대의 취락 연구」, 계명대학교 석사학위논문, 74~81쪽.
23 김은영, 2006, 「신석기시대 연평도지역의 생계 · 주거 체계 연구」, 서울대학교 석사학위논문.
임상택, 2006a, 『한국 중서부지역 빗살무늬토기문화 연구』, 서울대학교 박사학위논문.

적의 꾸준한 증가를 통해 지역별 집자리의 구조와 복원에 대한 분석
도 지속적으로 다루어지고 있다[24].

　　결국 신석기시대 집자리 연구는 최근에 본격적인 연구의 장이 마
련되었다고 할 수 있다. 이는 신석기시대 집자리 연구에 있어 중요한
유적으로 평가받던 암사동 유적, 송죽리 유적, 상촌리(미발간) 유적 등
의 보고서가 근래 완간되었고, 그동안 조사 예가 많지 않았던 신석기
시대 마을 유적이 최근 몇 년 사이에 집중적으로 발굴 조사되어 보고
서가 발간되기 시작하였기 때문이다. 이와 함께 최근 조사된 집자리
유적에서는 다양한 분야의 분석이 동시에 이루어지고 있어 당시의
생계경제 연구에 있어 다양한 검토가 가능하게 되었다.

　　위와 같은 연구 성과들은 본고에서 다루게 될 신석기시대 집자리
와 마을 연구의 기본적인 토대가 되지만, 아직까지 지역별 · 시기별
집자리와 마을에 대한 종합적인 검토는 이루어지지 못하고 있는 실
정이다.

　　구자진, 2008b, 「중부 서해안지역 신석기시대 마을의 생계 · 주거방식 검토」『한
　　국상고사학보』60, 한국상고사학회.
　　구자진, 2009b, 앞의 글.
　　구자진, 2009e, 「서 · 남해안지역 신석기시대 조개더미 유적의 집자리 의미」『한
　　국신석기연구』18, 한국신석기학회.
24　김진희, 2008, 「한반도 신석기시대 주거지에 관한 연구-중서부지역 주거복원을
　　중심으로」, 원광대학교 석사학위논문.
　　이승윤, 2008a, 「중서부지방의 신석기시대 주거지에 대한 일 연구」『고고학』7-
　　2, 서울경기고고학회.
　　이승윤, 2008b, 「우리나라 중동부지방의 신석기시대 주거지에 대한 일 연구」『과
　　기고고연구』14, 아주대학교박물관.

2_ 연구목적과 방법

　　지금까지 살펴본 신석기시대 집자리 연구는 1970년대 중반 이후 초보적인 검토가 이루어졌으며, 초기에는 집자리 구조와 움집의 복원에 관심이 집중되어 있었다. 1990년대 이후 유적이 증가하면서 다양한 주제의 연구와 분석이 이루어졌는데, 특히 2000년대 들어서면서 대규모의 마을유적이 조사되면서 개별 집자리에 대한 연구에서 한 걸음 더 나아가 마을단위 연구로 이어지고 있는 추세이다. 더불어 신석기시대 생계·주거방식에 대해서도 진전된 연구 성과를 보이고 있다.

　　그러나 우리나라 신석기시대 집자리에 대한 체계적이고 종합적인 연구는 이루어지지 못하고 있다. 2000년대 이전까지는 집자리 유적이 지역적으로 편중되어 있었고, 소수에 불과하여 이를 통한 종합적인 분석 자체가 어려웠으며, 2000년대 이후에는 다수의 집자리 유적이 조사되었으나, 대부분 중요 유적들이 근래 발굴 조사되어 미보고된 유적이 많았고, 집자리보다는 빗살무늬토기를 통한 편년설정에 관심이 집중되어 있었기 때문이다.

　　이에 본고에서는 그동안 개별 유적이나 지역별로 다루어져 왔던 신석기시대 집자리에 대한 종합적인 검토를 통해 집자리와 마을의 구조 및 변화과정을 살펴보고, 이러한 변화가 일어나게 된 원인과 배경을 밝혀보고자 한다. 요컨대 신석기시대 집자리와 마을 유적의 변화과정을 통해 당시인들의 생활상을 이해하고자 하였다.

　　연구대상의 공간적 범위는 한반도로 설정하였고, 일부 연해주 및 요동지역을 포함하였는데, 동북지역과 서북지역의 신석기시대 집자리 유적은 수가 적을 뿐 아니라 이들 지역과는 토기상에 있어 동일한 전개양상을 보이기 때문이다[25].

　1장에서는 신석기시대 집자리에 대한 연구현황 및 문제점을 살펴보고, 2장에서는 집자리 유적을 빗살무늬토기와 자연·지리적 환경을 고려하여 9개의 지역권으로 구분하고, 이들 지역별 유적의 상대편년을 설정하고자 한다. 이는 신석기시대 집자리의 종합적인 검토를 위한 가장 기초적인 작업으로 볼 수 있다.

　3장에서는 지역별 집자리의 구조와 특징을 통해 시기적인 변화양상을 살펴본 후, 이를 토대로 각 지역별·시기별 관련성을 찾아보고자 한다. 집자리의 변화과정은 유물들과 달리 매우 오랜 시간에 걸쳐 더디게 진행되기 때문에 집자리의 구조 변화가 지니는 의미가 매우 크다고 생각된다. 또한 집자리 중 지역 및 시기를 대표할 수 있는 유적을 대상으로 유형설정을 시도해 보고자 한다. 신석기시대 집자리에 대한 유형설정은 그동안 고고학 자료의 부족으로 인해 가능성조차 언급되지 않았다. 그러나 옥천 대천리 유적의 조사를 통해 지역과 시기를 대표할 수 있는 집자리가 확인되었고, 이후 전국 각지에서 다수의 유적이 조사되면서 지역과 시기에 따른 집자리의 특징들이 드러나고 있어 이러한 작업이 가능할 것이라 판단된다.

　4장은 유형별 집자리의 복원을 통해 신석기시대 움집의 가구방식 변화에 따른 도구와 건축기술의 발달과정을 밝혀보고자 하였다. 특히 지금까지 이루어진 신석기시대 움집 복원은 많은 문제점이 노출되어 보다 객관적인 근거 제시와 최근 급속하게 발전하고 있는 건축설계 프로그램을 활용하여 보다 실질적인 모습의 움집을 재현해 보

25　이는 필자의 전고(구자진, 2007a, 앞의 글, 63쪽.)에서 신석기시대 지역권설정을
　　하면서 언급한 바 있어 참고하기 바란다.

고자 한다.

　5장은 개별 집자리에서 확대하여 마을단위의 분석으로 마을의 입지와 규모를 통해 마을의 구조를 살펴보고, 이를 집자리와 기타 다른 유구들과의 조합을 통하여 분류를 시도하였다. 마지막으로 마을의 변화과정을 살펴보고, 어떠한 원인에 의해 집자리와 마을 구조가 변화되어 가는지 유적에서 출토된 도구와 자연유물의 분석을 통해 살펴보고자 한다.

지역권과 상대편년

1_ 지역권설정

본장에서는 우리나라 신석기시대 집자리 유적의 분포를 통해 지역권을 설정한 후, 지역·시기별 집자리의 구조와 특징을 살펴보기 위해 상대편년(분기설정)을 시도하였다. 이는 기존의 빗살무늬토기를 중심으로 이루어진 편년과 지역권설정이 집자리 구조와 변화양상의 검토를 통해서도 드러날 것으로 생각되며, 최근 증가하고 있는 집자리 유적을 통해 지역권설정이 좀 더 세분화 될 수 있다고 판단되기 때문이다.

이러한 지역구분은 신석기시대 유적이 증가함에 따라 1980년대에 토기를 기준으로 중서부지역, 남부지역, 동북지역, 서북지역으로 영역이 설정된바 있다[26]. 이후 1990년대 후반부터는 남부내륙지역과

---

26 한영희, 1994, 「신석기시대의 사회와 문화」 『한국사』1, 한길사, 173~178쪽.

중부동해안지역 등에 대한 조사가 활발해지면서 기존의 4영역구분은 새로운 전환점을 맞게 되었다. 각 영역은 그 안에서 몇 개의 소문화영역으로 구분되기도 하고 영역권의 중간지역에서는 점이적 성격이 나타나는 등 복잡한 양상을 갖는 새로운 내용들이 속속 드러나고 있다.

우리나라의 지형과 해안선은 신석기시대에 들어와 삼면이 바다로 둘러싸이고 내륙지역에는 산맥과 큰 강이 형성되어 현재와 같은 모습이 되었다. 이렇게 산맥과 강으로 나누어지는 각 지역은 지형 및 생태학적 환경의 특징에 의해 각각 독특한 자연환경을 만들었다. 특히 내륙지역에는 많은 산맥이 분포하고 있어 이로 인한 단절된 지역상이 나타나기도 하며, 반면에 큰 강과 해안선을 따라 통합의 양상이 나타나 안정된 생활기반을 바탕으로 문화의 전파와 확산이 이루어졌다. 산맥과 강에 의한 단절과 통합으로 나타나는 이러한 자연환경은 신석기시대의 문화형성에 결정적인 요인으로 작용해 우리나라 신석기문화가 서로 다른 문화를 바탕으로 하는 여러 개의 소문화영역으로 구분되는 기본적인 배경이 되고 있다[27].

이에 본고에서는 동북지역, 서북지역, 대동강·황해도지역, 중부내륙지역, 중부서해안지역, 중부동해안지역, 충청내륙지역, 남부내륙지역, 남해안지역의 9개 지역권으로 구분하였다[28].

---

27 한영희, 1994, 앞의 글, 173쪽.
28 본고에서의 세분된 지역권설정은 1차로 우리나라의 자연·지리적 환경을 기준으로 구분한 것이며, 다음으로 집자리의 구조와 입지상의 특징, 마지막으로 기존 신석기시대 토기의 지역적인 전개양상을 고려하여 구분한 것이다.

(1)_ **동북지역**

　　한반도의 동북지역으로 낭림산맥을 경계로 서북지역과 구분된
다. 두만강유역을 포함한 지역으로 행정구역상 함경도와 량강도지역
에 해당하며, 일부 연해주와 길림지역도 포함된다. 두만강은 백두산
과 함경산맥을 기점으로 흐르는데, 하류는 동해와 접하고 있다. 상류
는 장백산맥과 함경산맥으로 폭이 좁고 계곡이 깊지만 중류이하는
강 하안이 평탄하게 펼쳐진다. 이러한 자연환경 때문에 이 지역의 고
고학적 문화는 오랜 기간 동안 독특하게 전개되었고, 현재는 러시아
연해주와 중국 길림, 한반도 동북부의 국경지역으로 나누어져 있지
만, 신석기시대는 하나의 문화권역으로 묶였을 것이다.

　　동북지역에서 조사된 신석기시대 집자리 유적은 서포항 유적[29]과
범의구석 유적[30], 토성리 유적[31], 강상리 유적[32] 등이 있으며, 연해주
지역의 크로우노프카 유적[33], 올레니-1유적[34], 보이스만 유적, 자이사
노프카-3유적[35], 그보즈제보-4유적[36]과 길림지역의 흥성 유적[37]과 금

---

29 김용간 · 서국태, 1972, 「서포항원시유적 발굴보고」『고고민속논문집』4, 과학 ·
　　백과사전출판사.
30 황기덕, 1975, 「무산 범의구석유적 발굴보고」『고고민속논문집』6, 과학 · 백과사
　　전출판사.
31 정찬영, 1983, 「토성리유적」『압록강, 독로강 유역 고구려유적 발굴보고』13, 과
　　학 · 백과사전출판사.
32 변사성 · 안영준, 1986, 「강상리유적의 질그릇 갖춤새에 대하여」『조선고고연구』
　　86-2, 사회과학출판사.
33 Komoto, M. and Obata, H., 2004, Krounovka 1 Site in Primorye, Russia.
34 데.엘.브로댠스끼(정석배 역), 1988, 『연해주의 고고학』, 학연문화사.
35 Беседнов А.Н., Вострецов Ю.Е., Жущиховская И.С., Загору
　　лько А.В., Кононенко Н.А., Короткий А.М., Раков В.А., 1998, *Пе
　　рвые рыболовы в заливе Петра Великого. Природа и д
　　ревний человек в бухте Бойсмана.* Владивосток: ДВО
　　РАН

곡 유적[38]에서도 신석기시대 집자리가 확인되었다[39].

(2)_ **서북지역**

　　한반도의 서북지역으로 행정구역상 평안북도와 자강도 지역, 중국의 단동, 본계 일부지역이 포함되며, 청천강유역부터 압록강유역을 중심으로 하여 태자하유역에 이르는 지역이다. 압록강 중상류 지역은 강과 평행하게 강남산맥, 적유령산맥 등의 험준한 산악지대를 형성하고 있어 대부분의 선사시대 유적은 압록강 하류의 해안지역에 밀집되어 있다.

　서북지역에서 조사된 신석기시대 집자리 유적은 룡연리 유적[40], 신암리 유적[41], 반궁리 유적[42], 세죽리 유적[43] 등이 있다. 이 지역에서 조

---

36 김재윤, 2010, 「두만강 신석기 후기 자돌점선문 토기의 편년과 지역성」『환동해 문화권의 신석기시대 제향상』, 제8회 환동해고고학연구회 정기학술발표회 자료집(재인용), 33~34쪽.

37 延邊博物館 吉林省文物考古研究所, 2001, 『和龍興城-新石器及靑銅時代遺址發掘報告』.

38 延邊博物館, 1991, 「吉林省龍井縣金谷新石器時代遺址情理簡報」『北方文物』1期.

39 토성리 유적은 지리적으로 두만강유역과 압록강유역의 경계지점에 해당되나, 뒤에 살펴볼 집자리의 구조와 도구의 조합양상에 있어 동북지역의 특징을 나타내고 있어 본고에서는 동북지역에 포함시켰다.

40 강중광, 1974, 「룡연리유적 발굴보고」『고고학자료집』4, 사회과학출판사.

41 리순진, 1965, 「신암리유적 발굴보고」『고고민속』65-3, 사회과학원출판사.
　　김용간·리순진, 1966, 「1965년도 신암리유적 발굴보고」『고고민속』66-3, 사회과학원출판사.

42 서국태·지화산, 1994, 「반궁리유적에 대하여(1)」『조선고고연구』94-2, 사회과학출판사.
　　서국태·지화산, 1995, 「반궁리유적에 대하여(2)」『조선고고연구』95-2, 사회과학출판사.

43 김정문, 1964, 「세죽리유적 발굴 중간보고(1)」『고고민속』64-2, 사회과학원출판사.
　　김영우, 1964, 「세죽리유적 발굴 중간보고(2)」『고고민속』64-4, 사회과학원출판사.

사된 집자리 수는 유적 수에 비해 많지 않지만, 압록강 이북지역의
후와 유적[44], 대강 유적[45], 석불산 유적[46] 등의 요령지역 신석기시대
유적과 같은 문화권역을 형성하고 있어 서북지역의 집자리 구조와
특징을 파악하는데 도움을 주고 있다.

(3)_ 대동강 · 황해도지역

행정구역상으로 황해도와 평안남도지역에 해당하며, 청천강
유역 이남부터 예성강유역과 마식령산맥 이북에 이르는 지역에 해당
한다. 대동강 · 황해도지역은 청천강, 대동강, 재령강, 예성강 등의
큰 하천이 동쪽에 치우쳐 있는 험준한 태백산맥과 낭림산맥에서 발
원하여 서해로 흘러가고 있어 비교적 완만한 지대를 이루고 있다.

대동강 · 황해도지역에서 조사된 신석기시대 집자리 유적은 1950
년 궁산 유적[47]을 시작으로 알려지기 시작하였다. 이후 1950~70년대
에 금탄리 유적[48], 지탑리 유적[49], 석탄리 유적[50]이 조사되었으며,
1980년대 이후에는 남경 유적[51], 장촌 유적[52], 마산리 유적[53], 소정리

44 許玉林, 1989, 「遼寧東溝縣后注遺址發掘槪要」 『文物』12期.
45 遼寧省博物館, 1986, 「遼寧東溝大岡新石器時代遺址」 『考古』4期.
46 許玉林, 1990b, 「遼寧東溝縣石佛山新石器時代晚期遺址發掘簡報」 『考古』8期.
47 도유호 · 황기덕, 1957, 『궁산원시유적발굴보고』, 과학원출판사.
   김용남, 1983, 「궁산문화에 대한 연구」 『고고민속논문집』8, 과학 · 백과사전출
   판사.
48 김용간, 1964, 『금탄리원시유적발굴보고』, 사회과학출판사.
49 도유호 · 황기덕, 1961, 『지탑리원시유적발굴보고』, 과학원출판사.
50 리기련, 1980, 『석탄리유적 발굴보고』, 과학백과사전출판사.
51 김용간 · 석광중, 1984, 『남경유적에 관한 연구』, 과학백과사전출판사.
52 석광준 · 허순산, 1987, 「장촌유적 발굴보고」 『조선고고연구』87-4, 사회과학출판사.
53 변사성 · 고영남, 1989, 「마산리유적의 신석기시대 집자리에 대하여」 『조선고고
   연구』89-4, 사회과학출판사.

유적[54], 룡덕리 유적[55], 남양리 유적[56], 표대 유적[57], 리천리 유적[58]에서 신석기시대 집자리가 조사되었다.

북한에서 보고된 신석기시대 집자리 유적 중 가장 많은 수가 대동강·황해도지역에서 조사되었다. 북한에서는 이 지역 신석기시대 집자리들의 선후관계를 파악하여 궁산문화 1기~4기로 편년하고 있는데[59], 이는 우리나라 중서부지역 신석기시대 편년에 근간을 이루고 있다.

(4)_ 중부내륙지역

중부내륙지역은 예성강과 마식령산맥 이남지역으로 임진강과 한강의 중·상류지역에 해당한다. 동쪽으로는 태백산맥을 경계로 하며, 서쪽으로는 한강하류를 경계로 중부서해안지역과 구분된다. 중

---

54 변사성, 1992, 「소정리유적 1지점 신석기시대 집자리 발굴보고」『조선고고연구』 92-3, 사회과학출판사.
전일권, 1999, 「소정리유적 2지점 신석기시대 집자리에 대하여」『조선고고연구』 99-3, 사회과학출판사.
고영남·전일권, 2000, 「소정리유적 3지점 신석기시대 집자리에 대하여」『조선 고고연구』98-3, 사회과학출판사.
55 김동일·김광철, 2001, 「증산군 룡덕리 신석기시대 집자리에 대하여」『조선고고 연구』01-3, 사회과학출판사.
56 서국태·지화산, 2002, 『남양리유적 발굴보고』, 사회과학출판사.
57 학계소식, 2003, 「표대유적에서 발굴된 신석기시대 집자리」『조선고고연구』03-2, 사회과학출판사.
박철, 2008, 「표대유적 제7지점에서 발굴된 집자리와 유물」『조선고고연구』08-2, 사회과학출판사.
58 지화산·리명철, 2008, 「리천리 유적 제1지구 신석기시대 집자리에 대하여(1)」 『조선고고연구』08-2, 사회과학출판사.
59 김용남, 1983, 「궁산문화에 대한 연구」『고고민속논문집』8, 과학·백과사전출 판사.

부내륙지역은 한강 · 임진강유역과 북 · 남한강유역(영서지역)으로 구분되는데, 한강 · 임진강유역에 해당하는 지역에서는 1968년 암사동 유적[60]이 조사되면서 신석기시대 대규모 마을의 전모가 밝혀지기 시작하였다. 이후 미사리 유적[61]과 연천 삼거리 유적[62]이 조사되었고, 최근에 남양주 호평동 지새울 유적[63], 화접리 유적[64], 덕송리 유적[65], 성남 사송동 유적[66], 판교동 유적[67], 파주 당동리 유적[68], 광주 신대리 유적[69], 의정부 민락 유적[70], 여주 양귀리 유적[71]에서 신석기시대 집자리가 조사되었다.

이 지역은 최근 암사동 유적에 대한 보고서가 완간되면서 집자리를 비롯한 출토유물에 대한 구체적인 정보가 제공되었고, 조사 예가

60 국립중앙박물관, 1994 · 95, 『암사동』. ; 국립중앙박물관, 1999, 『암사동 Ⅱ』. ; 국립중앙박물관, 2006, 『암사동 Ⅲ』. ; 국립중앙박물관, 2007, 『암사동 Ⅳ』. ; 국립중앙박물관, 2008, 『암사동 Ⅴ』.
61 미사리선사유적발굴조사단, 1994, 『미사리』제5권.
62 경기도박물관, 2002, 『연천 삼거리유적』.
63 기전문화재연구원, 2007c, 『남양주 호평동 지새울 유적』.
64 한백매장문화재연구원, 2008, 「남양주 별내 택지개발 사업지구내 문화재 시 · 발굴조사 3차 지도위원회의 자료」.
65 한백문화재연구원, 2010, 「남양주 별내 택지개발 사업지구내 문화재 시 · 발굴조사 10차 지도위원회의 자료집」.
66 고려문화재연구원, 2007a, 「성남 판교지구 문화재 발굴조사(24-1지점 · 21-2지점)」.
67 한국문화재보호재단, 2007, 「성남 판교지구 문화유적 2차 발굴조사-4차 지도위원회의 자료」.
68 경기문화재연구원, 2009, 『문산 당동리 유적』.
69 경기도자박물관, 2008, 『광주 신대리 18호 백자요지 발굴조사보고서』.
70 한국문화재보호재단, 2009, 「의정부 민락(2)지구 택지개발 유적 발(시)굴조사 2차 지도위원회의 자료」.
71 중부고고학연구소, 2010a, 「여주 자유골프장 조성사업부지내 유적(2지구) 발굴조사 제5차 지도위원회의 자료집」.

많지 않았던 한강 상류지역을 비롯한 주변지역에서 신석기시대 늦은 시기의 집자리 유적이 조사되면서 신석기시대 편년 및 집자리 변화 양상에 대한 검토가 가능하게 되었다. 특히 남양주의 호평동과 화접리, 덕송리 유적의 경우 비교적 험준한 산악지대 계곡의 말단부에 집자리와 야외 화덕시설이 조사되어 중부내륙지역 늦은 시기의 생계방식 및 신석기문화를 이해하는데 새로운 자료를 제공해 주고 있다. 그 중에서도 덕송리 유적의 경우, 집자리 내부의 화덕자리가 독특한 구조를 띠고 있어 주목된다[72].

북·남한강유역은 춘천 교동 동굴유적[73]과 내평리 유적[74]이 조사되면서 신석기문화가 알려지기 시작하였으며, 신석기시대 집자리는 최근에 이르러 춘천 천전리 유적[75], 거두리 유적[76], 신매리 유적[77], 홍천 역내리 유적[78], 성산리 유적[79], 정선 아우라지 유적[80], 영월 주천리 유적[81], 원주 반곡동 유적[82]을 비롯한 제천 신월리 유적[83]과 음성 금석리

---

72 덕송리 유적에서 조사된 11호 집자리의 화덕자리는 평면형태가 방형에 가까운 돌두름식 구조를 띤다. 규모는 길이 1m, 너비 68cm 정도로 바닥은 약 3~4cm 가량 단단하게 다졌으며, 화덕자리의 가장자리에 판석과 할석들을 2단 이상 눕혀 쌓아 올려 만들었다. 이와 같은 구조의 화덕시설은 지금까지 조사된 예가 거의 없어 주목된다.

73 김원룡, 1963, 「춘천 교동혈거유적과 유물」 『역사학보』20, 역사학회.

74 문화재관리국, 1974, 『팔당·소양댐 수몰지구 유적발굴종합보고』.

75 강원문화재연구소, 2008, 『천전리』.

76 김권중, 2006, 「춘천 거두2지구 유적」 『계층 사회와 지배자의 출현』, 한국고고학회.

77 강원문화재연구소, 2007c, 『신매리 10·47-1번지 유적』.

78 강원문화재연구소, 2005b, 『하화계리·철정리·역내리 유적』.

79 이경기 외, 2009, 「홍천 성산리 유적 조사개보」 『2009년 강원고고학회 춘계학술대회 자료집』, 강원고고학회.

80 강원문화재연구소, 2007b, 「정선 아우라지 유적-2차 발굴조사 약보고서」.

81 예맥문화재연구원, 2008a, 「영월 주천리 하수종말처리장 건설부지내 유적 발굴조사 지도위원회의 자료」.

유적[84]에서도 1~2기의 집자리가 조사되었다. 이 지역에서는 아직까지 이른 시기의 집자리 유적이 확인되지 않고, 대부분 필자의 Ⅱ기에 해당되는 집자리 유적들이 밀집되어 있는 특징을 보인다.

(5)_ 중부서해안지역

경기도와 충청남도 북부지역의 해안과 섬 지역으로 한강하류와 차령산맥 이북지역을 포함하고 있는 지역이다. 경기만과 아산만 일대를 포함한 지역으로 조수간만의 차가 크고 넓은 갯벌과 리아스식 해안을 이루고 있어 조개류를 비롯한 생업에 유리한 지형적 조건을 지니고 있다.

중부서해안지역에서는 강화 삼거리 유적[85]이 조사되면서 신석기시대 집자리가 일찍부터 알려지기 시작하였으나, 이후 대부분의 신석기시대 유적은 지표조사나 일부 학술발굴조사를 통해 조개더미 유적만이 확인되어 이 지역의 신석기문화를 이해하는데 많은 한계가 있어 왔다. 그러나 2000년 이후 섬과 해안지역에서 신석기시대 집자리 유적이 다수 조사되면서 한 단계 진전된 연구가 가능하게 되었다.

---

82 한강문화재연구원, 2009a, 「강원 원주혁신도시 개발사업부지내 문화유적 발굴조사 6차 지도위원회의 자료」.
   한강문화재연구원, 2010, 「강원 원주혁신도시 개발사업부지내 문화유적 발굴조사 9차 지도위원회의 자료」.
83 한국문화재보호재단, 2003, 『제천 신월토지구획 정리사업지구 문화유적 시·발굴조사 보고서』.
84 음성 금석리 유적(중원문화재연구원, 2008, 『음성 금석리 유적』)은 남한강유역에 위치하고 있어 영서지역에 포함시켰으나, 집자리의 구조나 입지 등의 특징은 충청내륙지역의 집자리와 유사한 특징을 지닌 것으로 판단된다. 이와 관련된 내용은 뒤에서 구체적으로 살펴보도록 하겠다.
85 국립박물관, 1967, 『한국 지석묘 연구』.

집자리 유적으로는 충청남도 북부해안지역의 서산 기지리 유적[86], 왕정리 유적[87], 아산 풍기동 유적[88], 성내리 유적[89], 장재리 안강골 유적[90], 백암리 점백골 유적[91], 용두리 외골 유적[92], 용화동 가재골 유적[93], 천안 백석동 고재미골 유적[94], 예산 목리 유적[95], 당진 우두리 유적[96], 기지시리 내기 유적[97], 합덕 소소리 유적[98] 등이 있다.

경기도 해안지역에서는 시흥 능곡동 유적[99], 안산 신길동 유적[100], 용인 농서리 유적[101] 등에서 신석기시대 대규모 마을이 조사되었다.

---

86 공주대학교박물관, 2009, 『해미 기지리유적』.
   충청남도역사문화원, 2005, 「서산 기지리유적 현장설명회자료」.
87 중앙문화재연구원, 2010, 「서산테크노밸리 조성사업부지내 유적 발굴조사 약보고서」.
88 이훈 · 구자진, 2005, 『아산 풍기동 유적』, 충청남도역사문화원.
89 구자진 · 최봉균, 2007, 『아산 성내리 신석기유적』, 충청남도역사문화원.
90 충청문화재연구원, 2008b, 『아산 장재리 안강골 유적(Ⅰ)』.
91 한국고고환경연구소, 2008, 「아산시 국도대체우회도로(배방~탕정)건설공사 구간내 문화유적 발굴조사 지도위원회의 자료」.
92 충청남도역사문화연구원, 2009a, 「아산 탕정 제2일반지방산업단지 조성부지내 Ⅰ지역 1지점(나구역) 문화유적 발굴조사 아산 용두리 외골 유적」.
93 충청문화재연구원, 2009, 『아산 용화동 가재골 유적』.
94 충청문화재연구원, 2008a, 「천안유통단지 개발사업지역내 문화유적 발굴조사-천안 백석동 고재미골 유적」.
95 충청남도역사문화연구원, 2009d, 「도청이전신도시 2-4지점 매장문화재 발굴조사 2차 지도위원회의 자료집」.
96 충청남도역사문화연구원, 2008, 「당진 도시개발지역내 문화유적 발굴조사 2차 지도위원회의 자료집」.
97 충청문화재연구원, 2010, 「당진 송악지구 도시개발 사업지구내 문화유적 발굴조사 당진 기지시리 내기유적」.
98 충청남도역사문화연구원, 2009b, 「당진 합덕지방산업단지 조성사업부지내 문화유적 발굴조사 개략보고서」.
99 기전문화재연구원, 2007a, 「시흥 능곡택지개발지구내 능곡동유적 발굴조사」.
100 고려문화재연구원, 2006, 「안산 신길택지개발지구내 유적 발굴(시굴)조사-Ⅳ지점 신석기시대 주거지 발굴조사」.
101 기호문화재연구원, 2009, 『용인 농서리 유적』.

섬 지역에서는 영종도 는들 유적[102], 중산동 유적[103], 운서동 유적[104], 운
북동 유적[105], 운서동 젓개마을 유적[106], 을왕동 유적[107], 삼목도 유적[108],
대연평도 까치산 조개더미 유적[109], 모이도 조개더미 유적[110], 오이도
뒷살막·가운데살막 조개더미 유적[111], 화성 가재리 유적[112] 등에서 신
석기시대 집자리 유적이 조사되어 중서부지역 신석기문화를 재조명

102 서울대학교 인문학연구소, 1999, 『영종도 는들 신석기유적』.
103 고려문화재연구원, 2009, 『인천 영종도 유적』.
     중앙문화재연구원, 2008b, 「인천경제자유구역 영종지구 영종하늘도시 1구역
     (운서동)·3구역(중산동) 유적 발굴조사」.
     중앙문화재연구원, 2008c, 「인천경제자유구역 영종지구 영종하늘도시내(3구
     역) 유적 문화재 발굴조사 4차 지도위원회의 자료」.
     한강문화재연구원, 2008b, 「인천경제자유구역 영종지구(영종지역) 문화재 발
     굴조사 3차 지도위원회의 -22·23지점-」.
     한강문화재연구원, 2008c, 「인천경제자유구역 영종지구(영종지역) 문화재 발굴
     조사 자문위원회-21·23지점-」.
104 중앙문화재연구원, 2008a, 「인천 운서동 유적-신석기시대 취락유적의 조사-」.
     중앙문화재연구원, 2008b, 「인천경제자유구역 영종지구 영종하늘도시 1구역
     (운서동)·3구역(중산동) 유적 발굴조사」.
105 한강문화재연구원, 2008~2010, 「운북 복합레저단지 조성사업 예정부지내 문
     화유적 발굴조사 1~7차 지도위원회」.
106 한양대학교박물관, 1999, 『영종도 문화유적-신항공 고속도로 건설지역내 문화
     유적조사 종합보고』.
107 중앙문화재연구원, 2006, 『인천 을왕동 유적』.
108 임상택·양시은, 2006, 「인천 삼목도Ⅲ유적」『남부지방 신석기문화의 제문제』
     2006년 한국신석기학회 학술대회 발표자료집, 한국신석기학회.
     서울대학교박물관, 2003, 『인천국제공항 2단계건설 부지조성공사 기본 및 실
     시설계용역 문화유적 발굴조사 조사결과보고서』.
     서울대학교박물관, 2007, 『삼목도 유적Ⅲ』.
109 국립문화재연구소, 2005, 『대연평도 까치산패총』.
110 국립문화재연구소, 2003, 『연평 모이도패총』.
111 서울대학교박물관, 2001, 『오이도 가운데살막패총』.
     서울대학교박물관, 2002, 『오이도 뒷살막패총-시굴조사보고서-』.
112 한신대학교박물관, 2007, 『화성 가재리 원삼국토기 요지』.

할 수 있는 계기가 되고 있다. 이는 그동안 불안정했던 중서부지역의 신석기시대 편년연구에 있어서도 매우 중요한 유적들이다.

또한 김포 운양동 유적[113]과 구래리 유적[114], 신곡리 유적[115]에서 신석기시대 집자리가 조사되고 있는데, 일부 유적에서는 충청내륙지역에서 조사되고 있는 구조적 특징을 지닌 집자리가 확인되고 있어 조사결과가 주목된다.

(6)_ 중부동해안지역

중부동해안지역은 태백산맥 이동지역의 경북에서 강원도 이르는 해안지역에 해당한다. 중부동해안지역은 태백산맥을 경계로 중부내륙지역과 구분되며, 신석기시대 집자리 유적은 양양 오산리 A · B유적[116]의 발굴을 통해 알려지기 시작하였다. 이후 양양 가평리 유적[117], 오산리 C유적[118], 송전리 유적[119], 고성 문암리 유적[120], 철통리 유적[121], 강릉 지경리 유적[122], 초당동 유적[123], 하시동 유적[124]과 최근 경북 울진

113 한강문화재연구원, 2009b, 「김포 양촌 택지개발지구내 문화재 발굴조사 6차 지도위원회의 자료집」.
114 고려문화재연구원, 2009, 「김포 양촌 택지개발지구내 문화재 시 · 발굴조사 7차 지도위원회의 자료집」.
115 중부고고학연구소, 2009, 「김포 신곡6지구 도시개발사업내 유적 발굴조사 제1차 지도위원회의 자료집」.
116 서울대학교박물관, 1984, 『오산리』. ; 서울대학교박물관, 1985, 『오산리Ⅱ』. ; 서울대학교박물관, 1988, 『오산리Ⅲ』.
117 국립문화재연구소, 1999, 『양양 가평리』.
118 예맥문화재연구원, 2007, 「양양 여운포-송전간 도로개설부지내 유적 발굴조사 2차 지도위원회의 자료」.
119 예맥문화재연구원, 2008b, 『양양 송전리 유적』.
120 국립문화재연구소, 2004, 『고성 문암리 유적』. ; 국립문화재연구소, 2010, 「강원 고성 문암리 선사유적 발굴조사 자문회의」.
121 예맥문화재연구원, 2009, 『고성 철통리 유적』.

지역의 오산리 유적[125]에서도 신석기시대 집자리가 조사되어 그동안 공백지역으로 남아 있던 강원도 동해안지역과 경북 동해안지역간의 연결고리를 찾을 수 있을 것으로 판단된다.

특히 중부동해안지역의 신석기시대 집자리 유적 중 최근 조사된 오산리 C유적에서는 6기의 집자리가 조사되어 융기문토기단계 및 오산리식토기단계의 집자리 및 토기양상을 파악하는데 매우 중요한 자료이다. 또한 고성 철통리 유적은 강원도 동해안지역에서 최초로 구릉지역에서 신석기시대 집자리가 확인된 것으로 기존의 해안가 사구지대에서 조사된 집자리와 비교 · 검토가 가능한 유적으로 주목받고 있다.

(7)_ 충청내륙지역

충청내륙지역은 금강을 중심으로 충청남도, 충청북도와 전라북도의 일부지역이 포함되며, 대부분 차령산맥 이남에서 노령산맥 이북지역에 해당한다. 중부서해안지역과는 지역적으로 일부 중복되는 양상을 보이는데, 특히 아산 · 서산 · 당진을 비롯한 충청남도 북부해안지역과 경기남부 해안지역에서 중부서해안지역과 점이지대를 이루는 것으로 판단된다.

충청내륙지역에서는 1990년대 이전까지 신석기시대 유적의 조사

---

122 강릉대학교박물관, 2002, 『양양 지경리 주거지』.

123 강원문화재연구소, 2005a, 『강릉 초당동 유적 I』. ; 강원문화재연구소, 2006a, 『강릉 초당동 신석기유적』. ; 강원문화재연구소, 2006b, 『강릉 초당동 유적 II』.

124 강원문화재연구소, 2006c, 『강릉 하시동 공군관사부지내 문화유적 시굴조사 보고서』.

125 한빛문화재연구원, 2009, 「울진 스킨스쿠버 트레이닝센터 건립부지 내 문화유적 발굴조사 약보고서」.

가 전무하다시피 하였다. 그러나 둔산 유적[126]과 청원 쌍청리 유적[127]에서 신석기시대 움구덩과 집자리가 조사되면서 그 일면이 밝혀지기 시작하였다. 1990년대 이후에는 옥천 대천리 유적[128]을 비롯하여 대전 관평동 유적[129], 보령 관창리 유적[130], 홍성 상정리 유적[131], 송월리 유적[132], 공주 신관동 유적[133], 계룡 용동리 유적[134], 청원 영하리 유적[135]에서 신석기시대 집자리가 조사되었으며, 이밖에도 연기 석삼리 유적[136], 청양 학암리 유적[137], 청주 봉명동 유적[138], 진안 진그늘 유적[139], 갈머리 유적[140]에서도 집자리가 확인되었다. 최근에는 그 조사 예가 드물었던 전라북도 지역의 익산 웅포리 유적[141]과 전주 효자동 유적[142]

---

126 충남대학교박물관, 1995b, 『둔산』.

127 국립청주박물관, 1993, 『청원 쌍청리 주거지』.

128 한남대학교중앙박물관, 2003, 『옥천 대천리 신석기유적』.

129 중앙문화재연구원, 2002, 『대전 관평동유적』.

130 충남대학교박물관, 1995a, 「보령 관창리 주거유적 발굴조사 약보고서」.

131 충청문화재연구원, 2005, 『홍성 장척리 · 상정리 유적』.

132 충청문화재연구원, 2007, 『홍성 송월리 · 학계리 유적』.

133 충청남도역사문화연구원, 2009c, 『공주 신관동 관골 유적』.

134 이남석 · 이현숙, 2009, 「계룡면 용동리 신석기시대 주거지」『한국신석기연구』 18, 한국신석기학회.

135 한국선사문화연구원, 2009, 「청원 세교-초정(영하-우산)간 도로 확 · 포장 공가구간내 유적 발굴조사 약보고서」.

136 한국고고환경연구소, 2010, 「행정중심복합도시 대학연구지역 생활권 4-1 · 2(시굴 3-2)지점 내 연기 석삼리 유적 지도위원회의 자료집」.

137 공주대학교박물관, 2002, 『학암리유적』.

138 충북대학교박물관, 2004, 『청주 봉명동 유적(Ⅲ)』.

139 조선대학교박물관, 2005, 『진안 진그늘 선사유적』.

140 호남문화재연구원, 2003, 『갈머리 유적』.

141 전북문화재연구원, 2007a, 「익산 웅포관광지(3지구) 문화재 발굴조사 익산 웅포리 유적(Ⅰ · Ⅱ지구)」.

142 전북문화재연구원, 2007b, 「전주 효자5유적-제1차 지도위원회의 및 현장설명회 자료」.

에서 신석기시대 집자리가 조사되었다.

(8)_ 남부내륙지역

남부내륙지역은 소백산맥과 노령산맥 이남의 전라도와 경상도 지역의 해안지역과 도서지역을 제외한 지역에 해당한다. 대부분 큰 하천과 그 지류의 충적대지에서 신석기시대 집자리가 조사되고 있다. 이 지역에서는 김천 송죽리 유적[143], 지좌리 유적[144], 진주 상촌리 유적[145], 평거동 유적[146], 합천 봉계리 유적[147], 거창 임불리 유적[148], 밀양 금천리 유적[149], 산청 소남리 유적[150]과 최근 대구지역의 유천동 유적[151], 서변동 유적[152], 대봉동 유적[153], 대천동 유적[154]에서 신석기시대 집자리가 조사되었으며, 송죽리 유적과 상촌리 유적에서는 대규모 마을이 조사되어 신석기시대 연구에 중요한 자료를 제공해 주고 있다.

143 계명대학교행소박물관, 2006, 『김천 송죽리 유적Ⅰ』.
144 대동문화재연구원, 2009, 「김천 부항다목적댐 건설지역내(제2-1·8구역) 유적 발굴조사 제1차 지도위원회의 자료」.
145 동의대학교박물관, 2002, 『상촌리유적』. ; 이동주, 2000, 앞의 글.
146 경남발전연구원, 2009, 「진주 평거동 유적 - 4-Ⅰ지구 - 현장설명회 자료」. 경남발전연구원, 2010, 「진주 평거동 유적 - 4-Ⅰ지구 - 현장설명회 자료」.
147 동아대학교박물관, 1989, 『합천 봉계리유적』.
148 안춘배, 1989, 「거창 임불리선사주거지 조사개보」『영남고고학보』6, 영남고고학회.
149 경남대학교박물관, 2003, 「대구-부산간 고속도로 구간내 밀양 금천리 유적-현장설명회 자료」.
150 신라대학교 가야문화재연구소, 1998, 「산청 소남리유적」『영남고고학』22, 영남고고학회.
151 경상북도문화재연구원, 2007, 「대구 유천동 248-1번지 일원 유적 발굴조사 지도위원회 및 현장설명회 자료」.
152 영남문화재연구원, 2002, 『대구 서변동취락유적Ⅰ』.
153 경상북도문화재연구원, 2006, 『대구 대봉동 마을유적』.
154 경주대학교박물관, 2007, 『대구 대천동 현대 홈타운 신축부지 내 발굴조사보고서』.

그 동안 남부내륙지역의 신석기시대 유적은 남해안 혹은 중서부지역 유적에서 출토된 빗살무늬토기와의 관련성에 연구의 초점이 맞춰져 왔으며, 충청내륙지역에서 조사된 집자리와도 매우 밀접한 관련이 있다.

(9)_ 남해안지역

남해안지역은 전라도와 경상도의 남부내륙지역을 제외한 해안 및 섬 지역에 해당한다. 이 지역에서는 일찍부터 신석기시대 유적이 조사되었는데, 대부분 조개더미 유적으로 집자리 유적은 매우 드문 편이다. 조사된 집자리 유적의 경우에도 조개더미 유적의 포함층에서 확인된 것이 대부분으로 부산 동삼동 유적[155]과 하동 목도 유적[156], 돌산 송도 유적[157], 경주 봉길리 유적[158] 등이 있다. 봉길리 유적의 경우 남해안지역의 해안 사구지역에서 조사된 유일한 집자리 유적이다.

특히 동삼동 유적에서 조사된 집자리는 남해안지역 집자리의 구조 및 특징을 파악하는데 좋은 자료로 모두 파괴와 중복으로 원형을 유지하고 있지 않지만 영선동식토기단계의 3호 집자리와 태선문 빗살무늬토기단계의 1, 2호 집자리로 나뉜다. 1, 2호 집자리의 경우는 원형 또는 말각방형으로 벽을 따라 2중의 기둥구멍이 설치되어 있는 점이 특이하다. 파괴된 것이기는 하나 남부내륙지역에서 보이는 중기단계의 집자리 유적과는 형태를 달리하고 있는 점이 주목된다[159].

---

155 부산박물관, 2007, 『동삼동패총 정화지역 발굴조사보고서』.
156 국립진주박물관, 1999, 『목도패총』.
157 국립광주박물관, 1989, 『돌산송도Ⅰ』. ; 국립광주박물관, 1990, 『돌산송도Ⅱ』.
158 신라문화유산조사단, 2006, 「경주 양북면 봉길리 13-1번지 근린생활시설신축예정부지 내 발굴조사 지도위원회의 자료」.
159 부산박물관, 2007, 앞의 보고서.

표 2-1 우리나라 신석기시대 집자리 유적 일람표(번호는 그림 2-1과 동일)

번호	유 적 명	번호	유 적 명	번호	유 적 명
1	올레니-1	2	보이스만	3	자이사노프카-1, 3 그보즈제보-4
4	서포항	5	범의구석	6	금곡
7	흥성	8	강상리	9	토성리
10	신암리	11	룡연리	12	반궁리
13	세죽리	14	후와, 대강	15	석불산
16	남양리	17	룡덕리	18	궁산
19	장촌	20	표대, 남경	21	리천리, 청호리
22	금탄리	23	석탄리	24	지탑리
25	마산리	26	소정리	27	삼거리
28	당동리	29	호평동 지새울, 화접리, 덕송리	30	암사동
31	미사리	32	사송동, 판교동	33	신대리
34	양귀리	35	민락	36	운북동, 중산동, 운서동, 는들, 삼목도
37	을왕동	38	능곡동	39	신길동
40	농서리	41	가재리	42	운양동, 신곡리, 양촌리
43	대연평도 까치산, 모이도	44	오이도 가운데살막, 뒷살막	45	우두리, 기지시리
46	소소리	47	기지리, 왕정리	48	성내리
49	풍기동, 용화동 가재골, 백암리 점배골, 용두리 외골	50	장재리 안강골, 백석동 고재미골	51	목리
52	철통리	53	문암리	54	가평리, 송전리
55	오산리	56	지경리	57	초당동, 하시동
58	신매리	59	천전리, 거두리	60	역내리, 성산리
61	아우라지	62	주천리	63	반곡동
64	신월리	65	송월리, 상정리	66	관창리
67	신관동	68	관평동	69	대천리
70	용동리	71	학암리	72	봉명동
73	쌍청리, 영하리	74	금석리	75	진그늘
76	갈머리	77	웅포리	78	효자동
79	장암	80	가도, 노래섬	81	송죽리, 지좌리
82	유천동, 서변동, 대봉동, 대천동	83	임불리, 봉계리	84	금천리
85	소남리	86	상촌리, 평거동	87	목도
88	송도	89	동삼동	90	봉길리
91	비봉리	92	오산리(울진)		

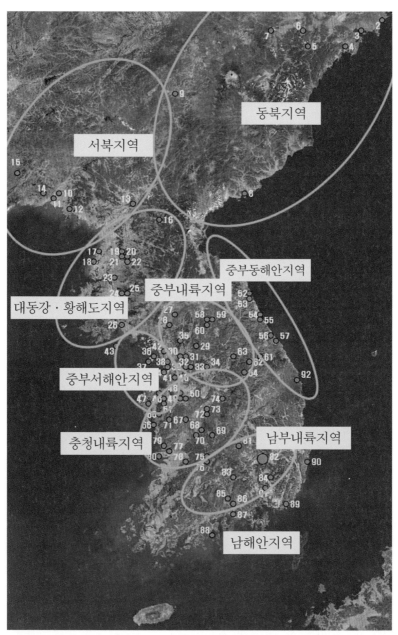

그림 2-1 우리나라 신석기시대 집자리 유적 위치도 및 지역권설정

2_ 상대편년

　　고고학 연구에 있어 한 시대 내에서 단계 또는 기(期)를 설정하느냐 마느냐 하는 것은 목적에 따라 여러 가지 기준을 통해 이루어질 수 있다. 지금까지 한국고고학에서는 사실 유물(특히 토기)상에서의 변화가 확인되면 조건반사적으로 단계를 구분해왔다. 이는 편년 자체가 목적이었던데 기인한 바 크다. 따라서 구분해놓은 각 단계가 개별 유물의 차이 이외에 어떤 차이가 있는지에 대한 구체적 언급은 없는 실정이었으며, 그럴 필요도 느끼지 못하는 상태였다. 이 점은 신석기시대도 마찬가지라 할 수 있다. 상대적으로 유물상의 편차가 큰 동해안이나 남해안의 경우는 이러한 단계구분의 문제가 제기될 여지가 적었지만, 단계적 변화과정이 불분명했던 중서부지역을 비롯한 북부지역에서는 기계적인 전·중·후 3기 혹은 5기 구분의 타당성에 문제가 제기되고 있는 실정이다[160].

　　그러나 최근에는 이러한 시기구분의 문제점을 인식하여 지역별 혹은 종합적인 신석기시대 편년에 있어 2기~6기로 다양한 편년연구가 이루어지고 있다. 여기에서는 기존의 지역별 신석기시대 편년연구 성과를 토대로 집자리 유적에 대한 필자 나름의 상대편년을 시도하고자 한다.

(1)_ 북부지역

　　북부지역은 지역권설정에 있어 동북지역과 서북지역에 해당한다. 이 지역의 신석기시대 편년은 김종혁과 서국태의 연구성과를 참

160　임상택, 2006a, 앞의 글, 17쪽.

고하였다. 김종혁은 압록강유역(압록강을 중심으로 평안북도와 단동지구, 본계현의 일부)의 신석기시대 유적 중 신암리 유적과 후와 유적의 지층의 퇴적양상, 집자리의 중복관계, 유물갖춤새를 통해 후와 유적 1기층→후와 유적 2기층→신암리 유적 1기층→신암리 유적 2기층의 상대편년을 설정하고 주변지역의 신석기시대 유적에 대한 편년을 시도하였다[161].

표 2-2는 김종혁의 서북지역 신석기시대 상대편년안을 집자리 유적을 중심으로 필자가 재편집한 것이다. 이에 임상택은 중서부지역의 빗살무늬토기 편년과 관련하여 1기를 중서부 Ⅰ기로, 2기를 중서부 Ⅱ기로, 3기를 중서부 Ⅲ기와 병행관계를 이룬다고 보았다[162].

표 2-2 압록강유역의 신석기시대 상대편년[163]

기원전 4,000년기 이전	기원전 4,000년기	기원전 3,000년기
1기	2기	3기
후와(하층) 유적, 대강 유적	세죽리 유적, 후와(상층) 유적	신암리, 룡연리, 반궁리 석불산 유적

동북지역은 서국태의 편년안을 수용하였는데[164], 그는 동북지역에

---

161 김종혁, 1992, 「압록강하류일대 신석기시대 유적들의 년대에 대하여」『조선고고연구』92-4, 사회과학출판사.

162 필자는 김종혁에 의해 편년된 4기의 분류 중 마지막 단계의 4기는 본고의 편년안에서 제외하였다. 이는 그의 4기 편년에 해당하는 유적에서 집자리 유적이 확인되지 않았으며, 빗살무늬토기 양상도 전 단계와 뚜렷하게 구분되지 않는다고 판단하였기 때문이다. 또한 4기는 중서부지역 Ⅳ기와 병행관계에 있다고 임상택은 판단하고 있어 중서부지역의 Ⅳ기와 서북지역의 4기 양상은 확연히 구별되지 않고 있기 때문이다(임상택, 2006a, 앞의 글, 59~60쪽).

163 김종혁, 1992, 앞의 글.

164 서국태, 1986, 『조선의 신석기시대』, 사회과학출판사, 19쪽.

서 가장 대표적인 서포항 유적의 조사 성과를 바탕으로 하여 크게 5
기로 편년하였다. 5기 편년은 서포항 유적 집자리의 중복관계와 유물
갖춤새를 통해 구분한 것이다. 그러나 앞서 언급하였듯이 토기를 통
한 상대편년은 집자리의 분석에 그다지 효율적이지 않아 그가 제시
한 북한지역의 종합적인 신석기시대 편년안을 따랐다. 즉 서포항 1기
와 2기를 신석기시대 전기로, 서포항 3기를 신석기시대 중기로, 서포
항 4기와 5기를 신석기시대 후기로 판단하였다(표 2-3 참조).

(2)_ 중서부지역

중서부지역의 신석기시대 편년은 북한의 궁산 유적과 지탑리
유적, 금탄리 유적의 발굴조사 성과를 바탕으로 한 궁산문화 1~4기
의 설정[165]과 남한의 한영희[166]에 의한 연구를 통해 그 상대서열의 골
격은 세워졌다고 할 수 있다. 이는 3부위 구분계 전면시문토기에서
동일계 토기로의 변화를 기본으로 하고 있다. 결국 빗살무늬토기는
시간의 흐름에 따라 문양시문범위가 점차 축소되고, 구분계에서 동
일계로 변화하며 무문양이 증가하는 것으로 본 것이다.

이후 1980년대 말부터 증가하기 시작한 서해안지역 조개더미 유적
의 발굴 성과를 토대로 1990년대 말 이후 중서부지역 신석기시대 편
년에 대한 재검토가 이루어지기 시작하였고, 방사성탄소연대에 의한
새로운 자료들이 축적되면서 중서부지역 신석기시대 토기편년 연구
는 새로운 국면으로 접어들게 되었다.

---

165 김용남, 1983, 「궁산문화에 대한 연구」 『고고민속논문집』8, 과학 · 백과사전출
    판사.
166 한영희, 1978, 「한반도 중 · 서부지방의 신석기문화」 『한국고고학보』5, 한국고
    고학회.

대표적으로 田中總一과 임상택의 연구를 들 수 있는데, 田中總一은 중서부지역을 대동강유역 5단계, 한강유역 4단계로 구분하였으며, 이를 다시 통합하여 6기로 구분하는 편년안을 제시하였다. 대동강유역과 한강유역은 토기의 문양구성과 태토 조성의 검토를 통해 3기까지는 양 지역이 유사성이 있으나, 4기 이후에는 서로 다른 지역성이 나타난다고 보았다[167]. 임상택은 중서부지역을 Ⅰ~Ⅳ기의 네 분기로 설정하였는데, 이는 기존의 궁산문화 1~4기와 중서부 전·중·후 3기 구분의 성과를 수용하되, 궁산 1·2기를 Ⅰ기 전반과 후반으로 하여 Ⅰ기내에 통합하였으며, 궁산4기와 중서부 후기로 각각 통칭되던 늦은 시기를 Ⅲ기와 Ⅳ기로 나눈 것이다. 이러한 편년은 빗살무늬토기의 문양형태, 문양배치, 문양구성의 3가지 구성요소를 중심으로 토기에 나타난 시간적 변화상을 파악한 것이다(표 2-5·6 참조)[168].

이밖에 중서부지역 신석기시대 빗살무늬토기의 각기 다른 형식을 시기차가 아닌 지역차로 보고 세분된 편년을 다시 통합해야 한다는 주장도 제기되었다[169]. 중서부지역 신석기시대 유적에서 나타나는 토기 문양의 지역성과 절대연대 등을 통하여 중서부지역에 대한 시기구분을 기원전 3,500~3,000년을 전후로 해서 중서부 1기와 중서부 2기로 구분하는 것이 타당하다고 주장하고 있다. 이러한 주장은 기존 임상택의 편년안[170]이 토기문양의 지역성을 고려하지 않고 문양구분

---

167 田中總一, 2001, 『한국 중·남부지방 신석기시대 토기문화 연구』, 동아대학교 박사학위논문.

168 임상택, 2006a, 앞의 글.

169 김장석·양성혁, 2001, 「중서부 신석기시대 편년과 패총 이용전략에 대한 새로운 이해」 『한국고고학보』45, 한국고고학회.

170 임상택, 1999, 「호서신석기문화의 시공적 위치」 『호서지방의 선사문화』, 호서고고학회.

의 파괴, 단치에서 다치로의 변화를 중서부의 전 지역에 모두 적용하였다는 점과 북한 고고학의 연구 성과를 무비판적으로 답습하고 있다는 점을 비판하고 있다.

표 2-3 북한의 신석기시대 시기구분[171](필자 재편집)

신석기시대 전기 (기원전 5,000년기~4,000년기)			신석기시대 중기 (기원전 3,000년기 전반기)		신석기시대 후기 (기원전 3,000년기 후반기 ~2,000년기 초)	
서포항유적 1기	서포항유적 2기		서포항유적 3기		서포항유적 4기	서포항유적 5기
	궁산문화1기 (궁산유적 1기, 지탑리유적1기)	궁산문화 2기 (지탑리유적2기)	궁산문화 3기 (궁산유적 2기, 지탑리유적 3기, 세죽리유적, 금탄리유적 1기)		궁산문화4기	
					남경유적 1기	금탄리 유적 2기 남경유적 2기, 장촌유적
					토성리, 장성리 유적	
					신암리 유적 1기, 용연리 유적	

표 2-4 중서부지역 신석기시대 편년[172]

	초창기	전기	중기	후기
대동강 재령강	단사선문계구연 문양토기(미발견)	암사동 I 식 암사동 II 식	암사동 I 식 암사동 II 식, 금탄리 I 식	금탄리 II 식
한강	〃	〃	암사동 II 식	암사동 III식, 내평식(?)
서해도서 서해안	〃	〃	시도식 암사동 II 식	시도식, 암사동 III식, 율리식, 북촌리식
중부 동해안	융기문토기- 오산리평저 I 식	오산리평저 II 식- 암사동 I 식	암사동 II 식(?), 오산리 III식(?)	?
금강	융기문토기(?)	암사동 I 식	암사동 II 식	금강식

---

171 서국태, 1986, 앞의 글, 19쪽.
172 한영희, 1996, 「신석기시대 중·서부지방 토기문화의 재인식」 『한국의 농경문화』5, 경희대학교박물관, 145쪽.

제2장 지역권과 상대편년 **47**

표 2-5 중서부지역 신석기시대 상대편년[173]

		주요특징	주요유적	절대연대(B.C.)
I기	전반	구분계 3부위시문	지탑리 I 지구 1호, 궁산	4,000(?)~3,600
	후반	구분계문양유지 동체부 타래, 중호문, 점열어골문	지탑리 II 지구, 마산리, 룡곡2호 까치산 I 패총하층, 삼거리, 암사동, 미사리	
II기		금탄리1식, 2부위 시문, 구연부한정 시문, 동일계토기 등장	금탄리1문화층, 암사동, 미사리, 주월리, 삼목집자리 유적, 오이도작은소라벌A, 가운데살막, 대부도 흘곶패총, 조동리, 관산리, 가도 등	3,600~3,000
III기		금탄리2식, 서해 안식 동일계토기 유행, 구분계 쇠 퇴, 소멸	금탄리2문화층, 남경, 표대, 송산, 는들, 소연평도, 남북동, 풍기동, 오이도, 신포동, 원정리, 관창리, 상정리, 내홍동, 내평, 역내리, 둔산, 대천리, 쌍청리 등	3,000~2,500
IV기		문양단순화, 난삽화	용반리, 덕안리, 남산, 군량리, 제일리, 꽃뫼, 모이도, 을왕동 I, 오이도, 뒷살막	2,500~1,500

표 2-6 남한지역 신석기시대 토기편년[174]

시기 \ 지역		남부지역	중서부지역		중동부지역	절대연대(B.P.)
조기	전반	융기문계토기군	융기문계토기군?		융기문계토기군	7,000~6,000
	후반					
전기	전반	자돌·압인문계 토기군	자돌문(압인문) 계토기군?	1기	자돌문계토기군	6,000~5,300
	후반			2·3기		
중기		침선문계토기군	4·5기 일부 5기 일부(6기 일부?)		침선문계토기군	5,300~4,300
후기	전반	침선문계토기군	6기		침선문계토기군?	4,300~3,300
	후반	이중구연토기군	6기		?	

173 임상택, 2006a, 앞의 글, 53쪽.
174 田中總一, 2001, 앞의 글, 278쪽.

(3)_ 중부동해안지역

중부동해안지역의 신석기시대 편년은 1981년 양양 오산리 유적이 발굴조사 되면서 초보적인 검토가 이루어졌다. 오산리A · B 유적에서는 신석기시대 조기부터 후기에 이르는 문화층이 확인되었고, 신석기시대 층에서 다수의 집자리가 조사됨으로써 본격적인 중부동해안지역 신석기시대 편년 및 문화계통에 대한 논의가 시작되었다. 그 결과 중부동해안지역의 신석기시대 편년은 대체로 융기문토기의 조기, 오산리식토기의 전기, 빗살무늬토기의 중기 이후로 구분되었다. 이후 1990년대까지 이 지역의 신석기시대 편년연구는 주로 융기문토기와 오산리식토기가 집중적으로 다루어졌다.

2000년 이후에는 지경리, 가평리, 문암리, 초당동 유적 등 다수의 신석기시대 집자리 유적이 조사되어 중부동해안지역 신석기시대 편년에 대한 세부적인 편년안이 제시되면서 빗살무늬토기단계의 계통 및 편년과 관련된 진전된 연구가 이루어졌다.

그런데 최근 조사된 오산리C 유적에서 융기문토기가 공반된 집자리 아래의 최하층인 황갈색점토층 상면에서 순수 무문양토기와 적색마연토기가 출토되는 문화층이 조사되어 융기문토기와 오산리식토기보다 이른 시기의 문화층이 확인되어 주목되었다. 또한 기존의 상대편년에 있어 오산리식토기보다 선행하는 단계로 융기문토기단계가 편년되고 있었는데, 오산리C 유적에서는 오산리식토기→융기문토기→빗살무늬토기 순으로 형성되어진 것으로 조사되어 앞으로 중부동해안지역의 신석기시대 상대편년에 대한 재논의가 필요할 것으로 보인다.

중부동해안지역의 빗살무늬토기단계에 대한 구체적인 상대편년은 **표 2-7**과 같이 임상택에 의해 제기된바 있다. 임상택은 중부동해안지역 신석기시대 편년연구를 통해 중기 이후의 빗살무늬토기 양상을 고성, 양양을 중심으로 한 북쪽지역에 상대적으로 이른 시기의 유적이 많이 분포하고 있으며, 강릉 이남지역에 늦은 시기의 유적이 많이 분포하고 있다고 보았다. 이는 중부동해안지역에 빗살무늬토기가 들어오는 과정이나 경로 등과 관련해 시사하는 바가 크다고 보면서 중부동해안지역으로의 빗살무늬토기의 유입은 중부동해안지역의 북부지역이 중심일 가능성이 크다고 본 것이다[175]. 이후 남해안 양식의 토기문화로 변화가 이루어진 후에는 기본적으로 남부지역과 변화양상을 같이 하는 것으로 보았으며, 후기단계 유적들이 중부동해안지역의 남부지역에 많이 분포하는 것은 남부지역과의 물리적인 거리를 생각할 때 양 지역의 지속적인 관련성 또는 활발한 집단의 이동을 보여주는 것으로 판단하였다.

표 2-7 중부동해안지역 신석기시대 상대편년안[176]

시 기		주요문양	유 적		
조-전기		융기문, 오산리식토기	오산리, 문암리 등		
중기	전반	단사선문, 횡주·종주어골문, 타래문 등	지경리 1·2·3·4·5호 등 안인리, 판교리	하시동, 지변동, 금진리,	
	후반	집선계구연문, 동일계횡주어골, 능격문, 강상리식토기	지경리 6호 초당동391, 용호동	영진리, 영진리360-2, 가둔지, 조산리, 하광정리, 송전리2,	
후기		격자문, 지자문, 횡주어골, 단사침선문	지변동, 교동, 안현동, 송림리, 판교리 화평동, 하시동, 송전리1		

---

175 임상택(2004, 「강원지역 빗살무늬토기 문화의 전개과정」 『강원지역의 신석기문화』, 제6회 강원고고학회 학술발표회 자료집, 강원고고학회, 23~28쪽.)은 지경리 유적에서 나타나는 중서부지역 계통의 침선문계 토기의 분석을 통해 한강유역의 구분계토기 중 다치횡주어골문이 나타나기 이전에 경기북부-북한강상류-영동 북부지역을 거쳐 이동해왔다고 보았으며, 6호 집자리에서 동체부까지 내려오는 구연부단사선문, 전면횡주어골문, 능격문토기 등이 출토되었는데, 이는 남부지역 전통을 나타내는 것들로 중서부지역 전통의 토기문화보다는 늦은 단계에 속한다고 보았다.

176 임상택, 2004, 앞의 글, 27쪽.

(4)_ 남부지역

　　남부지역의 신석기시대 편년은 기본적으로 남해안지역의 편년과 궤를 같이 한다. 그동안 남해안지역의 신석기시대 편년은 융기문토기(조기)→영선동식토기(전기)→태선침선문토기(중기)→퇴화침선문토기(후기)→이중구연토기(말기)로 변천해 나간다는 전제 아래 각 토기형식별로 문양의 분류를 통해 세부적인 토기편년 수립이 이루어졌다. 이후 고산리식토기와 오진리식토기가 조사되어 신석기시대 초기 설정문제가 논의되었고, 결국 남부지역의 신석기시대 토기편년은 고산리식토기(초기)→융기문토기(조기)→영선동식토기(압인문토기, 전기)→태선침선문토기(수가리Ⅰ식토기, 중기)→퇴화침선문토기(수가리Ⅱ식토기 혹은 봉계리식토기, 후기)→이중구연토기(율리식토기, 말기)로 설정되고 있다(표 2-8 참조).

　　그러나 이러한 토기편년은 남해안지역을 중심으로 이루어진 것이어서 남부내륙지역과 충청내륙지역에서의 편년설정에 적용하기 어려운 문제점이 노출되고 있다. 대표적인 예로 충청내륙지역의 대천리식 집자리와 남부내륙지역의 송죽리식 집자리[177]의 연대관인데, 두 형식의 집자리는 기존의 연구 성과에 의하면 신석기시대 중기 혹은 후기의 이른 시기로 보고 있다. 신석기시대 중기로 보는 견해는 남해안지역의 빗살무늬토기의 상대편년에 근거하여 태선침선문단계로 판단한 것이며[178], 후기의 이른 시기로 보는 견해는 중서부지역의 빗

177 　대천리식 집자리와 송죽리식 집자리를 비롯한 신석기시대 집자리 형식과 관련된 내용은 다음 장에서 구체적으로 살펴보겠다.

178 　이동주, 1991,「한국 남부내륙지역의 신석기시대 유문토기연구」『한국상고사학보』7, 한국상고사학회.
　　　조현복, 1995,「남부내륙지방 즐문토기에 대한 일고찰」『고문화』64, 한국대학박물관협회.

살무늬토기 상대편년에 따른 구분문계의 쇠퇴 및 소멸, 서해안식 동일문계토기의 유행 등의 시기구분에 의한 것이다[179]. 즉 송죽리식 집자리는 신석기시대 중기로, 대천리식 집자리는 신석기시대 후기로 보고 있다. 그러나 이러한 시기구분은 남해안지역과 중서부지역 간의 신석기시대 편년에 있어 지역 및 연구자간의 편년에 대한 일치가 이루어지지 않아 생긴 시기구분상의 문제로 실제 두 형식의 집자리는 동시기의 유적으로 보는 것이 타당하다고 생각된다. 하지만 이들 두 형식을 동시기의 유적으로 보면서도 송죽리 유적을 비롯한 남부 내륙지역의 신석기시대 유적이 충청내륙지역의 신석기시대 유적보다 상대적으로 이른 시기의 유적으로 판단하고 있다[180]. 결국 남부내륙지역의 신석기시대 유적은 중기 이후 남해안지역에서 내륙지역으로의 유적확산에 따른 결과로 송죽리식 집자리가 형성되었고, 이후 대천리식 집자리에 영향을 주었을 것으로 보는 견해에 암묵적으로 동의하고 있는 상황이다.

그러나 필자는 이러한 견해에 대해 두 형식의 집자리 입지와 지형적 조건, 방사성탄소연대측정값을 통해 대천리식 집자리가 송죽리식 집자리보다 상대적으로 이른 시기의 것으로 판단하였다. 또한 남부 내륙지역의 지형적 조건을 감안해보면 소백산맥과 노령산맥이라는 큰 산줄기가 두 지역의 문화 단절 혹은 교류의 장애요인으로 작용할 수 있다는 점을 지적하였고, 추후 두 형식에 대한 절대연대측정이 좀 더 이루어진다면 두 형식간의 시기차 혹은 지역차를 확인할 수 있을

송은숙, 2002, 『한국 빗살무늬토기 문화의 확산과정 연구』, 서울대학교 박사학위논문.

179 임상택, 2006a, 앞의 글.

180 송은숙, 2002, 앞의 글. ; 배성혁, 2006, 앞의 글.

것으로 본바 있다[181].

표 2-8 남부지역 신석기시대 빗살무늬토기 편년[182]

시기	초창기 B.C. 12,000	조기 B.C. 6,000	전기 B.C. 4,5,00	중기 B.C. 3,500	후기 B.C. 2,700	말기 B.C. 2,000
형식	고산리식 오진리식	융기문토기	영선동식 (자돌압인문 토기)	수가리 I 식 (태선침선문 토기)	수가리 II 식 봉계리식	수가리III식 율리식토기
유적	고산리유적 오진리유적 성하동유적	동삼동패총 (8·9층) 세죽패총 범방패총 (I·II층) 우봉리유적	영선동패총 목도패총 동삼동 3호住 범방유적 6층 살내유적	수가리 I 기층 동삼동 1호住 범방H피트 신암리 II 갈머리주거지 진그늘주거지	수가리패총 (II기층) 동삼동패총 (3·4층) 봉계리유적 목도 2층	율리패총 동삼동패총 (2층) 범방패총 (2층)

(5)_ 신석기시대 집자리 유적의 상대편년

신석기시대 집자리의 지역별 상대편년은 앞서 살펴본 기존의 연구 성과 중 비교적 지역별 빗살무늬토기에 대한 시간적 흐름이 잘 반영된 북한의 김용남·김용간·황기덕[183]과 서국태[184], 김종혁의 편년안[185], 남한의 임상택[186]과 하인수[187]의 편년안을 전제로 하되, 빗살무늬토기를 중심으로 세분된 분기설정은 집자리의 구조와 변화양상을 파악하는 데에는 그다지 효율적이지 못하기 때문에 분기를 각 지

---

181 구자진, 2009b, 앞의 글.
182 하인수, 2006, 『영남해안지역의 신석기문화 연구』, 부산대학교 박사학위논문, 37쪽.
183 金勇男·金用玕·黃基德, 1975, 앞의 글.
184 서국태, 1986, 『조선의 신석기시대』, 사회과학출판사.
185 김종혁, 1992, 앞의 글.
186 임상택, 2004·2006a, 앞의 글.
187 하인수, 2006, 앞의 글.

역에 따라 크게 3기로 나누었다. 이는 빗살무늬토기의 문양이나 시문부위, 기형 등의 변화에 비해 집자리 구조의 변화는 매우 더디게 진행되기 때문이다.

우리나라의 신석기시대 집자리에 대한 상대편년을 종합해 보면 **표 2-9**과 같이 크게 3기로 분기설정이 가능한데, 이러한 분기설정은 **표 2-10~16**의 방사성탄소연대측정값의 보정연대 범위를 통해 보면 Ⅰ기와 Ⅱ기는 기원전 3,500년을 기준으로 구분되며, Ⅱ기와 Ⅲ기는 아직까지 방사성탄소연대측정값이 측정된 유적이 많지 않아 확언하기 어렵지만 기원전 3,000년을 기준으로 나누어질 것으로 생각된다. Ⅰ기의 상한연대는 지금까지 집자리에서 측정된 방사성탄소연대값 중 가장 이른 시기의 절대연대값이 나온 양양 오산리 유적의 기원전 6,000년 전후로 판단된다. Ⅲ기의 하한 연대는 최근 조사된 유적 중 늦은 시기로 편년되고 있는 금천리 유적 등의 절대연대측정값이 보고되면 좀 더 확실해 지겠지만 현재까지의 자료로 보아 기원전 2,000년을 넘지 않을 것으로 판단된다.

이러한 분기설정 중 Ⅰ기는 앞으로의 자료 증가와 함께 다시 2기로 세분될 수 있을 것으로 판단된다. 남해안지역의 경우 조기 혹은 융기문토기 단계와 영선동식토기 단계의 집자리가 확인될 가능성이 있다. 중부동해안지역에서는 오산리C 유적에서 층위를 달리하는 6기의 집자리가 확인되었는데, 층위에 따른 출토유물(오산리식토기, 융기문토기, 순수 무문양토기, 적색마연토기)이 차이를 보이고 있어 집자리의 세분된 편년이 가능해 질 것으로 판단된다. 하지만 본고에서는 이들 집자리가 소수에 불과하며, 세분된 상대편년을 통한 집자리의 구조적인 특징이 아직까지 확인되지 않는다는 점과 다른 지역과의 종합적인 비교검토를 위해 필자의 Ⅰ기로 묶어 살펴보겠다.

표 2-9 우리나라의 신석기시대 집자리 분기설정

지역 \ 분기		I기	II기	III기
동북지역		서포항(1·2기층), 자이사노프카-3, 보이스만 유적	서포항(3기층), 강상리 유적 홍성 유적, 올레니-1유적	서포항(4·5기층), 범의구석, 금곡, 토성리, 크로우노프카, 그보즈제보-4유적
서북지역		후와(하층), 대강 유적	세죽리 유적, 후와(상층)	룡연리, 반궁리, 신암리, 석불산 유적
대동강·황해도 지역		궁산, 지탑리, 마산리, 소정리 유적	궁산, 금탄리, 룡덕리, 소정리, 남양리 유적	남양리, 장촌, 표대, 남경, 금탄리, 석탄리, 소정리, 리천리 유적
중부 내륙 지역	한강·임진강	암사동, 미사리, 삼거리 유적	암사동 유적(?)	호평동 지새울, 당동리, 사송동, 판교동, 신대리, 화접리, 덕송리, 민락(?) 유적
	북·남한강	?	신매리, 거두리, 역내리, 성산리, 아우라지, 주천리, 반곡동 유적	천전리, 신월리 유적
중부 서해안 지역	경기 남부	운서동 유적	신길동, 능곡동, 농서리, 삼목도, 운양동, 구래리, 신곡리, 는들, 운북동, 대연평도, 오이도(가) 유적	가재리, 을왕동, 중산동, 모이도, 운북동, 오이도(뒷) 유적
	충남 북부	장암, 가도 유적	기지리, 왕정리, 우두리, 소소리, 기지시리, 목리, 장재리, 성내리, 풍기동, 백암리, 용두리, 용화동, 백석동 유적	노래섬 유적
중부동해안 지역		오산리(A·C), 문암리 유적	가평리, 지경리, 송전리, 초당동, 하시동, 문암리, 오산리 B유적, 오산리(울진)	철통리 유적
충청내륙 지역		?	쌍청리, 대천리, 관평동, 관창리, 상정리, 송월리, 신관동, 웅포리, 효자동, 금석리, 용동리, 영하리, 진그늘, 갈	학암리, 봉명동 유적
남부내륙 지역		?	상촌리, 송죽리, 지좌리, 평거동, 유천동 유적	봉계리, 임불리, 소남리, 서변동, 대봉동, 대천동, 금천리 유적
남해안지역		동삼동(3호), 목도, 송도, 비봉리 유적	동삼동(1·2) 유적, 봉길리 유적	?

또한 Ⅱ기의 경우도 최근 신석기시대 마을유적의 조사 증가와 함께 다시 2기로 세분될 가능성이 존재한다. 특히 대동강·황해도지역, 중부내륙지역, 중부서해안지역, 충청내륙지역, 남부내륙지역이 여기에 해당한다. 그러나 이들 유적에 대한 보고서가 대부분 미간인 관계로 추후 이들 유적에 대한 보고가 이루어지면 세분된 편년을 통한 집자리의 변화 및 상관관계가 파악될 것으로 판단되나, 본고에서는 Ⅱ기 내에서 이들 집자리의 특징 및 변화양상을 설명하고자 한다.

Ⅲ기에 해당하는 유적의 경우, 중부동해안지역과 충청내륙지역, 남해안지역에서는 집자리 유적의 조사 예가 많지 않고, 출토되는 토기상과 절대연대값에서 일부 상이한 양상을 보이고 있어 분기설정에 어려운 점이 존재한다. 그러나 이 시기에 해당하는 대부분의 유적들

표 2-10 중부내륙지역 집자리 방사성탄소연대측정값의 보정연대

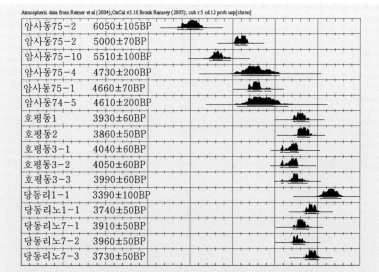

이 최근 조사된 것이고, 앞으로 그 조사 예가 증가할 것으로 예상되기 때문에 Ⅲ기에 해당하는 집자리의 구조와 변화양상이 좀 더 구체적으로 밝혀질 것으로 판단된다.

표 2-11 중부동해안지역 집자리 방사성탄소연대측정값의 보정연대

Atmospheric data from Reimer et al (2004);OxCal v3.10 Bronk Ramsey (2005); cub r:5 sd:12 prob usp[chron]

오산리C5	6599±26BP
문암리7	6595±40BP
오산리C4	5851±27BP
오산리C3	5770±24BP
오산리C2	5758±24BP
오산리C1	5751±24BP
초당동1	4720±60BP
송전리1-1	4467±26BP
송전리1-2	4600±60BP
송전리2-1	4625±28BP
송전리2-2	4660±60BP
지경리7	4600±80BP
지경리4	4590±70BP
지경리6	4420±60BP
가평리1-1	4570±60BP
가평리1-2	4390±60BP
오산리B	4360±50BP
철통리1-1	4400±50BP
철통리1-2	4240±30BP
철통리2-1	4380±60BP
철통리2-2	4285±25BP
철통리3-1	4210±60BP
철통리3-1	4260±25BP
철통리4-1	4290±60BP
철통리4-2	4230±30BP
천전리74	3730±60BP
신월리1	3670±50BP

9000BC 8000BC 7000BC 6000BC 5000BC 4000BC 3000BC 2000BC 1000BC

Calendar date

표 2-12 중부서해안지역 집자리 방사성탄소연대측정값의 보정연대 1

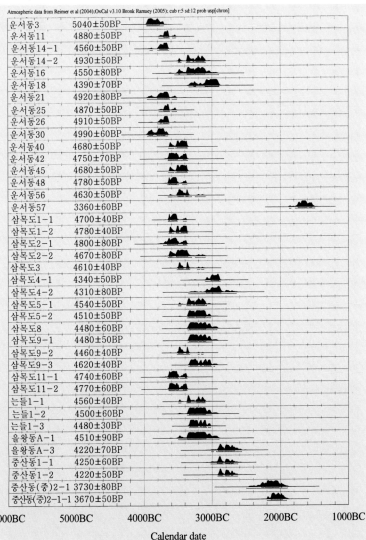

Atmospheric data from Reimer et al (2004);OxCal v3.10 Bronk Ramsey (2005); cub r:5 sd:12 prob usp[chron]

운서동3	5040±50BP
운서동11	4880±50BP
운서동14-1	4560±50BP
운서동14-2	4930±50BP
운서동16	4550±80BP
운서동18	4390±70BP
운서동21	4920±80BP
운서동25	4870±50BP
운서동26	4910±50BP
운서동30	4990±60BP
운서동40	4680±50BP
운서동42	4750±70BP
운서동45	4680±50BP
운서동48	4780±50BP
운서동56	4630±50BP
운서동57	3360±60BP
삼목도1-1	4700±40BP
삼목도1-2	4780±40BP
삼목도2-1	4800±80BP
삼목도2-2	4670±80BP
삼목도3	4610±40BP
삼목도4-1	4340±50BP
삼목도4-2	4310±80BP
삼목도5-1	4540±50BP
삼목도5-2	4510±50BP
삼목도8	4480±60BP
삼목도9-1	4480±50BP
삼목도9-2	4460±40BP
삼목도9-3	4620±40BP
삼목도11-1	4740±60BP
삼목도11-2	4770±60BP
는들1-1	4560±40BP
는들1-2	4500±60BP
는들1-3	4480±30BP
을왕동A-1	4510±90BP
을왕동A-3	4220±70BP
중산동1-1	4250±60BP
중산동1-2	4220±50BP
중산동(중)2-1	3730±80BP
중산동(중)2-1-1	3670±50BP

6000BC   5000BC   4000BC   3000BC   2000BC   1000BC

Calendar date

표 2-13 중부서해안지역 집자리 방사성탄소연대측정값의 보정연대 2

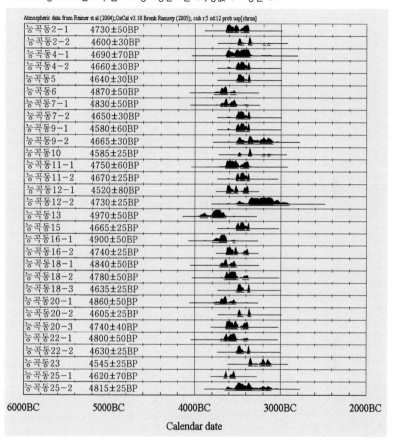

Atmospheric data from Reimer et al (2004);OxCal v3.10 Bronk Ramsey (2005); cub r:5 sd:12 prob usp[chron]

능곡동2-1	4730±50BP
능곡동2-2	4600±30BP
능곡동4-1	4690±70BP
능곡동4-2	4660±30BP
능곡동5	4640±30BP
능곡동6	4870±50BP
능곡동7-1	4830±50BP
능곡동7-2	4650±30BP
능곡동9-1	4580±60BP
능곡동9-2	4665±30BP
능곡동10	4585±25BP
능곡동11-1	4750±60BP
능곡동11-2	4670±25BP
능곡동12-1	4520±80BP
능곡동12-2	4730±25BP
능곡동13	4970±50BP
능곡동15	4665±25BP
능곡동16-1	4900±50BP
능곡동16-2	4740±25BP
능곡동18-1	4840±50BP
능곡동18-2	4780±50BP
능곡동18-3	4635±25BP
능곡동20-1	4860±50BP
능곡동20-2	4605±25BP
능곡동20-3	4740±40BP
능곡동22-1	4800±50BP
능곡동22-2	4630±25BP
능곡동23	4545±25BP
능곡동25-1	4620±70BP
능곡동25-2	4815±25BP

6000BC   5000BC   4000BC   3000BC   2000BC

Calendar date

표 2–14 중부서해안지역 집자리 방사성탄소연대측정값의 보정연대 3

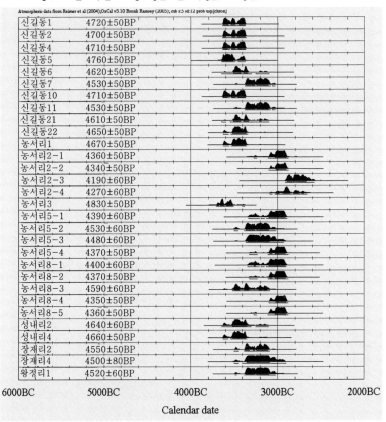

Atmospheric data from Reimer et al (2004);OxCal v3.10 Bronk Ramsey (2005); cub r:5 sd:12 prob usp[chron]

신길동1	4720±50BP
신길동2	4700±50BP
신길동4	4710±50BP
신길동5	4760±50BP
신길동6	4620±50BP
신길동7	4530±50BP
신길동10	4710±50BP
신길동11	4530±50BP
신길동21	4610±50BP
신길동22	4650±50BP
농서리1	4670±50BP
농서리2-1	4360±50BP
농서리2-2	4340±50BP
농서리2-3	4190±60BP
농서리2-4	4270±60BP
농서리3	4830±50BP
농서리5-1	4390±60BP
농서리5-2	4530±60BP
농서리5-3	4480±60BP
농서리5-4	4370±50BP
농서리8-1	4400±60BP
농서리8-2	4370±50BP
농서리8-3	4590±60BP
농서리8-4	4350±50BP
농서리8-5	4360±50BP
성내리2	4640±60BP
성내리4	4660±50BP
장재리2	4550±50BP
장재리4	4500±80BP
왕정리1	4520±60BP

6000BC   5000BC   4000BC   3000BC   2000BC

Calendar date

표 2-15 충청내륙지역 집자리 방사성탄소연대측정값의 보정연대

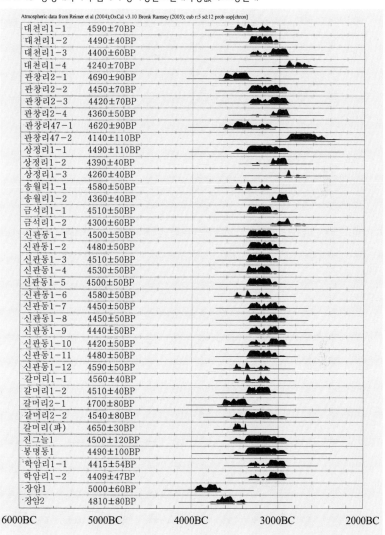

Atmospheric data from Reimer et al (2004);OxCal v3.10 Bronk Ramsey (2005); cub r:5 sd:12 prob usp[chron]

대천리1-1	4590±70BP
대천리1-2	4490±40BP
대천리1-3	4400±60BP
대천리1-4	4240±70BP
관창리2-1	4690±90BP
관창리2-2	4450±70BP
관창리2-3	4420±70BP
관창리2-4	4360±50BP
관창리47-1	4620±90BP
관창리47-2	4140±110BP
상정리1-1	4490±110BP
상정리1-2	4390±40BP
상정리1-3	4260±40BP
송월리1-1	4580±50BP
송월리1-2	4360±40BP
금석리1-1	4510±50BP
금석리1-2	4300±60BP
신관동1-1	4500±50BP
신관동1-2	4480±50BP
신관동1-3	4510±50BP
신관동1-4	4530±50BP
신관동1-5	4500±50BP
신관동1-6	4580±50BP
신관동1-7	4450±50BP
신관동1-8	4450±50BP
신관동1-9	4440±50BP
신관동1-10	4420±50BP
신관동1-11	4480±50BP
신관동1-12	4590±50BP
갈머리1-1	4560±40BP
갈머리1-2	4510±40BP
갈머리2-1	4700±80BP
갈머리2-2	4540±80BP
갈머리(파)	4650±30BP
진그늘1	4500±120BP
봉명동1	4490±100BP
학암리1-1	4415±54BP
학암리1-2	4409±47BP
장암1	5000±60BP
장암2	4810±80BP

6000BC   5000BC   4000BC   3000BC   2000BC

표 2-16 남부내륙(남해안)지역 집자리 방사성탄소연대측정값의 보정연대

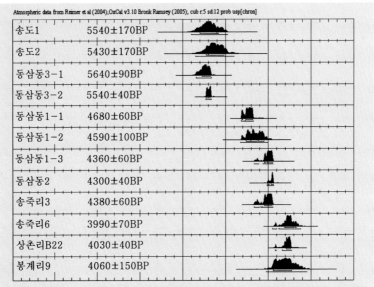

집자리의 구조와 유형

1_ 지역별 집자리의 구조와 특징

신석기시대 움집의 구조는 상부와 하부로 나누어 볼 수 있는데, 상부구조에는 집의 벽과 지붕이 있으며, 하부구조로는 집터(움, 竪穴)와 내부시설(화덕자리, 저장구덩이, 기둥구멍 등) 등이 확인된다. 상부구조는 집의 폐기과정과 오랜 기간 땅속에 묻혀 있는 고고학 유적의 특성상 그 구조를 파악할 수 있는 자료가 매우 드물다.

신석기시대 움집에 대한 연구는 대부분 하부구조, 즉 집자리를 통해 이루어지고 있는데, 그 중에서 집자리의 평면형태와 규모를 비롯하여 화덕자리의 구조와 형태·위치·규모, 기둥구멍, 출입구, 기타 내부시설 등의 비교분석이 이루어지고 있다. 더불어 집자리와 마을의 입지, 규모, 배치도 중요한 분석요인 중 한 가지인데, 이는 신석기시대 유적의 경우 주변 환경과 매우 밀접한 관련이 있기 때문이다.

집자리의 평면형태와 규모는 집을 짓는 건축기술과도 관련 있으나 지붕구조를 복원할 수 있는 자료가 잘 남아 있지 않아 당시의 지붕가구방식을 복원하기에는 많은 한계를 지닌다. 그러나 일반적으로 평면 방형이나 원형보다는 장방형의 평면구조가 벽이나 지붕의 가구방식에 있어 좀 더 발전된 건축기술이 필요하게 되며, 집의 내부공간활용에 있어서도 더 효율적이어서 방형이나 원형보다 발전된 양상을 보여준다고 할 수 있다.

집자리 내부시설 중 화덕자리는 음식물 조리, 난방시설, 조명시설 등의 역할을 하는 것으로 매우 중요한 시설이다. 화덕자리는 구조, 위치, 형태, 규모 등 집자리의 내부구조 중에서 가장 다양한 변수를 가지고 있는 것으로 집자리 구조의 특징과 전개양상을 파악하는데 유용한 요소이다. 지금까지 발굴조사된 신석기시대 집자리의 화덕자리는 돌두름식(圍石式)과 구덩식(竪穴式)이 대부분이며, 일부 집자리 바닥에 직접 불을 땐 경우(平地式)와 돌무지식(集石 혹은 積石施設)이 확인되고 있다. 화덕자리의 위치는 기본적으로 집자리의 중앙에 위치하나, 일부 벽 가에 치우친 경우도 존재하고 있다. 형태는 (타)원형과 방형이 대부분이며, 일부 장방형과 다양한 형태의 것도 확인된다. 규모는 50㎝ 내외의 것이 주류이나, 일부 집자리에서는 1m 이상의 대형도 확인되고 있다.

기둥구멍은 집자리의 상부구조(지붕)와 매우 밀접한 관계가 있는 것으로 네 모서리에 배치되는 경우(4주식), 벽 가를 따라 배치되는 경우, 집자리 내부에서 원형배열을 이루는 경우, 외부에 위치하는 경우 등이 있으며, 보조기둥 혹은 칸막이기둥도 확인되고 있다. 그러나 기둥구멍이 확인되지 않는 경우와 불규칙한 경우도 상당수 존재한다.

바닥처리는 생토를 그대로 사용한 경우와 점토 다짐을 한 경우가 있으며, 일부에서는 불처리를 한 집자리도 확인된다. 출입구시설은 집자리의 평면상 확인이 어렵지만 대개 계단식 혹은 경사진 구조를 띤다. 또한 돌출된 구조의 출입구시설도 확인되는데, 돌출된 부분의 형태는 반원형 혹은 길게 뻗은 복도식이다. 이밖에도 선반시설 혹은 저장시설 등의 내부시설 등이 확인되고 있다. 여기에서는 지금까지 언급한 집자리의 내부 구조에 대해 지역권별로 살펴보고자 한다.

(1)_ 동북지역

동북지역은 조사된 집자리 수에 비해 유적의 수가 적어 집자리의 구조와 특징을 일반화하는데 다소 문제가 제기될 수 있으나, 서포항 유적의 경우 층위와 출토유물에 따른 시기적인 변화양상이 잘 나타나고 있어 집자리의 구조와 변화양상을 파악하는데 무리가 없는 것으로 판단된다[188].

먼저 집자리의 평면 형태를 살펴보면, Ⅰ기에 해당하는 집자리는 대부분 원형이며, Ⅱ기는 방형이 주류를 이루며, Ⅲ기에는 방형과 함께 장방형이 등장한다. 집자리의 규모는 이른 시기에는 대부분 4~5m 내외로 중소형에 해당하나, Ⅱ기의 홍성 유적(8~10m 내외)과 Ⅲ기의 서포항 유적(5~7m 내외), 금곡 유적(6m 내외)에서는 집자리의 평면형태 변화와 함께 대형화되어가는 양상을 보인다.

집자리의 내부시설 중 화덕자리는 서포항 유적의 경우, 돌두름식(圍石式)과 구덩식(竪穴式)의 구조가 시기와 상관없이 모두 사용되고 있다. 그러나 범의구석 유적의 경우 화덕자리가 확인된 모든 집자리에서 돌두름식 화덕자리만이 확인되며, 홍성과 금곡 유적에서는 구덩

---

188 연해주와 길림지역의 유적은 대부분 간략하게 보고되어 있어 집자리의 세부적인 특징을 파악하기 어려우나 집자리의 평면형태와 내부시설에 대한 부분적인 특징은 파악이 가능한데, 서포항이나 범의구석 유적과 유사한 양상을 보인다.

식 혹은 평지식의 화덕자리만이 존재하고 있어 유적 간에 차이점이 드러나고 있다. 이는 동일한 지역권내에서도 지리적으로 다른 환경을 지니고 있어 나타나는 현상으로 판단되며, 서로 다른 집단에 의해 형성된 유적이었을 가능성이 높은 것으로 추정된다. 화덕자리의 위치는 중앙에 위치하거나 한쪽으로 얼마간 치우쳐 있으며, 개수는 특수한 용도의 집자리로 판단되는 서포항 9호 집자리에서만 5기가 확인되었을 뿐 대부분 1기씩 존재한다. 규모는 50~100㎝ 내외로 큰 차이를 보이지 않으며, 평면형태는 대부분 (타)원형으로 Ⅲ기의 범의구석 23호 집자리에서만 오각형의 형태가 조사되었다.

기둥구멍 배치는 기둥구멍이 확인된 Ⅰ·Ⅱ기의 유적에서는 대부분 벽가 혹은 원형 배열을 이루는 특징을 보인다. 그러나 Ⅲ기의 범의구석 유적에서는 집자리 내부에 일정한 간격을 두고 배치된 정형성이 확인된다. 이러한 기둥구멍의 배치는 서북지역의 후와(상층) 유적에서 조사된 F10호와 F40호 집자리에서도 확인되고 있어 주목된다. 이와 같은 기둥구멍 배치는 지붕의 가구방식과도 매우 밀접하게 관련되어 있으며, 발전된 형태의 지붕구조를 지녔을 것으로 판단된다. 바닥은 유적의 입지와 시기마다 다른 양상을 나타내고 있는데, 서포항 유적의 경우 Ⅰ기에는 모두 점토로 다진 후에 불처리를 하였으며[189], 이후 Ⅱ·Ⅲ기에 이르면 대부분 불 처리를 하지 않고 점토다짐만 한 것으로 확인된다.

출입구시설은 Ⅰ기에 해당하는 서포항 3호 집자리에서는 계단식의 구조가 확인되었으며, Ⅱ기의 흥성 유적에서는 내부에 경사진 구조와

---

189 서포항 유적의 집자리에서 바닥 조성시 점토다짐을 하였거나 점토다짐 후, 불 처리한 이유는 서포항 유적의 집자리가 조개더미층 내에 조성되어 이러한 바닥 처리를 통해 생활의 장애요인을 제거했던 것으로 판단된다.

계단식으로 돌출된 구조, Ⅲ기의 금곡 유적에서는 내부에 경사진 구조의 출입구시설이 확인되었다. 대부분의 집자리에서 출입구와 관련된 구조가 확인되지 않아 일반화하기는 어렵지만, 동북지역의 신석기시대 집자리에서는 밖으로 출입구시설을 내었을 경우 계단식의 구조로, 그렇지 않은 경우에는 내부에 경사진 구조로 만들었을 가능성이 있다. 이밖에 서포항 유적의 8호와 18호 집자리에서 기둥을 받쳤을 것으로 추정되는 초석이 조사되었으며, 흥성 유적의 87AF16호 집자리에서는 기둥구멍 안에 돌을 넣어 초석 역할을 한 구조가 확인되었다. 또한 금곡유적에서는 집자리 내부에 불씨를 저장했던 것으로 추정되는 구덩이들이 조사되었다고 하나, 그 용도는 정확하지 않다.

표 3-1 동북지역 신석기시대 집자리의 구조와 특징

구 분		Ⅰ기	Ⅱ기	Ⅲ기
평면형태		원형	방형 > 장방형	방형 = 장방형
규 모		400~500cm내외	400~500cm내외 600~1,000cm내외	400cm내외 600~900cm내외
화덕자리	구조	돌두름식, 구덩식	돌두름식, 구덩식	돌두름식, 구덩식 일부
	위치	중앙, 편재	중앙, 편재	중앙, 편재
	형태	원형	원형	원형
기둥구멍		벽가·원형 배열	벽가 배열, 불규칙	벽가 배열, 일정한 정형성
바 닥		점토다짐+불처리	점토다짐	점토다짐
출입구시설		계단(외부)	경사(내부), 돌출(계단)	경사(내부)
기 타		·	초석, 공동저장움	초석, 불씨구덩이, 저장구덩

(2)_ **서북지역**

　　서북지역에서 조사된 신석기시대 집자리 유적 중 Ⅰ기에 해당하는 유적은 후와(하층) 유적과 대강 유적이 있다. 그러나 후와(하층)

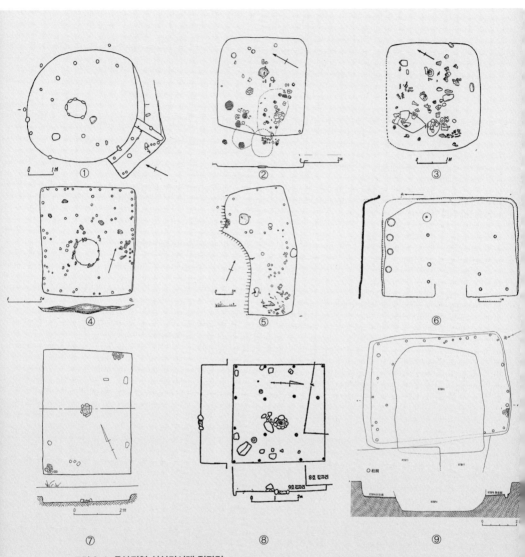

그림 3-1 동북지역 신석기시대 집자리

① 서포항 3호, ② 서포항 8호, ③ 서포항 26호, ④ 서포항 7호, ⑤ 서포항 22호,
⑥ 金谷 3호, ⑦ 토성리 2호, ⑧ 범의구석 9호, ⑨ 興城 87B6호)

유적의 경우, 12기의 집자리 중 2기에 대해서만 구체적인 보고가 되어 있으며, 대강 유적은 1기의 집자리가 존재하나 구체적인 내용은 보고되어 있지 않다. 또한 II기에도 세죽리 유적과 후와(상층) 유적에서만 이 시기에 해당되는 집자리가 조사되어 압록강 유역의 I · II기 집자리의 구조와 변화양상을 파악하는데, 많은 어려움이 있다.

III기에 해당하는 유적은 비교적 다수가 조사되었는데, 집자리의 평면형태는 장방형이 주를 이루며, 집자리의 규모는 4~8m 내외로 비교적 큰 편에 속한다. 집자리 내부시설 중 화덕자리는 석불산 유적에서는 돌두름식, 룡연리와 반궁리, 후와(상층) 유적에서는 구덩식의 화덕자리만이 확인된다. 이와 같은 양상은 동북지역과 마찬가지로 동일 지역내에서 서로 다른 집단에 의해 형성된 유적임을 추정해 볼 수 있다. 화덕자리는 대부분 한쪽으로 치우쳐 확인되며, 규모는 60㎝ 내외의 소형과 1m 이상의 대형이 존재한다.

기둥구멍 배치는 II기의 후와(상층) 유적에서 조사된 F10호와 F40호 집자리에서 일정한 간격을 두고 배치된 정형성이 확인되는데, 이러한 기둥구멍 배치는 동북지역의 범의구석 유적과 동일한 양상으로 동북지역과 서북지역의 집자리 간의 관련성을 엿 볼 수 있다.

출입시설은 후와 유적과 석불산 유적에서만 확인되었는데, 후와(하층) 유적에서는 돌출된 형태의 경사진 구조, 후와(상층) 유적과 석불산 유적에서는 돌출된 형태의 계단식 구조를 띠고 있다. 이밖에 바닥은 시기와 관계없이 점토다짐을 하였으며, III기의 집자리 중에는 점토다짐 후 불처리한 집자리도 확인된다. 이처럼 점토다짐 후 불처리한 바닥은 동북지역의 이른 시기 집자리에서 확인되고 있어 차이를 보이는데, 결국 집자리의 바닥처리 방식은 주변 환경 및 입지에 따라 달리한 것으로 판단된다.

표 3-2 서북지역 신석기시대 집자리의 구조와 특징

구 분		I 기	II기	III기
평면형태		원형(대강), 방형(후와)	장방형	장방형 〉 방형
규 모		400~800cm내외	500cm내외	400cm내외, 700~900cm내외
화덕자리	구조	돌두름식	돌두름식	구덩식, 돌두름식
	위치	편재	중앙	편재(대부분)
	형태	방형	방형	원형, 방형
기둥구멍		벽가배열, 불규칙	일정한 정형성	불규칙, 없는 것
바 닥		점토다짐	점토다짐	점토다짐(+불처리)
출입시설		돌출(경사)	?	돌출(계단)

(3)_ 대동강 · 황해도지역

　　대동강 · 황해도지역은 북한지역에서 조사된 신석기시대 집자리 유적 중 70%에 이를 정도로 다수가 조사되었고, 대부분 이 지역 신석기시대 편년 및 생활상 연구에 중요한 유적이다. 그런데 1970년대 이후 조사된 유적들은 집자리에 대한 발굴성과가 자세하게 보고되지 않아 많은 수의 집자리가 조사되었음에도 불구하고 이 지역 집자리 연구가 활발히 이루어지지 못하고 있는 실정이다.

　　대동강 · 황해도지역의 I 기에 해당하는 신석기시대 집자리는 대부분 원형과 방형의 평면형태를 띠는데, 궁산 유적에서는 원형, 지탑리와 마산리 유적의 경우에는 대부분 방형의 형태를 띠고 있다. II 기에는 일부 원형과 방형이 존재하나 정형화된 장방형이 등장하기 시작한다. 특히 소정리 유적에서 조사된 II 기 집자리는 모두 장방형의 형태를 띠고 있으며, 돌출된 복도식의 출입구시설과 내부공간분할의 흔적이 확인되고 있어 주목된다. III기의 집자리 역시 II 기와 마찬가지로 장방형이 대부분인데, II 기의 장방형보다 규모가 일부 커지는

그림 3-2 서북지역 신석기시대 집자리

(① 세죽리, ② 석불산 1·2호, ③ 后洼 16호, ④ 后洼 24호, ⑤ 后洼 27호, ⑥ 용연리 2호,
⑦ 반궁리, ⑧ 后洼 10호, ⑨ 后洼 40호)

경향을 보인다.

집자리 내부시설 중 화덕자리는 돌두름식과 구덩식의 구조가 시기와 유적간의 차이 없이 사용되고 있다. 화덕자리는 집자리의 중앙에 위치하는 것이 기본이지만, Ⅱ기와 Ⅲ기에 해당하는 집자리에서는 한쪽으로 얼마간 치우쳐 있는 경우도 다수 존재한다. 화덕자리의 형태는 시기에 따른 변화양상이 보이는데, Ⅰ기에는 원형이 대부분을 차지하고, Ⅱ기로 가면서 방형이 등장하고, Ⅲ기에 이르면 장방형으로의 변화양상이 보인다. 기둥구멍은 시기에 따른 변화양상이 뚜렷하게 드러나지 않지만, Ⅰ기에는 일부 원형배열이 확인되며, Ⅱ기의 집자리에서는 4주식 기둥구멍 배치가 나타나기 시작하여 Ⅲ기의 집자리까지 이어진다. 집자리바닥은 점토다짐, 점토다짐+불처리, 불처리, 생토 등 다양하게 처리되었으나, 대부분 바닥처리를 하였다는 점에서 특징적이다.

출입구시설은 일부 집자리에서만 확인되고 있는데, Ⅰ기에는 반원형으로 돌출된 구조이거나 내부에 계단형태를 띤다. 그러나 Ⅱ·Ⅲ기의 집자리에서는 집자리의 평면형태 변화와 함께 길게 돌출된 복도식의 구조를 띠고 있어 시기에 따른 출입구시설의 변화가 보인다.

그밖에 대동강·황해도지역 신석기시대 집자리의 특징은 집자리 내부에 토기를 거꾸로 박아 놓은 저장움이 설치된 것인데, 궁산 유적과 지탑리 유적, 마산리 유적 등에서 확인되고 있다. 이는 현재까지 대동강·황해도지역의 신석기시대 집자리 유적과 중부내륙지역의 암사동 유적에서만 확인되고 있어 이들 지역에서만 나타나는 특징적인 내부시설로 판단된다. 이러한 저장움은 대동강·황해도 지역을 비롯한 중서부지역 Ⅰ기의 신석기시대 집자리 특징 중 하나로 볼 수 있다.

표 3-3 대동강 · 황해도지역 신석기시대 집자리의 구조와 특징

구 분		I 기	II 기	III 기
평면형태		원형(궁산,소정리) 방형(마산리, 지탑리	장방형	장방형 〉방형, 원형
규 모		400~600cm내외	400~600cm내외,	400~500cm내외,700cm내외
화덕 자리	구조	돌두름식(구덩식 일부)	구덩식(돌두름식 일부)	돌두름식, 구덩식
	위치	중앙	중앙, 편재	편재, 중앙
	형태	(타)원형	원형, 방형	장방형(원형, 방형 일부)
기둥구멍		다수(원형배열 일부)	약간(원형 · 벽가, 4주식 일부)	불규칙(4주식 일부)
바 닥		점토다짐+불처리, 점토다짐	점토다짐, 불처리	일부 점토다짐, 불처리
출입구시설		반원형 돌출 혹은 계단구조	일부 돌출된 구조(소정리)	돌출된 구조
기 타		저장움(토기)	내부공간분할구조	내부공간분할구조

또한 대동강 · 황해도지역 Ⅱ · Ⅲ기 집자리의 특징 중 하나는 평면 형태가 장방형이며, 집자리 내부를 분할하여 사용한 구조나 흔적이 남경 유적과 소정리 유적 등에서 확인되고 있는 것이다. 이는 집자리 의 건축학적 측면에서 보아도 한 단계 발전된 것으로 집자리 평면형 태가 방형이나 원형의 집자리에서 장방형으로 변화는 집자리의 발전 과정에서 큰 획기를 그을 수 있다. 특히 장방형의 평면형태와 집자리 기둥배치에 따른 내부공간분할 흔적은 집자리의 지붕 구조와도 매우 밀접하게 관련된 것으로서 원추형이나 사각추형의 지붕구조에서 맞 배지붕으로의 변화를 상정해 볼 수 있다[190].

(4)_ 중부내륙지역

중부내륙지역 중 한강 · 임진강유역의 신석기시대 집자리 유 적은 조사된 유적수가 많지 않아 집자리의 구조와 특징을 파악하기

---

190 조형래, 1996, 앞의 글. ; 구자진, 2005a, 앞의 글.

에 어려움이 있다. 특히 암사동 유적의 경우 30여기의 집자리가 조사되었음에도 불구하고 유적과 집자리에 대한 편년에 있어 연구자마다 의견이 달라 집자리의 상대편년을 논하기 어렵다. 그러나 집자리의 구조나 출토유물로 보아 다소 시간적인 차이는 있겠지만 분기를 달리할 정도는 아니라고 판단된다[191]. 그나마 암사동 유적과 비교될 수 있는 삼거리 유적이 조사되어 이 지역 집자리를 검토하는데 유용하다.

집자리의 평면형태는 I기에는 원형과 방형이 대부분이며, 삼거리 유적의 경우 조사된 6기의 집자리가 모두 방형의 형태를 띠고 있다. III기에 해당하는 유적에서는 원형은 감소하며, 방형의 집자리가 주류를 이룬다. 집자리의 규모는 시기와 관계없이 4~6m 내외로 비슷한 양상을 보인다.

집자리의 내부시설 중 화덕자리는 I기에 해당하는 암사동과 삼거리 유적에서는 모두 돌두름식의 구조이며, III기에 해당하는 대부분의 유적에서는 구덩식의 구조를 띠고 있어 시기에 따른 화덕자리 구조변화가 나타난다. 그러나 III기의 남양주 호평동 지새울 유적과 파주 당동리 유적에서는 구덩식(竪穴式), 돌두름식(圍石式), 돌무지식(集石式)의 각기 다른 구조의 화덕자리가 확인되고 있어 주목된다. 또한 I기의 집자리에서는 화덕자리가 집자리의 중앙에 위치하나, III기에서는 대부분 한쪽으로 치우쳐 확인되고 있어 차이를 보인다.

---

191 중부내륙지역 중 한강·임진강유역의 신석기시대 집자리도 다른 지역과 마찬가지로 3기로 구분하였다. 그러나 지금까지 이 지역에서 뚜렷하게 II기로 생각되는 유적이 확인되지 않아 기존의 빗살무늬토기를 통한 편년을 참고하여 암사동 유적의 경우에는 I기와 II기에 모두 포함시켰고, 집자리 구조와 변화양상의 검토에 있어서는 I기의 집자리로 통합하여 분석하였다.

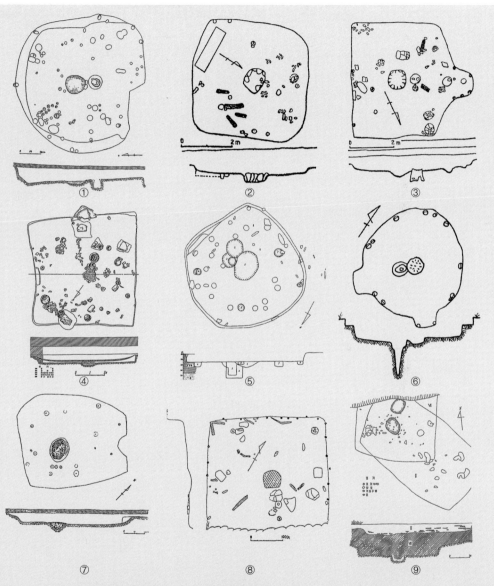

그림 3-3 대동강·황해도지역 신석기시대 집자리1
(① 궁산 4호, ② 마산리 5호, ③ 마산리 21호, ④ 지탑리 1호, ⑤ 지탑리 2호,
⑥ 소정리 20호, ⑦ 궁산 5호, ⑧ 룡덕리 ⑨ 금탄리 Ⅶ호)

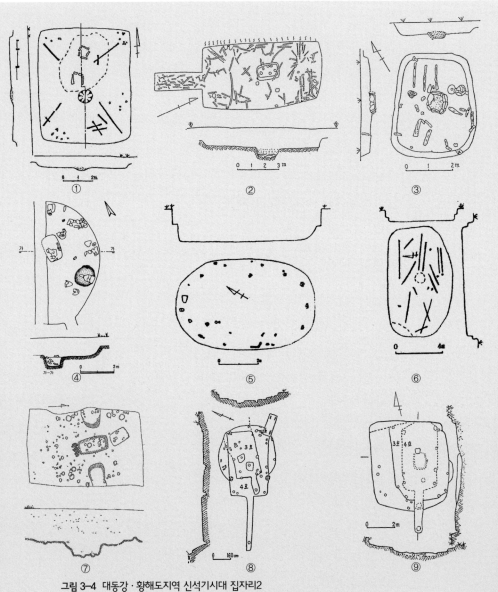

그림 3-4 대동강 · 황해도지역 신석기시대 집자리2
(① 남양리 12호, ② 남경 12호, ③ 남경 37호, ④ 장촌 1호, ⑤ 표대 106호,
⑥ 리천리 2호, ⑦ 금탄리 XI호, ⑧ 소정리 3 · 4호, ⑨ 소정리 18 · 19호)

기둥구멍은 Ⅰ기 유적인 암사동과 삼거리 유적에서 확인되듯 이른 시기의 집자리에서는 대부분 4주식의 기둥배치를 보이며, Ⅲ기 유적에서는 확인되지 않거나 불규칙한 경우가 대부분이다. 바닥처리는 대동강 · 황해도지역을 비롯한 북한지역과는 차이를 보이는데, 대부분 점토다짐 혹은 점토다짐+불처리한 흔적이 확인되지 않는다.

출입구시설은 Ⅰ기 유적에서 일부 반원형의 돌출된 형태와 내부에 계단 혹은 경사진 형태로 존재하는데, 돌출된 출입구시설의 경우에도 경사식과 계단식이 존재하고 있다. 이러한 반원형의 돌출된 출입구시설은 대동강 · 황해도지역의 Ⅰ기에 해당하는 집자리에서도 확인되고 있어 이른 시기의 신석기시대 집자리 출입구형태의 하나로 생각해 볼 수 있다.

또한 중부내륙지역의 한강 · 임진강유역 신석기시대 집자리는 입지에 있어서도 차이를 보인다. Ⅰ기 유적들은 강 주변의 충적대지에 위치하는데 반해, Ⅲ기 유적은 대부분 구릉지역에서 확인되고 있다. 이러한 입지선택은 당시 신석기인들의 생계방식과 밀접한 관련이 있는 것으로 판단되는데, 이에 대해서는 뒤에서 구체적으로 살펴보겠다.

그밖에 암사동 유적에서는 토기를 거꾸로 박아 만든 저장움이 확인되고 있어 주목되는데, 이러한 형태의 저장움은 대동강 · 황해도지역의 궁산, 지탑리, 마산리 유적에서도 조사되어 한강유역과 황해도지역의 신석기시대 Ⅰ기에 해당하는 집자리 내부시설의 특징으로 볼 수 있다. 이러한 저장움 성격에 대해서는 낟알을 저장하거나, 도구를 저장하던 장소(지탑리 유적 1 · 2호 집자리)로 보고 있다[192].

중부내륙지역 중 북 · 남한강유역의 신석기시대 집자리 유적은 대

192　도유호 · 황기덕, 1961, 앞의 글.

부분 최근에 조사된 유적으로 아직 유구와 유물에 대한 구체적인 상황을 파악할 수 없어 정확한 시기구분이 어려우나 대부분 Ⅱ기 이후의 유적으로 판단된다.

이 지역의 집자리 유적은 대개 강가의 충적대지에 위치하며, 그렇지 않을 경우 동굴이나 바위그늘을 활용하였던 것으로 보인다[193]. 집자리의 평면형태는 원형과 방형이 주류를 이루며, 규모는 한 변의 길이가 4~5m 내외이다. 화덕자리는 돌두름식 화덕자리가 대부분을 차지하는데, 역내리 1호 집자리, 아우라지 1호 집자리의 후행 화덕자리와 주천리 23호 집자리에서는 구덩식의 화덕자리가 조사되었다. 그러나 역내리와 주천리 화덕자리의 경우, 보고자에 의해 돌두름식일

표 3-4 중부내륙지역 신석기시대 집자리의 구조와 특징

구 분		Ⅰ기	Ⅱ기(북·남한강유역)	Ⅲ기
평면형태		원형, 방형	원형, 방형	방형
규 모		400~600cm내외	400~500cm내외	400~600cm내외
화덕자리	구조	돌두름식	돌두름식	구덩식, 돌두름식
	위치	중앙	중앙(일부 편재)	중앙, 편재
	형태	원형, 방형 (타원형, 장방형 일부)	원형	원형, 방형 (타원형, 장방형 일부)
기둥구멍		4주식	벽가배열, 없는 것 다수, 4주식(주천리)	불규칙, 없는 것
바 닥		생토	생토(모래층)	생토
출입구시설		반원형돌출(경사, 계단), 계단·경사구조	·	?
기 타		저장구덩(토기)		

---

193 동굴살이를 가능하게 할 정도로 북·남한강유역(영서지역)은 석회암 동굴이 많으며, 이는 신석기시대 동굴유적 형성에 결정적인 요인으로 작용하였다. 신석기시대 동굴과 바위그늘 유적은 지형적 여건에 의해 편중된 양상을 보이는데, 북·남한강유역도 밀집지역 중 한 곳이다(신숙정, 2004, 앞의 글, 53~65쪽).

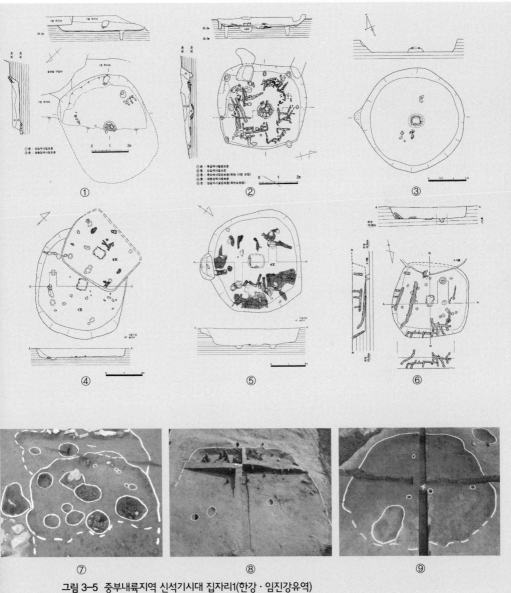

그림 3-5 중부내륙지역 신석기시대 집자리1(한강 · 임진강유역)

(① 삼거리 2호, ② 삼거리 5호, ③ 암사동 73-1호, ④ 암사동 74-1호, ⑤ 암사동 74-4호,
⑥ 암사동 75-2호, ⑦ 호평동 지새울 2 · 3호, ⑧ 판교동, ⑨ 당동리 7-2호)

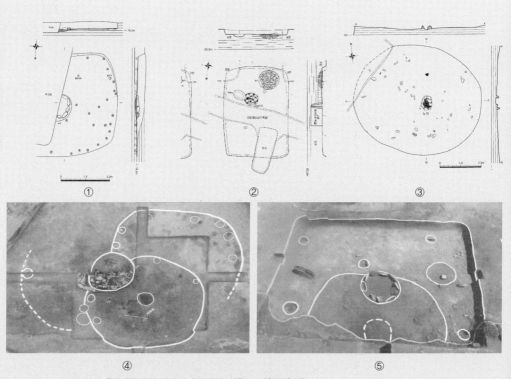

그림 3-6 중부내륙지역 신석기시대 집자리2(북·남한강유역)

(① 신매리 12호, ② 천전리 74호, ③ 역내리 2호, ④ 아우라지 1·2·3호, ⑤ 주천리 22·23호)

가능성이 제기되고 있어 북·남한강유역의 신석기시대 집자리의 화덕자리는 돌두름식이 보편적인 구조였던 것으로 판단된다.

화덕자리의 평면형태는 대부분 원형이며, 집자리의 중앙 혹은 약간 치우쳐 1기씩 확인되었다. 기둥구멍은 대부분의 집자리에서 확인되지 않으나, 신매리와 아우라지 유적의 집자리에서는 벽가 배열의 양상을 보이며, 주천리 22호 집자리에서는 4주식을 띠고 있어 특징적이다. 바닥은 생토인 모래층을 그대로 사용하였으며, 주천리 22호 집자리에서는 작업공이 조사되었다.

⑸_ 중부서해안지역

중부서해안지역은 대부분의 유적이 조개더미 유적이어서 당시 생활상을 이해하는데 많은 어려움이 있었으나 최근 신석기시대 집자리 유적의 조사 예가 급증하면서 집자리의 구조 및 생활상 복원에 귀중한 자료를 제공해 주고 있다.

또한 이른 시기에 해당하는 집자리 유적이 그동안 조사되지 않다가 최근 영종도 운서동 유적에서 대규모 마을 유적이 조사되면서 이 지역 신석기시대 집자리의 특징과 변화양상을 파악할 수 있는 계기가 마련되었다. 추후 운서동 유적의 집자리와 유물에 대한 구체적인 내용이 보고되면 중부서해안지역의 신석기시대 편년 및 집자리의 전개양상을 이해하는데 많은 도움을 줄 것으로 기대된다.

지금까지 발굴조사된 중부서해안지역의 Ⅰ기에 해당하는 유적은 운서동 유적이 유일한데, 아직 보고서가 발간되지 않은 관계로 여기에서는 지금까지 개략적으로 보고된 내용을 중심으로 집자리의 구조와 특징을 살펴보겠다.

운서동 유적의 집자리는 대부분 방형의 형태를 띠며, 일부 장방형과 원형이 확인되고 있다. 집자리의 규모는 4~6m로 Ⅱ기의 집자리보다 상대적으로 큰 편에 속한다. 화덕자리는 구덩식으로 집자리의 중앙에 위치한다. 기둥구멍은 4주식이 기본 배치를 이루며, 일부 벽가 배열 양상도 관찰된다. 출입구시설이 확인된 집자리에서는 돌출구조를 띤다. 집자리 내부공간을 확장한 듯 한 단시설이 대부분의 집자리에서 확인되고 있는데, 다른 지역에서는 확인되지 않는 구조로 중부서해안지역의 이른 시기 혹은 운서동 유적의 특징적인 양상으로 파악된다[194].

중부서해안지역의 Ⅱ기에 해당하는 유적들은 집자리의 평면형태, 기둥구멍 배치, 화덕자리의 구조 등에서 일정한 정형성을 보인다. 집자리의 평면 형태는 대부분 방형이며, 규모는 3~5m로 중소형에 해당한다. 집자리 내부시설 중 화덕자리는 원형의 구덩식 구조이며, 중앙에 위치하고 있다. 기둥구멍은 집자리의 네 모서리에 각 1기씩 배치된 4주식 기둥배치가 기본이며, 일부 집자리에서는 보조기둥이 확인되고 있다. 출입구시설은 농서리와 성내리, 운양동, 목리, 장재리 유적 등에서 돌출된 구조와 계단식이 조사되었다.

표 3-5 중부서해안지역 신석기시대 집자리의 구조와 특징

구 분		Ⅰ기	Ⅱ기		Ⅲ기
			경기해안	충남해안	
평면형태		방형 (일부 원형, 장방형)	방형 (일부 원형, 장방형)	방형(일부 장방형)	방형, 원형, 장방형
규 모		400~600cm내외	300~500cm내외, 700cm내외	300~500cm내외, 700cm내외	300~500cm내외, 600~900cm내외
화덕 자리	구조	구덩식	구덩식	구덩식	구덩식, 돌두름식
	위치	중앙	중앙	중앙	중앙
	형태	원형	원형	원형, 방형	원형, 방형
기둥구멍		4주식, 벽가배열	4주식, 보조기둥	4주식, 보조기둥	다수, 벽가배열, 4주식
출입구시설		돌출구조	계단식 혹은 돌출구조	돌출구조	일부 돌출
기 타		단시설(2단 구조)			단시설

---

194 추후 집자리에 대한 구체적인 보고와 검토가 이루어진다면, '운서동식 집자리'로의 설정도 가능하며, 중부서해안지역의 이른 시기 대표적인 집자리 형식으로 자리매김 할 것으로 판단된다.

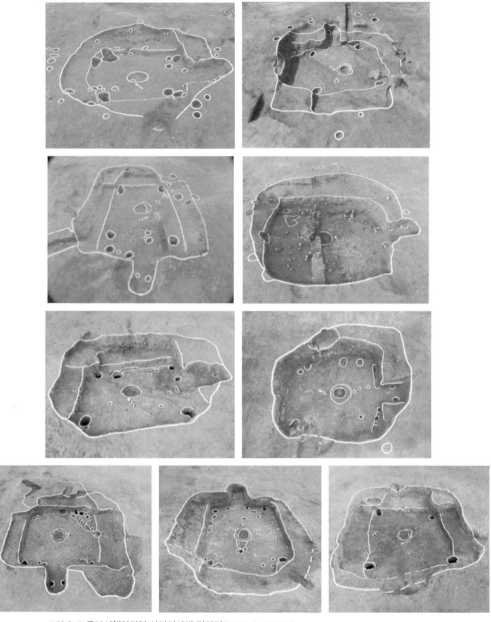

그림 3-7 중부서해안지역 신석기시대 집자리1(Ⅰ기-운서동 유적)

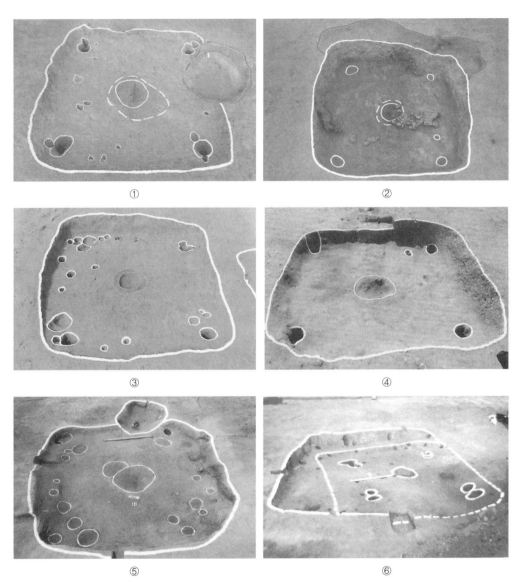

그림 3-8 중부서해안지역 신석기시대 집자리2(Ⅱ기)

　　(① 신길동 2호, ② 신길동 17호, ③ 능곡동 14호, ④ 농서리 4호, ⑤ 삼목도 4호,
　　⑥ 느들)

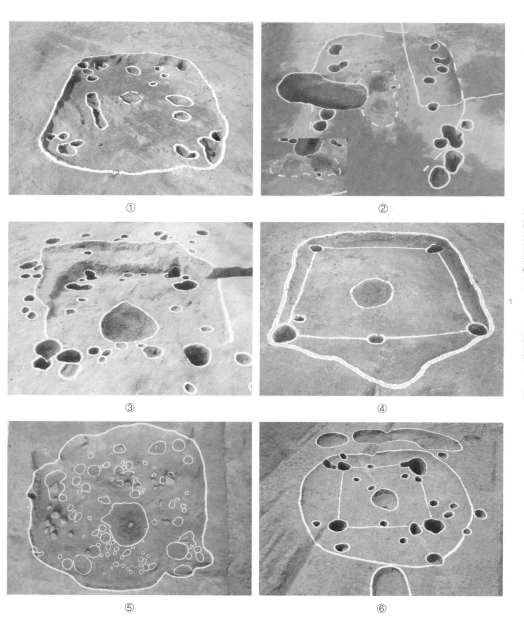

그림 3-9 중부서해안지역 신석기시대 집자리3(II기)

(① 성내리 2호, ② 백암리 3호, ③ 장재리 4호, ④ 기지리 공-2호, ⑤ 우두리 73호, ⑥ 목리 41호)

결국 중부서해안지역 Ⅱ기에 해당하는 집자리는 방형의 평면 형태에 4주식 혹은 4주식에 보조기둥이 배치되어 있는 구조를 띠며, 화덕자리는 집자리 내부의 중앙에 아무런 시설도 하지 않은 구덩식이 설치되어 있다. 집자리의 규모도 3~5m 내외로 대부분 중소형에 해당한다. 이러한 구조적 특징은 타 지역의 집자리와 구분되는데, 중부서해안지역을 중심으로 지역적인 분포 양상을 보이고 있다.

Ⅲ기의 집자리는 앞 시기에 방형이 주류를 이루던 것과는 달리 방형, 원형, 장방형 등 다양한 형태를 띠며, 규모는 3~5m 내외의 중소형과 6~9m 내외의 중대형이 혼재되어 있는 양상을 보인다. 화덕자리는 구덩식과 돌두름식이 모두 확인되나, 일부 구덩식과 돌두름식 화덕자리가 동시에 확인되는 집자리에서 구덩식이 돌두름식 구조보다 선행하는 것으로 확인되고 있어 중부서해안지역의 신석기시대 집자리의 화덕자리는 구덩식에서 돌두름식으로 변화해가고 있음을 알수 있다. 기둥구멍 배치는 이른 시기의 집자리에서 정형화되어 있는 4주식이 지속적으로 확인되나, 불규칙하게 다수가 확인되거나 벽가 배열의 양상도 있어 다양한 패턴을 띠고 있다.

출입구시설은 일부 집자리에서 돌출된 구조로 확인된다. 내부시설 중 일부 집자리에서는 단시설이 확인되는데, Ⅰ기의 운서동 집자리와 같이 2단 구조로 이루어져 집자리의 내부공간을 확장한 듯한 구조와는 달리 내부의 선반시설 역할을 하였던 것으로 추정되는 구조이다.

⑹_ 중부동해안지역

중부동해안지역은 1990년대까지만 해도 발굴 조사된 신석기시대 집자리 유적이 소수에 불과해 집자리에 대한 검토가 불가능하였다. 신석기시대 유물산포지만이 일부 보고되었을 뿐 집자리 유적이 확인되지 않아 신석기시대 집자리 연구의 공백지역이었다. 그러나 2000년대 들어서면서 시기를 달리하는 신석기시대 집자리 유적이 조사되면서 집자리의 구조와 특징을 살펴볼 수 있게 되었다.

중부동해안지역의 I기에 해당하는 문암리와 오산리 유적에서는 집자리의 평면형태가 대부분 원형과 방형이며, II · III기의 집자리는 원형은 거의 사라지고 방형으로 정형화 되어가고 있다. 특히 III기에 해당하는 고성 철통리 유적에서는 모두 방형의 집자리가 조사되었는데, 중부동해안지역에서 조사된 신석기시대 집자리 유적 중 유일하게 구릉지역에 위치하는 특징을 보인다. 집자리의 규모는 I기의 오산리 A · B유적과 문암리 유적은 비교적 소형에 해당하여 지름 3~4m 내외이나, 최근에 조사된 오산리 C유적에서는 집자리의 규모가 7m 내외로 기존에 확인된 집자리보다 크다. II기의 집자리는 5~6m 내외가 대부분이며, III기에 이르면 집자리의 입지변화와 함께 규모도 다시 작아져 3~4m 내외가 주류를 이룬다.

집자리 내부시설 중 화덕자리는 I기의 문암리와 오산리 유적은 모두 돌두름식 구조를 띠며, 집자리의 중앙에 원형, 방형, 장방형, 오각형 등의 다양한 형태로 확인된다. 규모는 90~100㎝ 내외로 비교적 중대형에 해당한다. 최근 조사된 오산리 C유적에서는 장방형의 형태에 중간에 격벽시설이 갖추어진 화덕자리가 확인되어 특징적이다. II기 유적들 역시 화덕자리는 대부분 돌두름식이나 가평리 유적과 지경리 일부 집자리(5호 · 9호), III기의 철통리 유적에서는 구덩식의 구조가 확인되었다. 규모와 평면형태는 앞 시기와 유사한 양상을 보이나 III기에 이르면 50㎝ 내외의 원형으로 집자리의 규모와 함께 화덕자리의 규모도 작아지는 양상이 관찰된다.

기둥구멍은 Ⅰ기에 해당하는 유적 중에서는 오산리 A유적 2호 집자리와 최근 조사된 오산리 C유적 3호 집자리에서만 확인되고 있는데, 벽가 배열을 이루고 있다. Ⅱ기 유적에서는 없는 것과 불규칙한것이 대다수이며, 일부 벽가 배열(가평리 1호, 초당동 3호)이 확인된다. 그러나 Ⅲ기의 철통리 유적에서는 기본적으로 4주식의 기둥배치를 보이고 있어 특징적이다. 이러한 4주식의 기둥구멍 배치는 중부내륙지역(한강·임진강유역)의 Ⅰ기에 해당하는 집자리와 중부서해안지역의 집자리 유적에서 나타나고 있는 양상으로 주목된다.

바닥처리는 Ⅰ기의 집자리 유적에서는 점토다짐+불처리 혹은 점토다짐의 형태가 다수를 차지하나, Ⅱ기의 유적에서는 점토다짐만 확인되고 있다. Ⅲ기에 이르면 집자리의 입지 변화와 함께 바닥처리를 하지 않고 생토를 그대로 이용하는 양상을 보인다. 출입구시설은 Ⅱ기의 가평리 1호 집자리에서 돌출된 형태로 확인되고 있으나, 1기에 불과하여 전체적인 양상을 파악하기에는 현재로써는 어렵다. 그밖에 일부 집자리에서 저장공 혹은 작업공으로 추정되는 내부시설이 확인되고 있다.

표 3-6 중부동해안지역 신석기시대 집자리의 구조와 특징

구 분		Ⅰ기	Ⅱ기	Ⅲ기
평면형태		원형(방형)	방형 다수 (원형, 타원형, 장방형 일부)	방형
규 모		300~400cm, 700cm내외	500~700cm내외	300~500cm내외
화덕 자리	구조	돌두름식	돌두름식(구덩식-가평리)	구덩식
	위치	중앙	중앙(일부 편재)	중앙
	형태	원형(방형, 장방형, 오각형 등)	원형, 방형	원형
기둥구멍		없는 것 다수, 원형배열	없는 것 다수, 원형배열	4주식
바 닥		점토다짐+불처리	대부분 생토	생토
출입구시설		·	돌출구조(가평리)	·

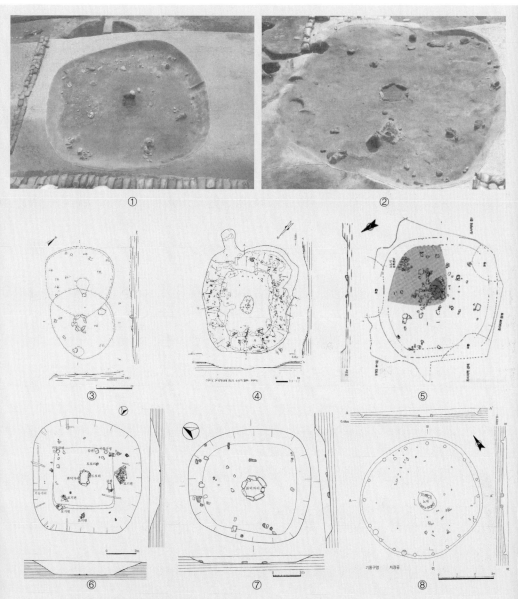

그림 3-10 중부동해안지역 신석기시대 집자리2
(① 오산리C-1호, ② 오산리C-2호, ③ 문암리 98-1 · 2호, ④ 가평리 1호, ⑤ 송전리 2호,
⑥ 지경리 4호, ⑦ 지경리 10호, ⑧ 초당동 3호)

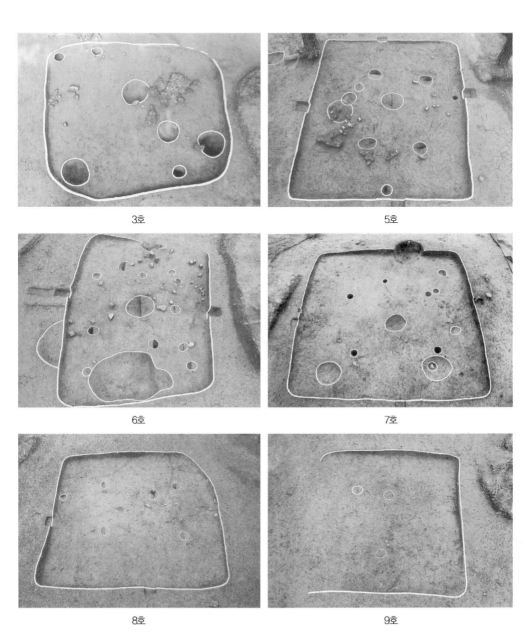

3호 5호

6호 7호

8호 9호

그림 3-11 중부동해안지역 신석기시대 집자리1(고성 철통리 유적)

(7)_ **충청내륙지역**

충청내륙지역의 신석기시대 집자리 유적 중 아직까지는 Ⅰ기에 해당하는 유적은 확인되지 않았다. 이러한 현상이 지금까지의 빗살무늬토기의 연구결과에 따라 Ⅰ기 단계 이후에 중서부지역 혹은 남부내륙지역으로부터의 집단의 이주 및 확산에 의한 결과인지? 아니면 아직까지 이른 시기의 집자리 유적이 조사되지 않아 나타나는 현상인지는 확실하지 않지만, 현재까지의 신석기시대 집자리 유적의 빗살무늬토기 편년 및 절대연대측정 자료에서 Ⅰ기에 해당하는 집자리 유적은 확인되지 않았다. 충청내륙지역의 신석기시대 집자리는 대부분 Ⅱ기에 해당하는 유적들이며, 집자리의 구조와 입지 및 내부공간활용에 있어 많은 공통점이 확인되고 있다.

집자리의 평면 형태는 대부분 장방형이며, 규모에 있어서도 장축 길이가 7~10m로 다른 지역의 집자리에 비해 규모가 큰 편이다. 집자리의 길이방향도 등고선의 흐름과 나란하게 조성되어 있는 공통점이 발견되며, 대부분 구릉지역의 정상부에 단독으로 존재한다.

집자리 내부시설 중 화덕자리는 원형 혹은 방형의 구덩식이며, 위치는 중앙과 약간 한쪽에 치우친 경우가 있는데, 약간 치우친 것은 집자리의 평면형태와 내부공간분할에 따른 것으로 4주식의 기둥배치를 보이는 생활공간의 중앙부분에 위치하는 경우가 대부분이다. 기둥구멍은 기본적으로 생활공간을 중심으로 한 4주식의 기둥 배치를 보이며, 대천리 유적에서는 내부공간분할을 위한 칸막이 기둥구멍과 벽을 세우기 위한 벽가 배열 기둥구멍이 확인되었다. 상정리와 금석리 유적에서도 벽가 배열의 기둥구멍이 확인되었고, 송월리 유적에서는 집자리 외부에 일정한 간격으로 배치된 기둥구멍이 확인되었다. 용동리 유적에서는 집자리의 움벽 바깥쪽으로 약 1.6~1.8m 내외의 범위에서 일정한 간격(50~100㎝)을 유지하며 확인되었다. 이러한 기둥구멍은 벽체시설과 관련된 것으로 출입구시설을 제외한 집자리 전체를 감싸 앉은 형태를 띠고 있다. 이는 동일한 형식의 집자리가 확인된 신관동 집자리의 2단 구조를 이해하는데, 결정적인 단서를 제공해 주는 것으로 판단된다. 결국 집자리 내부공간의 분할 및 확장을 위한 시설임을 추정할 수 있다.

바닥은 생토를 그대로 사용하였으며, 출입구시설은 대부분 돌출된 구조를 띠고 있다. 그밖에 대천리 유적과 송월리 유적에서는 저장구덩으로 판단되는 시설도 집자리 내부에서 확인되었다.

지금까지 살펴본 충청내륙지역 집자리들의 공통점을 정리해보면, 평면형태가 장방형이며, 규모는 길이 7~10m 내외로 다소의 차이는 있으나 규모가 큰 편이다. 또한 내부시설 중 화덕자리는 구덩식이며, 집자리의 중앙(생활공간)에 위치한다. 이밖에 집자리의 길이방향이 등고선의 흐름과 나란하며, 돌출된 출입구시설, 내부공간분할 등의 특징과 구릉상에 1기 혹은 2기만이 존재하는 양상을 보이고 있다[195].

표 3-7 충청내륙지역 신석기시대 집자리의 구조와 특징

구 분		I 기	II 기	III 기
평면형태		?	장방형	원형
규 모		?	700~1,000㎝ 내외(장축길이)	400㎝ 내외
화덕자리	구조	?	구덩식	구덩식
	위치	?	중앙	중앙
	형태	?	원형, 방형	원형
기둥구멍		?	4주식(벽가 배열, 외부)	다수, 불규칙
바 닥		?	생토	생토
출입구시설		?	돌출구조	·
기 타		?	내부공간분할구조	·

---

195 구자진, 2003 · 2008a, 앞의 글.

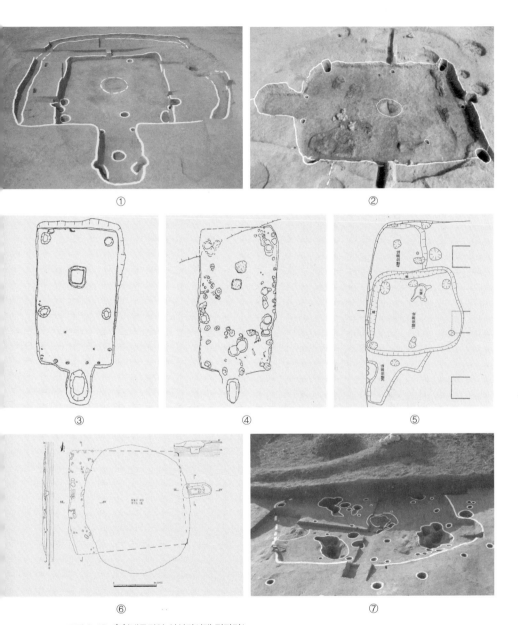

그림 3-12 충청내륙지역 신석기시대 집자리1
(① 신관동, ② 관창리 47호, ③ 관평동, ④ 대천리, ⑤ 쌍청리, ⑥ 상정리 ⑦ 송월리)

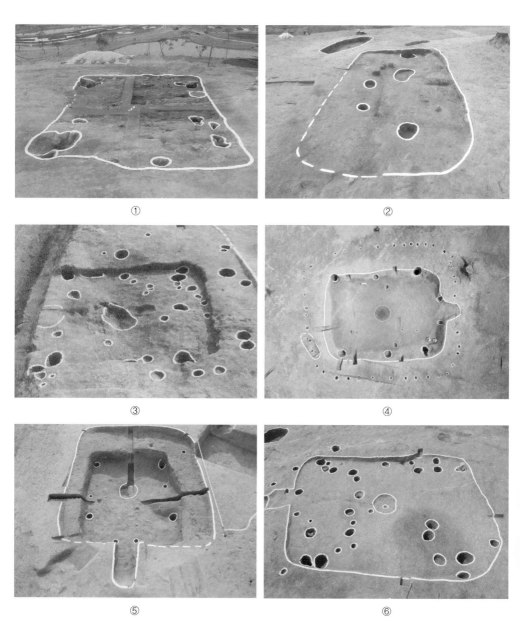

그림 3-13 충청내륙지역 신석기시대 집자리2

(① 웅포리, ② 성내리 4호, ③ 장재리 2호, ④ 용동리, ⑤ 운양동, ⑥ 목리 21호)

(8)_ 남부내륙지역

남부내륙지역의 신석기시대 집자리 유적 중 Ⅰ기에 해당하는 유적은 확인되지 않았다. Ⅰ기 유적의 부재는 충청내륙지역과 마찬가지의 과제를 안고 있다. 남부내륙지역의 신석기시대 집자리 유적은 분기에 따른 집자리의 평면 형태에 있어 뚜렷한 차이를 보이는데, Ⅱ기에 해당하는 집자리는 장방형이 대부분인데, Ⅲ기의 유적에서는 원형이 주류를 이룬다. 집자리의 규모는 Ⅱ기의 송죽리나 상촌리 유적에서는 7~10m 내외이며, Ⅲ기의 봉계리나 임불리 유적은 3~5m 내외의 규모로 중소형에 해당한다.

집자리의 내부시설 중 화덕자리는 시기나 지역적인 차이 없이 대부분 구덩식의 구조를 띠는데, 평거동 5호와 금천리 유적에서 조사된 집자리에서는 돌두름식의 화덕자리가 확인되고 있다. 일부 봉계리 유적의 집자리에서 돌무지식과 돌두름식의 화덕 자리가 확인되었다고 하나 구조가 확실하지 않다. 금천리 유적의 경우 Ⅲ기 중에서도 비교적 늦은 시기로 편년되고 있는 집자리로 신석기시대에서 청동기

표 3-8 남부내륙지역 신석기시대 집자리의 구조와 특징

구 분		Ⅰ기	Ⅱ기	Ⅲ기
평면형태		?	장방형	원형, 방형
규 모		?	700cm내외(다양)	300~500cm내외
화덕자리	구조	?	구덩식	구덩식 (돌두름식-금천리)
	위치	?	중앙	중앙, 편재
	형태	?	원형	원형
기둥구멍		?	벽가 배열, 불규칙	없는 것 다수, 불규칙
바 닥		?	생토(모래)	생토(모래)
출입구시설		?	?	?
기 타		?	내·외부 저장구덩	?

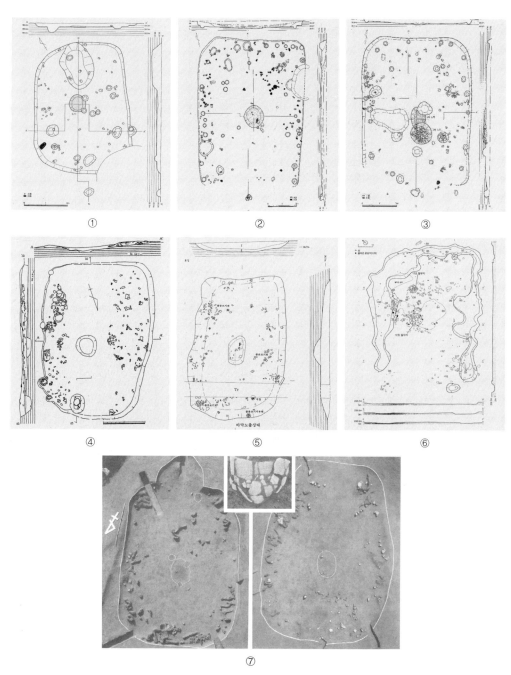

그림 3-14 남부내륙지역 신석기시대 집자리1
(① 송죽리 5호, ② 송죽리 6호 ③ 송죽리 7호, ④ 상촌리B 14호 ⑤ 상촌리A 1호,
⑥ 진그늘 ㄷ꼴유구, ⑦ 평거동 11 · 12호)

시대로의 전환과 관련하여 주목되고 있는 유적이다.

화덕자리의 위치는 Ⅱ기에서는 집자리의 중앙에 위치하며 원형인데 반해, Ⅲ기의 집자리에서는 중앙에 위치한 것과 한쪽으로 얼마간 치우친 경우가 다수 존재한다. 기둥구멍은 Ⅱ기의 집자리는 벽가 배열 혹은 불규칙한 것이 다수를 차지하나, Ⅲ기에 해당하는 집자리에서는 없는 것과 불규칙한 것이 대부분이다.

바닥은 대부분의 집자리 유적이 강변의 충적대지에 위치한 관계로 생토인 모래층에 형성되어 있는 공통점이 있으며, 평거동 14호, 지좌리 4호와 5호 집자리에서만 바닥에 점토다짐한 흔적이 일부 확인될 뿐 대부분 생토층을 그대로 이용하였다. 출입구시설은 유천동과 봉계리, 평거동 유적의 일부 집자리에서 돌출된 형태로 확인되었다.

그밖에 Ⅱ기의 송죽리 유적에서는 집자리 외부에 저장구덩이 위치하고 있는데, 집자리와 저장구덩을 하나의 세트관계로 보고자는 판단하고 있다. 이 저장구덩에서는 도토리가 확인되고 있어 도토리 저장구덩으로 보았다[196].

(9)_ 남해안지역

남해안지역은 다른 지역에 비해 일찍부터 신석기시대 유적이 조사되었으나, 대부분 조개더미 유적이다. 신석기시대 집자리 또한 조개더미 유적의 조사과정에서 확인되었으며, 동삼동, 목도, 송도 유적에서 7기가 있다. 이밖에 동남해안의 사구지역에 해당하는 경주 봉길리 유적에서 신석기시대 집자리가 처음으로 확인되어 주목된다.

먼저 Ⅰ기에 해당하는 집자리 중 동삼동 3호 집자리는 잔존상태가

---

196 계명대학교행소박물관, 2006, 앞의 보고서.

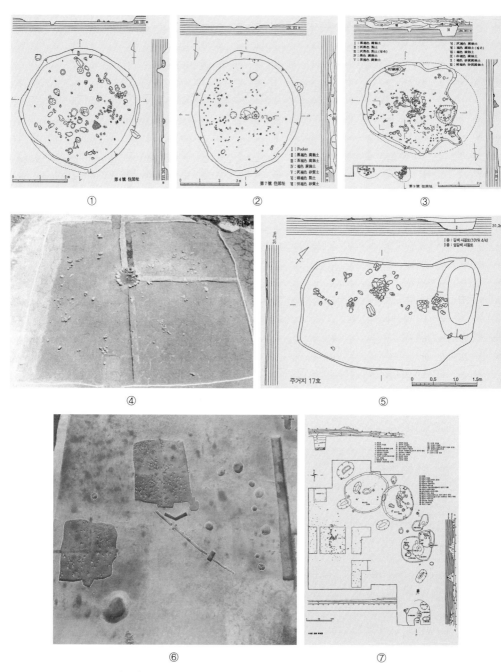

그림 3-15 남부내륙지역 신석기시대 집자리2
(① 봉계리 4호, ② 봉계리 7호 ③ 봉계리 9호, ④ 금천리 ⑤ 서변동 17호,
⑥ 유천동 1·2호, ⑦ 임불리)

좋지 않아 그 구조를 파악할 수 없어 송도와 목도 유적에서 확인된 집자리를 통해 남해안지역의 이른 시기 집자리 구조를 짐작해 볼 수 있다. 집자리의 평면형태는 원형이며, 화덕자리의 경우 송도 유적은 돌두름식, 목도 유적은 구덩식의 구조가 확인되었다. 화덕자리의 위치는 중앙에 위치한 경우와 한쪽에 치우친 경우가 모두 존재하며, 규모는 집자리에 비해 상대적으로 큰 편인데, 지름 1~1.5m 내외가 주류를 이룬다. 기둥구멍은 일부 집자리에서 소수 확인되었으나 정형성은 보이지 않는다. 송도와 목도의 집자리는 모두 조개더미층 내에 집자리를 조성한 공통점이 확인된다.

또한 동삼동과 목도 유적에서는 기둥구멍만 조사된 유구가 확인되어 주목되는데, 목도 유적은 집자리가 조사된 같은 층에서 확인되었으며, 기둥구멍 수는 6개로 오각형을 이룬다. 기둥구멍의 바닥은 기반층인 자연 암반으로 되어 있다. 동삼동 유적(부산박물관과 경성대학교박물관 조사지역)에서도 다수의 기둥구멍이 조사되었으며, 조개더미 유적의 최하층인 기반층에서 확인되었다. 이들 또한 일정한 정연성은 확인되지 않았지만, 집자리 혹은 기타 부속 건물과 관련된 흔적일 가능성이 있다.

Ⅱ기에 해당하는 동삼동 1·2호 집자리는 남해안지역에서 조사된 조개더미 유적의 집자리 중 가장 잔존상태가 양호하며, 집자리의 구조뿐만 아니라 출토유물을 통해 당시 신석기인들의 생활상을 이해하는데 많은 정보를 제공해 주고 있다. 집자리의 평면형태는 1호는 방형, 2호는 원형을 띠며, 추정 규모는 5~6m 내외로 비교적 큰 편에 속한다. 화덕자리는 1호 집자리의 서벽에서 40cm 떨어진 곳에 지름 70cm 정도의 불 맞은 흙이 형성되어 있다. 기둥구멍은 바닥에서 확인된 기둥구멍 간의 깊이, 내부토의 부식정도, 색조 등에서 차이가 나는 점으로 보아 모두 동시기에 만들어지지 않았음을 보여주며, 2호 집자

리의 것으로 생각되는 기둥구멍은 집자리 벽면을 따라 20㎝ 전후의 기둥구멍을 1열로 배치하고, 그 안쪽으로 말각방형상으로 기둥구멍을 설치한 것으로 보고자는 판단하였다.

집자리의 내부시설 중 특징적인 것은 내부에 도랑과 단시설의 존재이다. 단시설은 집자리의 한쪽 벽면에 높이 20㎝ 정도로 마련하였는데, 단과 집자리의 상면 사이에는 도랑을 마련하고 그 내부에 작은 구멍을 설치하였다. 도랑은 단면 U자상으로 이루어졌으며, 깊이 20~30㎝, 너비 50㎝, 잔존길이 5m 정도이다. 도랑의 기능은 분명하지 않으나 해발이 높은 쪽에 설치되어 있는 것으로 보아 집자리 내의 배수용으로 추정되며, 도랑 내부의 작은 구멍이 설치되어 있는 점을 고려한다면 다른 용도로 이용되었을 가능성도 배제할 수 없다고 보았다[197].

봉길리 유적에서는 방형의 집자리 3기가 조사되었으며, 동남해안지역의 사구지대에서 조사된 유일한 신석기시대 집자리 유적이다. 집자리의 규모는 다른 남해안지역의 집자리에 비해 작아 3~5m 내외이며,

표 3-9 남해안지역 신석기시대 집자리의 구조와 특징

구 분		I 기	II 기	III 기
평면형태		원형	원형, 방형	?
규 모		300~500cm 내외	300~500cm, 500~600cm 내외	?
화덕자리	구조	돌두름식, 구덩식	돌두름식	?
	위치	중앙, 편재	중앙	?
	형태	원형, 부정형	?	?
기둥구멍		불규칙	벽가배열, 방형배치, 외부	?
바 닥		점토다짐	생토(모래), 조개더미층	?
출입구시설		?	?	?
기 타		?	도랑 · 단시설	?

197 부산박물관, 2007, 앞의 보고서, 53~56쪽.

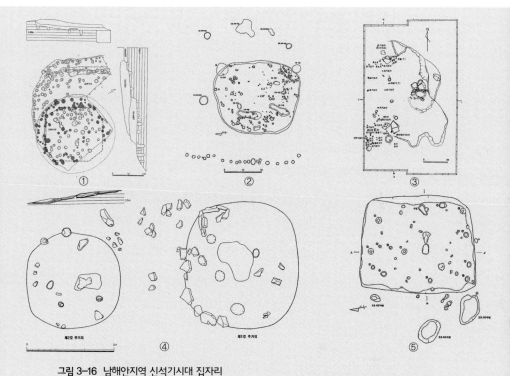

그림 3-16 남해안지역 신석기시대 집자리
(① 동삼동 1·2호, ② 봉길리 4호, ③ 송도 1·2호, ④ 목도 1·2호, ⑤ 봉길리 1호)

2호 집자리에서 돌두름식의 화덕자리가 확인되었다. 기둥배치는 벽가 배열과 외부에 일정한 간격의 기둥구멍이 확인되어 주목되는데, 대부분의 중부동해안지역을 비롯한 사구지대에서 조사된 집자리의 경우에는 기둥구멍의 발견예가 매우 드물기 때문이다. 특히 봉길리 유적을 통해 앞으로 신석기시대 집자리 유적의 공백지역이었던 동남해안지역에서도 신석기시대 집자리의 조사 예가 증가할 것으로 기대된다.

2_ 지역별 집자리의 상관관계

여기에서는 지금까지 살펴본 지역권내에서의 집자리 구조와 변화양상을 토대로 하여 분기별 집자리의 특징과 전개양상을 살펴보고자 한다. 이를 통해 우리나라 신석기시대 집자리의 각 분기 및 지역권별 특징적인 구조와 변화양상이 다른 지역과 어떠한 상호작용 혹은 독특한 양상을 보이는지 확인할 수 있기 때문이다. 또한 이러한 상호 관련성을 살펴보기 위해 기존의 지역별 빗살무늬토기에 대한 연구 성과도 함께 살펴보았다. 이와 같은 분석은 뒤에 살펴볼 집자리 유형설정에 있어 기본 전제가 되는 부분이기도 하다.

(1)_ Ⅰ기

우리나라 신석기시대 집자리 중 필자의 Ⅰ기에 해당하는 유적은 아직 그 수가 많지 않고 충청내륙지역과 남부내륙지역에서는 아직까지 이 시기의 집자리 유적이 조사되지 않았다. 동북지역의 서포항 유적, 자이사노프카-3유적, 보이스만 유적, 서북지역의 후와(하층) 유적, 대강 유적, 대동강 · 황해도지역의 궁산 · 지탑리 · 마산리 · 소정리 유적, 중부내륙지역의 암사동 · 미사리 · 삼거리 유적, 중부서해안지역의 운서동 유적, 중부동해안지역의 오산리(A · C) 유적, 문암리 유적, 남해안지역의 동삼동(3호 집자리) 유적, 목도 유적, 송도 유적 등이 여기에 해당한다. 이 중에서 남해안지역과 중부서해안지역의 일부 유적은 조개더미 유적 내에서 확인된 집자리로 다른 지역의 집자리와 차이점을 보이고 있다.

또한 앞서 집자리의 분기설정에서 언급하였듯이 이들 유적은 모두 동시기로 판단하기 어렵다. 이는 필자의 Ⅰ기에 해당하는 집자리 절대연대가 기원전 6,000년 전후에서 기원전 3,500년에 이르고 있어 Ⅱ기와 Ⅲ기의 절대연대를 고려하면 상당히 긴 시간폭을 지닌다고 할 수 있다. 그러나 현재까지의 자료로 판단할 때, Ⅰ기의 집자리는 그 수가 적고 구조나 특징을 통해 보아도 큰 차이점이 확인되지 않아 본 고에서는 Ⅰ기로 분기 설정하여 분석하였다. 하지만 최근 조사된 오산리 C유적과 같이 층위와 출토 유물에 따른 구분히 확실한 집자리 자료가 축적되면 분명 세분될 필요가 있다.

우선 Ⅰ기 내에서 지역권별로 뚜렷하게 상관관계가 드러난 유적은 확인되지 않는다. 이는 Ⅰ기 유적의 지역별 부재에 따른 결과로 판단되나, 그 중에서 동북지역과 중부동해안지역, 대동강·황해도지역과 중부내륙지역에서는 집자리 구조를 비롯한 출토유물에서 어느 정도의 관련성을 엿 볼 수 있다.

동북지역과 중부동해안지역의 집자리는 평면형태가 양 지역 모두 대부분 원형이며, 규모도 비슷하다. 또한 화덕자리의 위치도 중앙에 위치하며, 바닥을 점토다짐 후, 불처리하여 사용한 공통점이 발견된다. 기둥구멍 배치에 있어서도 없는 것이 다수를 차지하지만, 양 지역 모두 기둥구멍이 확인된 집자리에서는 벽가 혹은 원형배열을 이룬다.

그러나 동북지역의 집자리는 조개더미 유적에 형성된 것인데 반해, 중부동해안지역은 해안 사구지대에 형성된 것으로 입지상의 차이점을 보인다. 이는 주변지역의 자연환경 따른 생계방식과 관련된 것으로 판단된다. 즉 동일한 해안지역에 입지하였다 하더라도 동북지역은 조개류를 비롯한 다양한 먹거리 확보가 가능한 지역이지만, 중부동해안지역은 결합식 낚시바늘을 비롯한 어로도구가 가장 많이 출토되고 있어 어로활동을 중심으로 한 생계방식을 영위하였던 것으로 판단된다. 중부동해안지역에서는 조개류의 채집이 어려운 자연·

지리적 환경을 지니고 있어 나타나는 현상으로 판단된다.

또한 양 지역의 Ⅰ기에 해당하는 집자리는 중부동해안지역에서는 무문양토기, 단도마연토기, 융기문토기, 오산리식토기 단계에 해당하며, 동북지역은 서포항 유적 1·2기, 두만강을 건너 연해주 남단에 존재하였던 보이스만 문화와 관련된 시기로 토기문양 역시 점살빗에 의한 압날(押捺)과 자돌(刺突)을 근간[198]으로 하고 있어 양 지역 모두 빗살무늬토기가 등장하기 이전단계에 해당하는 공통점이 발견된다.

대동강·황해도지역과 중부내륙지역의 Ⅰ기 집자리도 어느정도 연관성이 확인된다. 양 지역의 Ⅰ기 집자리는 원형과 방형의 평면형태, 4~6m 내외의 규모, 반원형으로 돌출된 출입구시설, 화덕자리 주변에 토기를 거꾸로 박아 놓은 저장구덩 등 매우 유사한 집자리 구조를 보인다[199]. 이와 같은 집자리 구조의 유사성은 출토된 빗살무늬토기에서도 확인되고 있다.

(2)_ Ⅱ기

신석기시대 집자리 유적의 대부분은 필자의 Ⅱ기에 해당하며, 기원전 3,500년에서 기원전 3,000년에 해당한다. 우리나라 전역에 걸쳐 많은 수의 유적과 다수의 집자리가 Ⅱ기에 폭발적으로 증가하는 양상을 보이며, 집자리의 구조와 토기양상에 있어서도 변화양상이 뚜렷하게 드러나고 있어 매우 중요한 의미를 지닌다고 할 수 있다.

---

[198] 임상택, 2006a, 앞의 글, 56~58쪽.
[199] 일부 차이점은 대동강·황해도지역의 집자리에서는 화덕자리의 구조가 돌두름식과 구덩식이 모두 확인되고 있는 반면, 중부내륙지역에서는 돌두름식의 화덕자리만 확인되고, 기둥배치 양상도 중부내륙지역은 기본적으로 4주식인데, 대동강·황해도지역은 없는 것과 불규칙한 것이 다수를 차지하고 있다는 점이다.

즉 이 시기에 이르면 신석기시대 전반에 걸쳐 큰 변화가 일어나고 있음을 짐작할 수 있다[200].

필자의 II기 역시 I기와 마찬가지로 지역별 빗살무늬토기 양상과 절대연대값을 통해 보면 2기로 세분될 가능성이 높다. 그러나 집자리의 구조에 있어서는 큰 변화가 확인되지 않아 II기 내에서 집자리의 구조 및 특징을 파악하였다. 그러나 지역별 혹은 지역간의 세부적인 변화과정이 어떠한 전개과정을 거치는지 살펴보기 위해 일부 지역에서는 상대적인 선후관계를 통해 상관관계를 살펴보겠다.

앞 시기와 달리 II기의 집자리는 지역별로 서로 유기적인 관계가 확인되는 유적들이 다수 있어 I기와는 다른 역동적인 모습을 보이고 있다. 우선 I기와 마찬가지로 동북지역과 중부동해안지역의 상관관계를 유추해 볼 수 있다. 두 지역의 경계지역인 동해안의 원산만이나 함흥만 지역에서 아직까지 집자리 유적이 확인되지 않아 지역적으로 어떠한 연결고리가 있는지는 확실하지 않지만, 강상리 유적에서 서포항 유적과는 달리 납작밑의 빗살무늬토기와 함께 둥근밑의 빗살무늬토기들이 같이 출토되고 있어 두 지역 간의 점이지대 혹은 관련성을 확인할 수 있다. 대동강·황해도지역과 중부내륙지역은 II기 이후 집자리의 구조에 있어 서로 다른 특징을 보이는데[201], 이러한

---

200 이와 관련하여 5장에서 구체적으로 언급하겠지만, 기본적으로 앞 시기의 수렵·어로 중심의 생계방식에서 초보적인 농경의 확산에 따른 결과로 판단된다.

201 양 지역의 II기 이후에는 집자리의 구조에 있어 서로 다른 특징을 보이고 있어 차이점이 들어나는데, 대동강·황해도지역에서는 II기 이후 장방형의 집자리가 주류를 이루며 대형화되어가는 양상이 보이는데 반해, 중부내륙지역에서는 장방형이 보이지 않고 방형이 지속적으로 사용되고 있으며, 규모 역시 중소형으로 앞 시기와 큰 차이를 보이지 않는다. 또한 중부내륙지역에서는 늦은 시기로 가면서 유적의 수가 줄어드는 현상과 동시에 마을의 규모도 작아져 1~3기 정도가 군집을 이루고 있다. 그러나 대동강·황해도지역에서는 III기에 이르면

집자리의 시기에 따른 유사성과 차이점은 빗살무늬토기를 통해서도 확인된다. 田中聰一[202]은 대동강·황해도지역을 5단계, 한강·임진강유역을 4단계의 토기변화 과정을 상정하였고, 양 지역 전체에서는 적어도 6단계의 시기구분이 가능하다고 보았다. 또한 양 지역의 각 단계 토기의 문양구성 및 태토 조성의 비교를 통해서 양 지역은 1~3기까지는 유사성이 매우 높았으나, 4기 이후가 되면 서서히 지역성이 나타나게 되었다고 보았다. 이러한 연구결과는 앞서 살펴본 집자리의 구조에서도 들어나듯이 필자의 Ⅱ기 이후 양 지역의 집자리가 뚜렷한 차이점을 보이고 있어 맥을 같이 하고 있다.

중부내륙지역과 중부동해안지역은 빗살무늬토기의 연구 성과에 의하면, 신석기시대 중기(필자의 Ⅱ기) 이후에 한강·임진강유역의 신석기인들이 북·남한강유역을 거쳐 중부동해안지역으로 이동 혹은 빗살무늬토기의 확산이 이루어진 것으로 보고 있다[203].

양 지역의 Ⅰ기에 해당하는 집자리는 평면 형태나 규모, 화덕자리의 구조나 위치, 형태 등 많은 부분에서 유사한 양상을 보이나 출토유물에 있어서는 확연한 차이를 보이고 있어 양 지역 Ⅰ기 집자리들 간의 연결고리를 찾기 어렵다. 그러나 중부 이남지역의 신석기시대 Ⅱ기 집자리 유적 중에서 돌두름식 화덕자리가 확인된 지역은 중부내륙지역과 중부동해안지역이다. 특히 중부내륙지역의 Ⅰ기 집자리

유적 수의 증가와 함께 5~10기 정도로 마을 단위를 이루는 차이점을 보이고 있다. 집자리의 내부구조에 있어서도 중부내륙지역에서는 기둥구멍이 매우 불규칙적으로 드러난 반면, 대동강·황해도지역의 집자리에서는 내부공간분할흔적이 드러난 집자리와 4주식의 기둥배치 양상, 돌출된 출입구시설, 바닥을 점토다짐 혹은 불처리한 집자리들이 확인되고 있어 차이점을 보인다.

202 田中總一, 2001, 앞의 글, 79~87쪽.
203 송은숙, 2002, 앞의 글. ; 임상택, 2006a, 앞의 글.

의 구조와 중부동해안지역의 Ⅱ기 집자리 구조가 많은 유사성이 보이는데, 이는 앞서 언급한 빗살무늬토기의 연구 성과와도 상통하고 있어 중부내륙지역의 신석기문화가 중부동해안지역으로 영향을 주었음을 뒷받침해 주고 있다.

또한 중부내륙지역의 Ⅰ기 집자리에서 나타나는 4주식의 기둥배치가 최근 조사된 중부동해안지역의 철통리 유적에서 확인되고 있어 주목된다. 이러한 4주식의 기둥배치는 중부서해안지역의 Ⅰ·Ⅱ기 집자리의 특징 중 하나로 중부내륙지역 Ⅰ기 집자리들과 중부서해안지역 (필자의 Ⅰ·Ⅱ기), 중부동해안지역의 Ⅲ기 집자리들 간의 관련성을 유추해 볼 수 있으나, 중부내륙지역과 중부동해안지역의 이러한 양상은 시기적인 차이와 유적의 입지가 달라 추후 자료의 증가를 기대해 본다.

대동강·황해도지역의 Ⅱ·Ⅲ기에 해당하는 집자리는 충청내륙지역의 Ⅱ기 집자리와 밀접한 관련이 있는 것으로 판단된다. 충청내륙지역의 Ⅱ기 집자리는 형태나 구조에 있어 다른 지역의 신석기시대 집자리와 뚜렷하게 구분되고 있다. 평면형태는 장방형이며, 4주식 기둥배치(생활공간)를 띠며, 돌출된 출입구시설, 구덩식 화덕자리, 내부공간의 분할이라는 특징적인 구조를 띠고 있다. 또한 집자리는 구릉상에 단독으로 입지하며, 장축방향이 등고선의 흐름과 나란하게 조성되어 있는 특징을 보인다.

이러한 집자리는 평면형태와 규모, 출입구시설, 내부공간분할 구조 등에 있어 대동강·황해도지역의 Ⅱ기에 해당하는 남경 12호 집자리, 소정리 1지점 4호 집자리, 소정리 2지점 4호 집자리 등의 집자리들과 매우 유사한 양상을 보인다[204].

---

204 구자진, 2005a, 앞의 글, 24~31쪽.

결국 양 지역의 동시기(Ⅱ기)에 대형 장방형 집자리가 출현하고 있는 점을 고려한다면 한반도 중서부지역의 Ⅱ기에 장방형 집자리가 하나의 형식으로 정립하고 있음을 보여주고 있다. 남부내륙지역과 서북지역의 Ⅱ기 집자리들에서도 위와 유사한 양상을 보이고 있어 중부내륙지역과 중부동해안지역을 제외한 한반도의 서쪽지역에서는 Ⅱ기에 이르면 기존의 원형 혹은 방형의 집자리를 대신해 장방형의 집자리가 보편적으로 사용되고 있음을 알 수 있다.

최근에는 중부서해안지역 Ⅱ기 유적 중에서 대천리식 집자리와 유사한 구조의 집자리가 김포 운양동, 용인 농서리, 아산 성내리, 장재리 안강골, 당진 소소리, 예산 목리 유적 등에서 확인되고 있어 대동강·황해도지역과 중부서해안지역, 충청내륙지역으로 이어지는 중서부지역의 신석기시대 집자리에 대한 상관관계를 유추해 볼 수 있다. 특히 중부서해안지역의 가장 이른 시기로 판단되는 운서동 유적의 집자리가 확인되면서 시·공간적인 연결고리가 찾아질 수 있지 않을까 생각된다. 결국 대천리식 집자리와 같은 구조는 중부서해안지역의 이른 시기에 유행하다가 일부는 충청내륙지역으로 일부는 대동강·황해도지역에 영향을 미쳤을 가능성이 높은데, 이 과정에서 집자리의 내부공간분할 및 출입시설은 그대로 유지하되, 화덕자리의 구조에 있어서는 대동강·황해도지역에서는 이전 시기에 주로 사용되었던 돌두름식과 구덩식이 혼용되어 사용된 반면, 충청내륙지역에서는 운서동 유적과 마찬가지로 구덩식의 구조로만 사용되었을 가능성이 존재한다.

중부서해안지역과 충청내륙지역은 인접한 지역에 위치하여 빗살무늬토기의 전개양상에서는 유사한 양상을 보인다. 그러나 집자리의 구조와 특징에 있어서는 뚜렷한 차이점을 보여 주목된다. 중부서해안지역 Ⅱ기의 집자리는 방형의 평면형태를 띠며, 4주식 혹은 4주식에 보조기둥이 배치된 구조를 보인다. 화덕자리는 집자리 내부의 중앙에 아무런 시설도 하지 않은 구덩식의 구조이며, 집자리의 규모에 있어서도 3~5m 내외로 대부분 중소형에 해당한다. 또한 이들 집자리 유적은 2~5기 정도의 소규모 군집을 형성하거나 대규모의 마을을 형성하고 있는 양상을 보인다[205].

최근 조사된 시흥 능곡동 유적과 안산 신길동 유적, 용인 농서리 유적에서 대규모의 마을유적이 조사되어 주목되는데, 대규모 마을유적이 조사되기 전에는 이러한 현상을 소규모 마을의 해안 및 내륙 확산에 따른 결과로 보고, 마을의 규모에 있어서도 충청내륙지역과 중부서해안지역에서는 대동강·황해도지역이나 중부내륙지역의 Ⅰ기 단계보다 축소되는 현상으로 본 견해가 있다[206].

최근 임상택은 대규모 마을 유적의 증가에 따라 이에 대한 견해를 일부 수정하였다[207]. 대규모 마을 유적의 출토유물과 방사성탄소연대 측정값에 대한 검토가 이루어지지 않아 정확한 시기를 판단하기 어렵지만, 2~5기의 소규모 마을과 20기 이상의 대규모 마을은 동시기

---

205 구자진, 2008b, 앞의 글.
206 이러한 유적의 확산은 초기농경의 도입 및 1차 거점적 확산 이후 나타난 현상(2차 확산)으로 보았다. 이 과정에서 농경기술의 한계와 이에 따른 마을 이동비용의 증가라는 현상을 해결하기 위한 방안 중 하나로 채택된 것이 마을규모의 축소라고 보았다. 마을규모의 축소는 두 가지 방향으로 나타나는 바, 2~3기의 중소형 집자리로 구성된 마을과 충청내륙지역을 중심으로 분포하고 있는 1기의 대형 집자리로 이루어진 마을(?)이다. 이들은 결국 최소단위의 집단 조직이 되는 셈이며, 양자가 집자리 수는 다르지만 규모의 차이로 인해 기본구성인원에는 대차가 없었을 것으로 본 것이다(임상택, 2006a, 앞의 글).
207 임상택, 2010, 「영종도의 신석기문화」『영종도의 고고학』인천학 학술대회 자료집, 인천대학교 인천학연구원.

일 가능성이 높은 것으로 판단된다. 앞으로 대규모 마을과 소규모 마을 간의 관계 및 집단의 성격에 대한 논의가 이루어져야 할 것이며, 동일지역 내 마을의 규모 차이가 어떠한 배경에서 발생한 것인지 추후 이들 유적에 대한 보고서가 발간되면 구체적인 검토가 필요하다. 다만 현재까지의 양상으로 보면 이들 집자리가 동일한 구조와 특징을 보이고 있어 같은 문화를 지닌 집단으로 판단된다. 즉 母子集團으로의 관계를 상정해 볼 수 있으나, 母集團과 子集團의 정확한 실체를 현재로써는 밝히기 어렵다.

결국 중부서해안지역과 충청내륙지역에서는 동시기(Ⅱ기)에 지리적으로 구별되는 서로 다른 특징의 집자리 구조를 보이고 있어 동시기 집단의 차이를 나타내는 것으로 이해할 수 있다. 한 가지 더 주목해 보아야 할 점은 충남북부 해안지역과 경기남부 해안지역에서 조사된 신석기시대 집자리 유적이다. 특히 아산 장재리 유적, 용인 농서리 유적에서는 중부서해안지역과 충청내륙지역의 특징적인 집자리가 함께 공존하고 있다. 이들 유적이 확인되는 지역은 중부서해안지역과 가까우면서도 충청내륙지역과도 인접한 지역으로 점이지대에 해당한다. 이러한 양상을 통해 중부서해안지역의 집단과 충청내륙지역 집단 간의 교류 혹은 서로 밀접한 관련이 있었음을 유추해 볼 수 있다.

충청내륙지역과 남부내륙지역의 신석기시대 집자리는 많은 유사성을 보이고 있다. 먼저 아직까지 이른 시기의 Ⅰ기 유적이 확인되지 않고 있으며, Ⅱ기 이후에 등장하는 집자리는 장방형의 평면형태, 7m 이상의 규모, 구덩식 화덕자리의 구조·위치·평면 형태 등에서 동일한 양상을 보인다.

그러나 집자리의 내부구조 및 입지에 있어서는 뚜렷하게 구분되고 있는데, 충청내륙지역의 집자리는 대부분 구릉지역에 단독으로 존재하는 양상을 보이는데 반해, 남부내륙지역은 강안의 충적대지에 위치하며, 마을을 형성하고 있는 특징을 지닌다. 또한 충청내륙지역의 집자리는 돌출된 출입구시설과 내부공간분할구조를 보이는 반면, 남부내륙지역에서는 나타나지 않는다. 이는 동시기 충청내륙지역과 남부내륙지역[208]에 각기 다른 자연환경과 입지, 마을의 규모, 사회조직의 구성에 맞추어 가장 적합한 집자리 형태로 발전한 것으로 생각된다.

결국 충청내륙지역과 남부내륙지역은 Ⅱ기의 집자리 구조에 있어 일부 공통점이 확인되지만, 입지와 집자리의 내부구조, 마을의 구성에 있어서는 확연한 차이를 보인다. 이는 기원전 3,500년을 전후한 한반도의 환경 및 생태적·사회적 변화에 따라 각기 다른 생계·주거방식을 채택하여 나타나는 현상으로 파악된다. 즉 남부내륙지역 집자리는 남해안지역의 영향을 받아, 충청내륙지역 집자리는 중서부지역의 영향을 받아 형성된 집자리로 생각해 볼 수 있다. 특히 충청내륙지역의 대천리식 집자리는 최근 조사된 영종도 운서동 유적의 집자리를 통해 그 가능성을 엿 볼 수 있다. 운서동 유적은 대규모 신석기시대 마을 유적으로 기존의 편년에 따르면 중서부지역의 이른 시기에 해당하는 유적이다. 운서동 유적의 집자리는 대부분 장방형 혹은 방형의 형태를 띠며, 구릉지역에 위치하는 점, 돌출된 출입구시설, 구덩식의 화덕자리, 집자리 내부공간을 좀 더 넓게 활용하기 위

---

208 남부내륙지역 Ⅱ기의 대표적인 유적은 송죽리 유적이 있으며, '송죽리식 집자리'로 명명되고 있다. 송죽리식 집자리의 특징은 대형의 집자리형태, 모서리 곡선이 완만한 말각장방형의 평면형태, 강의 흐름방향과 동일한 남-북방향의 장축방향, 집자리 중앙에 설치된 무시설식 화덕자리, 수직구조의 벽체, 남향의 출입구 등이며, 그 외에도 식량을 저장하던 야외저장창고와 취사전용의 야외화덕자리가 분리된 생활전용 집자리 양식의 채용이라는 점을 들고 있다(배성혁, 2006, 앞의 글, 74~81쪽).

한 단시설 등 대천리식 집자리의 모태로 생각되는 구조를 띠고 있다. 아직 가설에 불과하지만 필자는 이러한 대규모 마을을 이루던 집단이 기원전 3,500년을 전후한 시기에 환경 및 여러 요인으로 인해 생계·주거방식의 변화를 궤하며, 일부는 중부서해안지역으로, 일부는 충청내륙지역에 정착한 것으로 생각된다[209].

(3)_ Ⅲ기

우리나라 신석기시대 집자리 중 필자의 Ⅲ기에 해당하는 유적은 상대적으로 Ⅱ기에 비해 그 수가 적지만, 동북지역과 서북지역, 대동강·황해도지역, 중부내륙지역에서는 앞 시기에 비해 집자리 유적 수가 증가하는 양상을 보인다. 특히 최근 대동강·황해도지역과 중부내륙지역, 중부서해안지역에서의 증가양상이 주목된다. 그러나 중부동해안지역과 충청내륙지역, 남해안지역에서의 이 시기 집자리 유적은 아직까지 그 조사 예가 적어 이러한 양상이 지역적인 차이인지 아니면 이 시기 집자리 유적이 조사되지 않아 나타나는 현상인지는 확실하지 않다[210].

동북지역과 서북지역의 집자리 중 범의구석 유적과 후와(상층) 유적은 기둥구멍 배치에 있어 일정한 정형성이 확인된다. 두 유적의 집자리는 4열 4행, 즉 사열-도리식에 해당하는 가구방식의 기둥구멍 배치를 띠고 있다. 이와 같은 기둥구멍 배치는 신석기시대 집자리 중

---

209 추후 운서동 유적을 비롯한 주변지역의 신석기시대 집자리와 출토유물이 보고되면 좀 더 구체적인 논의가 가능해지리라 생각된다.

210 이와 같은 문제는 임상택에 의해 제기된 신석기시대 마을의 구조 변동과 소규모 마을의 확산 및 이후 정주마을의 해체로 본 견해와 일부 상충되는 부분이 존재한다.

가장 발전된 형태의 지붕가구방식을 상정할 수 있으며, 신석기시대 집자리의 변화과정을 이해하는데 매우 주목되는 집자리이다. 이는 양 지역의 Ⅱ기 혹은 Ⅲ기에 매우 밀접한 관련이 있었음을 짐작할 수 있는 자료로 판단되기 때문이다.

동북지역과 중부동해안지역은 모두 Ⅱ·Ⅲ기에 이르면 집자리 평면형태가 원형에서 방형 혹은 장방형으로의 변화가 보인다. 화덕자리 역시 돌두름식과 구덩식이 혼재되어 사용되고 있으며, 위치도 중앙에 위치하거나 편재하는 등 많은 부분에서 동일한 변화양상이 관찰된다. 기둥구멍의 배치상태도 동북지역의 Ⅲ기에 이르면 일정한 정형성이 확인되는데, 중부동해안지역에서도 이와 같은 양상이 보이고 있어 주목된다. 즉 범의구석 유적은 기둥구멍 배치를 통해 볼 때 사열-도리식의 가구방식이 확인되며[211], 중부동해안지역에서도 철통리와 주천리 유적에서 4주식의 정형화된 기둥배치양상이 등장하기 시작한다. 이러한 기둥구멍 배치는 이전 시기보다 집자리의 가구방식에 있어 발전된 형태로 집자리의 상부구조에 변화가 일어났음을 알 수 있다.

중부내륙지역의 집자리는 이시기에 해당하는 유적과 집자리의 수가 적어 현재로써는 변화양상을 파악하기 어렵지만[212], 화덕자리의 구

---

211 범의구석 유적에서 확인되는 이러한 기둥배치 양상은 압록강 유역 Ⅱ기의 후와 (상층) 유적에서 조사된 F10호와 F40호 집자리에서도 나타나고 있어 두 지역간의 관련성을 유추해 볼 수 있다. 또한 후와(상층) 유적의 F16호 집자리에서는 4주식의 기둥배치가 확인되었는데, 이를 통해 보면 중부동해안지역을 비롯한 우리나라 중·북부지역의 늦은 시기(Ⅱ기 이후)에는 4주식 혹은 일정한 정형성을 띤 기둥구멍 배치가 주류를 이룬다고 볼 수 있다. 즉 필자의 Ⅱ기 이후에 움집의 가구방식에 변화가 나타나고 있음을 알 수 있다.

212 최근 영종도의 중산동 유적에서 필자의 Ⅲ기로 판단되는 집자리가 다수 발굴조사 되었으나, 아직 보고서가 미발간되어 집자리의 구조와 변화양상에 대해서는

조가 III기에 다양해지는 양상을 보인다. 중부내륙지역에 III기 유적의 조사 예가 적은 원인은 아직 집자리 유적의 조사가 미비하여 나타나는 현상일 수도 있고, 당시 집단의 생계방식 변화 혹은 주변지역으로의 이주 및 확산을 생각해 볼 수 있다. 이에 대한 타당한 논리와 근거를 제시할 수는 없지만, 중부서해안지역에서 II기에 해당하는 집자리들이 다수 확인되고 있는 것으로 추정해 볼 때 후자의 가능성도 배제할 수 없다.

또 하나의 가능성은 중부서해안지역에서 조사된 집자리가 대부분 II기에 해당하며 화덕자리가 구덩식의 구조인데, I기의 한강·임진강유역의 집자리에서 돌두름식 화덕자리가 사용된 것으로 보아 화덕자리의 구조가 돌두름식에서 구덩식으로 변하였을 가능성도 생각해 볼 수 있다. 더불어 집자리의 평면형태도 원형과 방형이 혼재하다가 방형으로 정형화 되어가는 양상을 보여주고 있어 전반적으로 집자리의 구조가 변화하였을 가능성도 있다[213].

이밖에 남부내륙지역의 III기에 해당하는 봉계리 유적, 임불리 유적, 유천동 유적 등을 통해 보면 집자리의 평면형태가 II기의 장방형에서 원형이나 방형으로 변화하며, 집자리의 규모가 작아지고 있다. 화덕자리의 위치도 일부 편재하는 양상을 보이며, 신석기시대 늦은 시기로 편년되고 있는 금천리 유적에서는 돌두름식의 화덕자리도 확인되고 있어 남해안지역 집자리와의 관련성도 확인된다. 지금까지 시기에 따른 지역별 집자리의 상관관계를 정리하면 **그림 3-17**과 같다.

추후 보고서가 발간되면 구체적인 검토가 가능할 것으로 판단된다.
213 이러한 견해는 지금까지 중부내륙지역에서 필자의 II기에 해당하는 유적이 조사되지 않은 상황에서 추론 가능한 것이어서 추후 II기 혹은 III기 유적에 대한 조사 예가 확인되거나 증가한다면, 위의 견해는 재고되어야 함을 밝혀둔다.

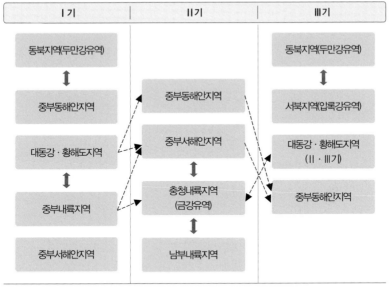

Ⅰ기	Ⅱ기	Ⅲ기
동북지역(두만강유역)		동북지역(두만강유역)
중부동해안지역	중부동해안지역	서북지역(압록강유역)
대동강·황해도지역	중부서해안지역	대동강·황해도지역 (Ⅱ·Ⅲ기)
중부내륙지역	충청내륙지역 (금강유역)	중부동해안지역
중부서해안지역	남부내륙지역	

그림 3-17 지역별 집자리의 상관관계 모식도

3_ 집자리의 유형설정

고고학에서 사용되는 유형이라는 개념은 "동질적 문화전통을 가지고 있으면서 고고학적 동시간대로 포괄될 수 있는 제작·사용 집단에 의해 제작·사용된 일련의 유구 및 유물군[214]"을 의미한다. 우리나라 선사시대 고고학 분야 중 청동기시대 연구자들에 의해 보편적으로 많이 사용되고 있는 가락동유형, 역삼동유형, 흔암리유형, 송국리유형 등이 대표적인 예이다. 대부분 이러한 유형명은 지역 또는 시기를 대표할 수 있는 최초 또는 대표적인 유적명을 따서 붙여지고

---

214 박순발, 1999, 「흔암리유형 형성과정 재검토」 『호서고고학』 창간호, 호서고고학회, 81쪽.

있다. 고고학에서의 유형설정은 발굴조사된 유구와 유물복합체를 통해 시간적·공간적 특징과 변화과정을 쉽게 이해할 수 있도록 도식화하는 과정에서 제기되고 있다. 본고에서 사용하고자 하는 집자리 유형은 고고학에서 현재 사용되고 있는 개념상의 類型(cultural assemblage)이 아닌 사전상의 類型(a type ; a pattern)의 의미[215]로 사용하고자 한다.

여기에서는 우리나라 신석기시대 집자리 중 각 지역·시기별 특징적인 구조를 지닌 집자리에 대해 하나의 형식으로 설정하고자 한다. 그동안 신석기시대 집자리에 대해서는 각 유적별 집자리의 특징을 언급하는 정도의 연구가 이루어졌다. 이는 집자리 유적의 조사 예가 많지 않고, 지역적으로 편중된 양상을 보여 지역별 혹은 한반도 전역에 대한 연구는 미비한 편이었기 때문이다. 결국 신석기시대 집자리에 대한 유형설정은 그 가능성조차 언급되지 않았다. 그러나 옥천 대천리 유적의 조사를 통해 지역과 시기를 대표할 수 있는 집자리 유적이 증가하면서 지역과 시기에 따른 집자리의 특징들이 들어나고 있어 지금까지 조사된 집자리 유적 중 시기와 지역을 대표할 수 있는 특징적인 집자리를 가장 대표적인 유적명을 붙여 형식을 설정하고자 한다. 이러한 형식 설정이 가능한 집자리에는 Ⅰ기에 해당하는 중부내륙지역의 '암사동식 집자리', 중부동해안지역의 '오산리식 집자리', 중부서해안지역의 '운서동식 집자리'가 있으며, Ⅱ기에는 중부서해안지역의 '신길동식 집자리', 충청내륙지역의 '대천리식 집자리', 남부내륙지역의 '송죽리식 집자리'가 있다. 이밖에 아직 유적 수

---

215 '성질이나 특징 따위가 공통적인 것끼리 묶은 하나의 틀, 또는 그 틀에 속하는 것'의 의미이며, 한자용어로는 형식과 동일한 의미를 지닌다.

가 적어 뚜렷한 특징을 보이는 집자리가 많지는 않지만, Ⅲ기의 북부
지역, 즉 동북지역과 서북지역의 '범의구석식 집자리'의 설정이 가능
하다고 판단되며, 여기에서는 이들 집자리의 구조와 입지 등의 시·
공간적인 특징을 살펴보고자 한다.

(1)_ 암사동식 집자리

'암사동식 집자리'는 중부내륙지역의 가장 이른 시기를 대표
하며, 암사동 유적의 집자리를 표지로 한다. 암사동 유적에서는 30여
기의 신석기시대 집자리가 조사되었는데, 집자리의 평면형태는 대부
분 원형과 방형이다. 화덕자리는 집자리의 중앙에 돌두름식의 구조
로 규모는 50~95㎝내외이다. 기둥구멍은 집자리 내부의 네모서리 부
근에 배치된 4주식의 기둥배치를 보인다. 바닥은 원래 생토인 모래층
을 그대로 사용하였고, 출입구시설은 벽면의 한쪽에 반원형으로 돌
출된 경사시설과 계단시설이 확인되고 있다. 또한 집자리는 강변의
충적대지에 입지하는데, 이러한 구조와 입지는 중부내륙지역의 Ⅰ기
에 해당하는 집자리에서 공통적으로 나타나는 특징으로 삼거리 유적
에서도 암사동 집자리와 동일한 구조와 입지를 보이고 있다.

결국 중부내륙지역의 가장 이른 시기(Ⅰ기) 집자리는 강변의 충적대
지 위치하며, 집자리의 평면형태가 원형 혹은 방형으로 화덕자리는
돌두름식 구조를 지닌다. 또한 기둥구멍 배치는 4주식이며, 일부 집
자리 내부에서는 토기를 거꾸로 놓은 저장시설이 확인되는 특징을
보인다. 이와 같은 구조는 일부 대동강·황해도지역의 Ⅰ기 집자리
에서도 확인되고 있어 양 지역의 이른 시기 특징적인 집자리라 판단
된다.

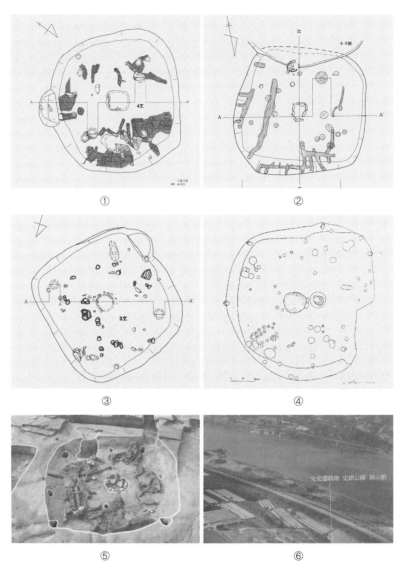

그림 3-18 암사동식 집자리

(① 암사동 74-4호, ② 암사동 75-2호, ③ 암사동 74-3호, ④ 궁산 4호, ⑤ 삼거리 5호,
⑥ 암사동 유적 전경)

그림 3-19 오산리식 집자리
(① 오산리C 1호, ② 오산리C 2호 ③ 문암리 1 · 2호, ④ 오산리유적 전경)

(2)_ 오산리식 집자리

　중부동해안지역의 이른 시기를 대표하는 집자리는 오산리 유적을
들 수 있는데, 17기의 신석기시대 집자리가 조사되었다. 집자리의 평
면형태는 대부분 원형이나 오산리 C유적에서는 방형의 집자리도 확
인되었다. 집자리의 규모는 4m 내외의 중소형과 7m 내외의 대형으
로 구분된다. 집자리 내부시설 중 화덕자리는 집자리 중앙에 돌두름

식의 구조를 띠고 있으며, 1기 혹은 2기가 설치되었다. 화덕자리는 대부분 원형과 방형이며, 일부 오각형과 장방형도 존재한다. 집자리 바닥은 대부분 점토다짐을 하였거나 불처리를 하였으며, 일부 생토인 모래 혹은 점토층을 그대로 사용한 예도 있다. 중부동해안지역의 동시기에 해당하는 문암리 유적의 집자리에서도 동일한 구조와 입지 양상을 보인다.

결국 중부동해안지역의 Ⅰ기에 해당하는 집자리는 해안 사구에 위치하며, 집자리의 평면형태가 원형 혹은 방형이 주류를 이룬다. 화덕자리는 돌두름식의 구조이며, 바닥에 점토 다짐을 하였거나 혹은 불처리를 한 특징이 확인된다. 이러한 구조와 입지는 중부동해안지역의 Ⅱ기 이후 집자리 혹은 주변지역의 집자리와는 다른 특징을 보이고 있어 '오산리식 집자리'로 명명하고자 한다.

⑶_　운서동식 집자리

'운서동식 집자리'는 중부서해안지역의 가장 이른 시기를 대표하며, 운서동 유적의 집자리를 표지로 한다. 운서동 유적은 비교적 큰 섬에 위치하는데, 60여기의 신석기시대 집자리가 조사되어 지금까지 조사된 우리나라 신석기시대 마을 중 가장 대규모의 마을유적이다. 집자리는 대부분 방형의 형태를 띠며, 규모는 4~6m로 중부서해안지역의 Ⅱ기 집자리보다 상대적으로 큰 편에 속한다. 화덕자리는 구덩식의 구조이며, 기둥구멍은 4주식이 기본 배치를 이룬다. 출입구시설은 돌출된 구조로 충청내륙지역의 Ⅱ기 집자리와의 관련성이 엿 보인다. 또한 집자리 내부공간을 확장한 듯 한 단시설이 대부분의 집자리에서 확인되고 있는데, 이는 다른 지역의 집자리에서 지금까지 확인되지 않는 구조로 중부서해안지역의 이른 시기 혹은 운서동 유적의 특징적인 구조로 판단된다.

운서동 유적의 집자리는 외형은 원형이나 방형으로 구획한 후 내부를 다시 방형으로 생활공간을 마련한 특징을 지닌다. 이는 집자리의 주공간에서 바깥으로 이어지는 부분에 생활면보다 약 10~20㎝ 상부에 장방형의 침상시설을 마련하거나 그것과 잇댄 모서리 쪽에 다시 단시설을 구축하였다고 보고 있다. 또한 출입구시설은 지형과 풍향 등을 고려하여 설치하였고, 화덕시설은 기둥구멍 배치와 출입구를 고려하여 약간 한쪽으로 치우쳐 축조한 특징을 지니고 있다[216]. 지금까지 운서동 유적 이외에 중부서해안지역에서 이와 같은 구조의 집자리가 확인되지 않았으나, 향후 이 지역에서 추가적으로 확인될 가능성이 높다. 이에 중부서해안지역의 이른 시기(Ⅰ기)의 집자리 형식으로 '운서동식 집자리'의 설정이 가능하다고 판단된다.

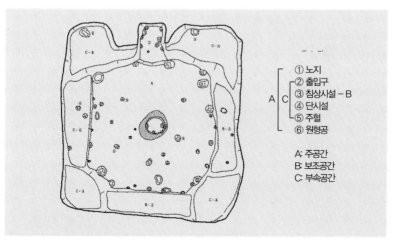

그림 3-20 운서동식 집자리 평면도 및 공간구조(이상복, 2010)

---

216 이상복, 2010, 「영종도 운서동 신석기시대유적」『영종도의 고고학』, 인천대학교 인천학연구원.

그림 3-21 운서동식 집자리
(① 운서동 Ⅰ-2-22호, ② 운서동 Ⅰ-2-29호, ③ 운서동 Ⅰ-1-3호, ④ 운서동유적 전경)

(4)_ 신길동식 집자리

중부서해안지역의 Ⅱ기에 해당하는 신석기시대 집자리는 입지, 평면형태, 기둥구멍 배치, 화덕자리의 구조 등에서 일정한 정형성을 보인다. 이들 유적은 대부분 구릉지역의 능선 정상부나 해안 구릉지역에 위치하고 있으며, 집자리의 평면형태는 일부 장방형[217]과 원

---

217 장방형 집자리의 경우에는 아산 장재리 유적과 성내리 유적, 용인 농서리 유적

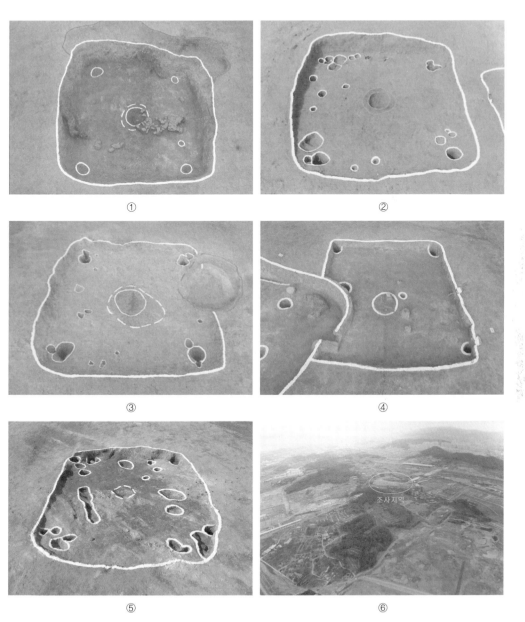

그림 3-22 신길동식 집자리
(① 신길동 17호, ② 능곡동 14호, ③ 신길동 2호, ④ 기지리 2호, ⑤ 성내리 2호,
⑥ 장재리유적 전경)

형이 존재하나 대부분 방형을 띠고 있다. 집자리의 규모는 3~5m로 중소형에 해당하고, 대부분 화덕자리는 원형으로 집자리의 중앙에 위치하며, 규모는 50~70㎝정도이다[218].

중부서해안지역의 신석기시대 집자리는 기존의 논고를 통해 여러 차례 검토된 바 있는데[219], 이 지역의 집자리는 마을의 규모와 위치에 따라 크게 대규모 마을유적, 해안(내륙)지역의 소규모 마을 유적, 섬 지역의 소규모 마을유적의 3가지 유형으로 나뉘어진다(표 3-10 참조). 이 중에서 Ⅲ형의 유적은 대부분 필자의 Ⅲ기에 해당되는 것으로 여기에서 살펴보고자 하는 Ⅱ기 집자리의 특징은 Ⅰ형과 Ⅱ형에 해당한다.

기둥구멍은 Ⅰ~Ⅱ형의 집자리 경우, 네 모서리에 각 1기씩 배치된

에서 확인되고 있는데, 이들 유적에서는 장방형과 방형의 집자리가 공존하고 있다. 이는 앞서 언급한 것처럼 이 지역이 중부서해안지역과 충청내륙지역의 점이지대를 이루고 있기 때문으로 판단된다.

218 필자는 기존의 논고를 통해 중부서해안지역의 신석기시대 집자리에 대해 '서해안식 집자리'로 설정한 바 있는데(구자진, 2006a · 2006b · 2007a, 앞의 글), 이는 중부서해안지역을 중심으로 이러한 특징적인 집자리가 집중적으로 확인되고 있어 지역적인 특징을 강조하고자 '서해안식'이라는 용어를 사용하였다. 그러나 서해안이라는 용어가 너무 광범위한 지역을 포괄하고 있어 용어 사용에 적절하지 못하다는 지적을 받게 되었고, 이에 필자도 이러한 문제점을 인식하여 형식명을 부여할 때 일반적으로 사용되고 있는 가장 먼저 발견되었거나 대표성을 띠는 유적명을 사용하여 중부서해안지역의 신석기시대 집자리 중 이러한 구조의 집자리가 가장 먼저 조사된 영종도 는들 유적(1998년 발굴조사)을 표지로 하여 '는들식 집자리'로 그 형식명을 바꾸어 부르고자 제안한 바 있다(구자진, 2008b, 앞의 글). 그러나 최근 인근 지역에서 기존에 검토한 유적보다 이른 시기의 해당하는 집자리가 운서동 유적에서 확인되어 는들 유적의 집자리 구조가 보고자의 견해처럼 집자리의 확장에 의한 것이 아닌 운서동 집자리와 구조적인 관련성이 있는 것으로 논의되고 있어 중부서해안지역에서 대규모 마을 유적으로 확인된 신길동 유적을 표지로 하는 '신길동식 집자리'로 그 형식명을 바꾸어 부르고자 한다.

219 구자진, 2006a · 2006b · 2007a · 2008b, 앞의 글.

표 3-10 중부서해안지역 신석기시대 집자리 유적 분류[220]

유형		특 징	유 적
I		대규모 마을유적	시흥 능곡동, 안산 신길동, 용인 농서리, 삼목도 유적 등
II		소규모 마을유적 (해안내륙지역)	아산 장재리, 아산 성내리, 서산 기지리 유적 등
III	1	소규모 마을유적 (섬 지역)	인천 을왕동, 오이도 뒷살막·가운데살막 조개더미 유적 등
	2		대연평도 까치산 I 조개더미, 모이도 조개더미 유적 등

4주식 기둥배치가 기본이며, 일부 집자리에서는 4주식 중심기둥배치 외에 보조기둥이 확인되고 있다. 신길동식 집자리는 중부서해안지역 II기를 대표하는 집자리 형식으로 볼 수 있다.

(5)_ 대천리식 집자리

충청내륙지역을 대표하는 신석기시대 집자리는 옥천 대천리 유적을 표지로 하는 '대천리식 집자리'이다. 현재까지 총 18개 유적에서 21기의 집자리가 조사되었으며, 대천리 유적을 비롯하여 청원 쌍청리·영하리, 보령 관창리, 대전 관평동, 홍성 상정리·송월리, 공주 신관동, 계룡 용동리, 음성 금석리, 익산 웅포리, 전주 효자동, 아산 장재리·성내리, 당진 소소리, 예산 목리, 용인 농서리 유적, 김포 운양동 유적 등에서 확인되었다.

대천리식 집자리의 입지상 가장 큰 특징은 가지능선으로 뻗어 나온 구릉지역의 정상부에 1기 혹은 2기만이 위치하고 있다는 점이다. 특히 집자리가 위치한 곳은 주변지형을 두루 살펴볼 수 있는 지리적 조건을 잘 갖추고 있다. 집자리의 구조에 대해 좀 더 구체적으로 살펴보면, 평면형태는 모두 장방형으로 너비 : 길이의 비율이 대부분

---

220 구자진, 2008b, 앞의 글, 28쪽.

1:1.5~1:2.0 사이에 해당한다. 일부 보령 관창리 47호 집자리와 익산 웅포리, 전주 효자동 유적에서 확인된 집자리의 너비 : 길이의 비율 이 1:1.5 이하를 보이나, 웅포리와 효자동 유적에서 조사된 집자리는 잔존상태가 좋지 않아 정확한 집자리의 구조를 파악하기 어려운 상황이다.

집자리의 규모는 대부분 길이 7~10m, 너비 5~7m에 해당하며, 지금까지 조사된 대천리식 집자리 중 옥천 대천리와 대전 관평동, 계룡 용동리 집자리가 가장 큰 규모에 해당한다. 또한 이들 집자리는 비교적 잔존상태가 양호하여 집자리 내부구조를 파악하는데 유용한 자료이다.

내부시설에는 화덕자리와 기둥구멍, 출입구시설, 저장구덩, 선반시설 등의 다양한 시설들이 확인되고 있다. 화덕자리는 구조, 위치, 평면형태, 규모 등을 비교해 볼 수 있는데, 구조는 모두 구덩식(土壙形)으로 1기 혹은 2기가 설치되어 있다. 2기의 화덕자리는 대천리와 장재리 2호 집자리에서만 확인되고 있다. 화덕자리의 위치는 집자리의 중앙 혹은 내부공간분할이 이루어진 경우에는 생활공간의 중앙에 위치하고 있다. 화덕자리의 평면형태는 원형과 방형이 대부분을 차지하며, 규모는 60~100㎝ 내외이다.

기둥구멍은 대부분 4주식이 기본이며, 내부공간분할이 이루어진 집자리에서는 생활공간을 중심으로 한 4주식 기둥배치와 부속공간과 돌출된 출입구부분에 기둥구멍이 정연하게 배치되어 있는 특징을 보인다. 또한 일부 칸막이(대천리 유적), 벽가배열(대천리, 상정리, 웅포리 유적), 외부(용동리, 송월리, 장재리 유적)에 기둥구멍이 배치된 경우도 있다. 집자리의 기둥구멍이 불규칙한 경우에도 돌출된 출입구부분이나 단벽에 기둥구멍이 확인되고 있어 어느 정도 정형성이 확인된다. 특히 계룡 용동리 집자리에서는 집자리 외곽에 일정한 간격을 유지한 기둥구멍이 집자리 전체를 감싸고 있는 구조를 보이고 있어 대천리식 집자리의 복원에 많은 시사점을 주고 있다. 이는 공주 신관동 집자리의 외부 구시설과도 관련하여 집자리 내부 및 외부 공간활용에 대한 단서를 제공해 주고 있다고 판단된다. 바닥은 대부분 생토를 그대로 사용하였고, 출입구 시설은 돌출된 구조를 띠거나 확인되지 않는 경우도 있다. 그밖에 대천리 집자리에서는 내부에 2단의 저장구덩이 확인되었으며, 성내리 4호 집자리에서는 선반시설로 추정되는 단시설이 조사되었다.

지금까지 살펴본 대천리식 집자리들의 공통점을 정리해보면, 평면형태가 장방형이며, 규모는 길이 7~10m 내외로 다소의 차이는 있으나 규모가 큰 편이다. 또한 내부시설 중 화덕자리는 구덩식이며, 집자리의 중앙(생활공간)에 위치한다. 이밖에 집자리의 길이방향이 등고선의 흐름과 나란하며, 집자리의 구조에 있어 돌출된 출입구시설, 내부공간분할 등의 특징과 구릉상에 1기 혹은 2기만이 존재하는 양상을 보이고 있어 '대천리식 집자리[221]'로 명명되고 있다.

또한 대천리식 집자리는 세부적으로 입지 및 구조의 특징을 통해 전형적인 대천리식 집자리와 유사 대천리식 집자리로 분류가 가능하다[222]. 전형 대천리식 집자리로 분류된 유적은 지역적으로 청원, 옥천, 대전, 계룡, 공주지역의 금강 중·상류지역과 보령, 홍성지역의 충남 해안내륙지역으로 구분되며, 유사 대천리식 집자리로 분류된 유적은 익산과 전주지역의 전북지역과 아산과 용인 지역의 충남 북부지역으로 구분될 수 있다(표 3-11 참조).

---

221 구자진, 2003 · 2005a · 2008a, 앞의 글.
222 구자진, 2008a, 앞의 글, 17~19쪽.

표 3-11 대천리식 집자리의 분류[223]

분 류		유 적
대천리식 집자리	전형 대천리식 집자리	쌍청리, 관창리, 대천리, 관평동, 상정리, 송월리, 신관동, 용동리, 영하리 유적
	유사 대천리식 집자리	웅포리, 효자동, 장재리, 성내리, 농서리 유적

   이러한 분포양상은 각 지역간 집자리의 구조에 있어서도 약간의
차이점이 발견되는데, 금강 중·상류지역에서 확인된 집자리는 대천
리식 집자리의 전형적인 특징인 집자리 내부공간을 분할하여 사용한
흔적과 돌출된 출입구시설이 함께 확인되고 있다. 이들 유적은 구릉
정상부에 단 1기만이 확인되고 있고, 주변지형을 조망하기에 매우 유
리한 지리적 특징을 지니고 있다. 즉 옥천 대천리 유적을 표지로 하
는 '대천리식 집자리'의 전형적인 예라 할 수 있다.
   충남 해안내륙지역의 보령·홍성지역에서 확인된 집자리는 평면
형태, 화덕자리, 기둥구멍, 출입구시설은 금강 중·상류지역의 전형
적인 대천리식 집자리와 동일하나 집자리 내부공간을 분할하여 사용
한 흔적이 확인되지 않거나 미비하게 나타나는 특징을 보인다. 그러
나 비교적 대천리식 집자리의 특징을 잘 보여주고 있어 전형적인 대
천리식 집자리로 분류된다. 아산·용인의 충남 북부지역에서 확인된
집자리는 집자리의 평면형태는 장방형을 띠고 있으나 대부분 돌출된
출입구시설이 확인되지 않고 있으며, 집자리 내부공간을 분할하여
사용한 구조도 보이지 않는다. 이러한 구조적인 차이를 통해 이들 지
역에서 조사된 집자리는 유사 대천리식 집자리로 분류하였는데, 이

---

223 대천리식 집자리 중 일부 유적은 집자리의 잔존상태가 좋지 않아 정확한 집자리
     내부구조를 파악하기 어려워 단벽에 돌출된 구조의 유무를 1차 분류기준으로,
     내부공간분할 구조를 2차 분류 기준으로 삼았다(구자진, 2008a, 앞의 글, 19쪽).

들 유적에서는 중부서해안지역을 중심으로 확인되고 있는 '신길동식 집자리'와 함께 공존하고 있어 주목된다. 전형적인 대천리식 집자리는 구릉의 정상부에 단독으로 1기만이 확인되고 있는 반면, 이들 유적이 확인되는 점이지역에서는 2기의 유사 대천리식 집자리가 '신길동식 집자리'와 공존하고 있는 양상을 보이고 있어 대천리식 집자리와 신길동식 집자리와의 시·공간적인 분포양상을 통해 이들 두 집단의 관계를 살펴볼 수 있는 중요한 자료로 판단된다[224].

마지막으로 익산·전주지역을 중심으로 한 전북지역에서 확인된 집자리는 두 유적 모두 집자리의 잔존상태가 양호하지 않아 집자리의 정확한 구조를 파악하기에 다소 무리가 있지만, 구릉의 정상부에 단독으로 입지하며, 장방형의 평면형태, 구덩식 화덕자리를 갖추고 있어 대천리식 집자리와의 관련성은 인정된다. 그러나 전형적인 대천리식 집자리의 특징 중 돌출된 출입구시설과 내부공간분할이라는 점이 확인되지 않고 있어 아산·용인지역의 신석기시대 집자리와 마찬가지로 유사 대천리식 집자리로 분류할 수 있다.

(6)_ 송죽리식 집자리

송죽리식 집자리는 김천 송죽리 유적에서 조사된 신석기시대 집자리를 표지로 설정된 집자리로 송죽리 유적을 비롯해 진주 상촌리 유적, 평거동 유적 등이 여기에 해당한다[225].

---

224 구자진, 2006b·2007a, 앞의 글.
225 배성혁(2006, 앞의 글)은 홍성 송월리 유적의 신석기시대 집자리도 송죽리식 집자리로 보고 있으나, 송월리 유적의 집자리는 구릉상에 단독으로 1기만이 존재하며, 일부 이장되지 않은 무덤으로 인해 전체적인 구조가 밝혀지지는 않았지만 내부공간분할, 생활공간의 4주식 기둥배치 등으로 보아 대천리식 집자리로 판단된다.

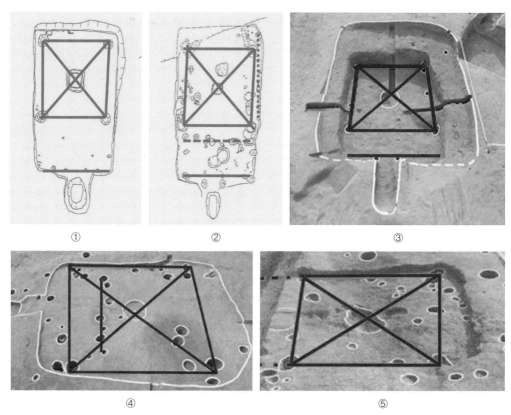

그림 3-23 대천리식 집자리 내부공간분할(① 관평동, ② 대천리, ③ 운양동, ④ 목리 ⑤ 장재리)

송죽리 유적[226]은 낙동강의 지류인 감천 중상류지역의 'U'자형으로
급격히 곡류하면서 형성된 충적대지에 위치하며, 진주 상촌리 유적[227]
도 남강의 상류지역으로 강물이 휘돌아 흐르면서 퇴적된 충적대지에
형성되어 있다. 상촌리 유적은 서쪽으로는 비교적 낮은 야산을 끼고
마을이 형성되어 있으며, 동쪽으로는 30m도 못 미쳐 강물이 흐르고

226   계명대학교행소박물관, 2006, 앞의 보고서.
227   이동주, 2000, 앞의 글.

있는데, 구 지형도를 참고하면 원래는 강으로부터 260m 정도 떨어져 있었던 것으로 판단된다. 진그늘 유적[228]은 금강의 최상류지역으로 정자천변의 협소한 충적대지에 위치하고 있는데, '진(긴)그늘'이란 지명이 말해주듯 남쪽과 서쪽에 산이 있어 해가 늦게 들고 일찍 그늘이 지는 곳이어서 일조량이 부족한 지역에 해당한다.

송죽리식 집자리의 규모는 길이 6~9m, 너비 4~7m 내외로 장방형의 형태를 띠고 있다. 집자리의 길이방향은 송죽리 유적과 상촌리 유적에서 남-북으로 동일한 양상[229]을 보이며, 내부시설에는 화덕시설과 기둥구멍, 출입구시설 등이 확인되고 있다. 화덕자리는 집자리의 중앙에 아무런 시설도 하지 않은 구덩식의 구조이며, 1기씩 확인되고 있다. 대부분 화덕자리는 (타)원형이며, 규모는 1m 내외이다.

송죽리 7호 집자리는 중앙에 구덩식의 화덕자리를 사용하다가 폐기 후, 남쪽에 약간 치우쳐 돌 무지식(集石式) 화덕자리를 사용한 것으로 보고 있어 특이하다. 송죽리식 집자리의 특징 중 하나는 집자리 외부에 취사전용의 야외 화덕자리가 위치해 있는 점인데, 이를 근거로 집자리 내부의 화덕자리는 취사가 아닌 난방, 조명, 취사, 제습 등 다용도로 사용된 것으로 판단하였다[230].

기둥구멍은 대부분 벽가배열을 보이며, 내부의 곳곳에도 기둥구멍 흔적이 확인된다. 이는 지붕의 하중을 견디기 위하여 벽체를 따라 조밀하게 기둥을 세우고 내부에도 보조기둥을 세워 받쳤기 때문으로 판단된다. 이러한 기둥구멍배치는 대천리식 집자리(4주식 기둥배치)와 상반된 현상으로 집자리의 입지와 관련되었을 가능성이 높다.

---

228 조선대학교박물관, 2005, 앞의 보고서.
229 두 유적에서 중기로 편년되는 집자리에서만 해당된다.
230 배성혁, 2006, 앞의 글, 70~71쪽.

출입구시설은 송죽리 유적의 경우 대부분 남쪽에 위치해 있다고 보았는데, 6호·7호 집자리의 남쪽 바닥면이 바깥으로 이어지는 완만한 경사를 이루며, 남쪽 벽면을 따라 별도의 기둥구멍들이 확인되지 않는다는 점을 근거로 들고 있다. 더구나 집자리 범위 중 남쪽 윤곽선의 중앙부에서 1m 가량 떨어진 지점에 3개의 기둥을 묶어 집자리 내부쪽으로 기울여 세웠던 것으로 보이는 기둥구멍이 확인되었다. 이는 인접한 두 집자리에서 공통적으로 나타나는 현상으로 세개의 묶음기둥들은 집자리 앞쪽에서 지붕을 받치는 지탱목의 역할과 함께 그것을 기준으로 좌우의 어느 한쪽 범위에 출입문을 달아내었을 것으로 보았다. 기둥구멍의 바닥에는 토기편과 작은 돌이 깔려 있는데, 모래층에서 기둥의 침하를 방지하기 위한 시설로 생각된다.

또한 송죽리식 집자리는 주거생활 전용공간으로서 집자리를 활용하기 위해 저장구덩을 외부에 두었는데, 송죽리 마을에서 10기의 외부 저장구덩이, 진안 진그늘 2호 집자리의 경우에도 별도의 외부 저장구덩이 존재하며, 진주 상촌리 마을에서는 집자리 사이에 분포하고 있는 소형구덩이들 중 일부가 외부 저장구덩일 가능성이 높다고 판단하고 있다. 마을의 공간배치에 있어서도 송죽리와 상촌리 유적에서는 주거공간과 생산공간이 분리 배치되어 있는 특징이 있다[231].

그러나 진안 진그늘 유적은 다른 송죽리식 집자리와 일부 유사한 면을 보이나 송죽리식 집자리 특징 중 하나인 대규모 마을을 형성하고 있지 않으며, 입지에 있어서도 송죽리와 상촌리 유적과 같이 큰 강가의 넓은 충적대지에 위치한 것이 아니라 강의 최상류에 해당하는 협곡의 좁은 충적지에 위치하고 있어 차이를 보인다. 여기에 동시

---

231 배성혁, 2006, 앞의 글, 29~33쪽.

기 인접한 지역의 유사한 패턴을 지닌 갈머리 유적에서는 임시거처로 추정되는 구조의 원형 집자리만이 확인되고 있어 진그늘 유적의 집자리를 송죽리식 집자리로 판단하기 어렵다.

지금까지 살펴본 송죽리식 집자리의 공통된 특징으로는 장방형의 평면형태와 벽가배열의 기둥배치, 남-북의 길이방향, 집자리 중앙에 설치된 구덩식 화덕자리, 남향의 출입구 등이 있으며, 그 외에도 식

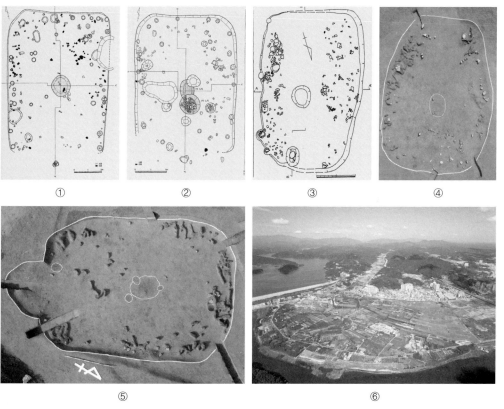

그림 3-24 송죽리식 집자리
(① 송죽리 6호, ② 송죽리 7호, ③ 상촌리B 14호, ④ 평거동 6호, ⑤ 평거동 5호
⑥ 평거동유적 전경)

량을 저장하던 야외 저장구덩과 취사전용의 야외 화덕자리가 분리된
생활전용 집자리양식의 채용이라는 점을 들 수 있다[232].

(7)_ 범의구석식 집자리

Ⅲ기의 신석기시대 집자리 중 뚜렷한 특징을 보이는 유적은 동
북지역과 서북지역에서만 확인되는데, 범의구석 유적을 표지로 하는
집자리이다. 범의구석 유적에서는 10기의 집자리가 조사되었는데,
모두 방형의 평면형태를 보인다. 집자리의 규모는 4m 내외로 소형에
가깝다. 화덕자리는 모두 돌두름식의 구조이며, 원형의 50㎝ 내외의
규모로 작은 편에 속한다. 범의구석 유적의 집자리의 가장 큰 특징
중 하나는 집자리의 기둥배치인데, 집자리 내부에 4열의 일정한 간격
으로 배치되어 있다는 점이다. 이러한 기둥구멍의 배치상태로 보아
범의구석 유적의 집자리는 발전된 양식의 상부구조를 지녔다고 생각

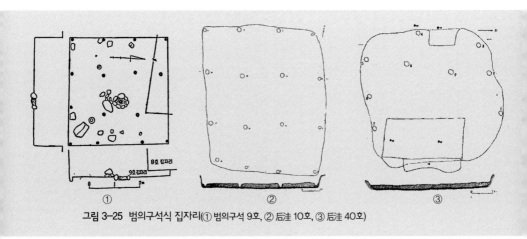

그림 3-25 범의구석식 집자리(① 범의구석 9호, ② 后洼 10호, ③ 后洼 40호)

---

232 배성혁, 2006, 앞의 글, 123~126쪽.

된다. 이와 같은 기둥구멍 배치는 서북지역의 후와(상층) 유적에서 조사된 F10호와 F40호 집자리에서도 확인되고 있어 양 지역 집자리의 관련성을 엿 볼 수 있다. 결국 우리나라 북부지역의 늦은 시기를 대표하는 특징적인 집자리로 판단된다.

지금까지 살펴본 각 유형별 집자리를 도식화하여 정리하면 **그림 3-26**과 같다. 붉은색은 화덕자리, 검은색은 기둥구멍 위치를 표시한 것이다. 화덕자리 중 돌두름식의 경우 가장자리에 타원형으로 돌을 표시한 것이다.

집자리 유형	평면 모식도	입 지	시기(분기)	대표 유적
암사동식	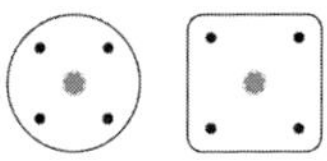	강변 충적대지	I 기	암사동, 삼거리 유적
오산리식	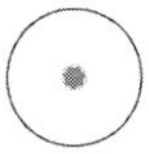	해안 사구지대	I 기	오산리, 문암리 유적
운서동식	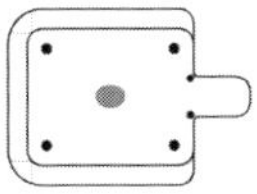	구릉지역	I 기	운서동 유적
신길동식	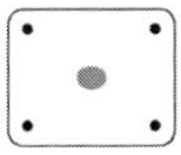	구릉지역	II 기	신길동, 능곡동, 농서리 성내리, 기지리 유적
대천리식	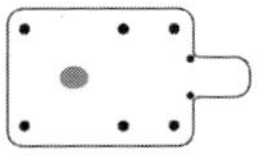	구릉지역	II 기	대천리, 관평동, 신관동 영하리, 용동리 유적
송죽리식	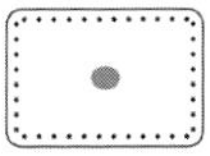	강변 충적대지	II 기	송죽리, 상촌리 유적
범의구석식		구릉 말단부	III 기	범의구석, 후와(상층) 유적

그림 3-26 신석기시대 유형별 집자리 모식도

제 4 장

움집의 복원

움집(집자리, 竪穴住居址)[233]은 일반적으로 땅을 파고 생활에
필요한 시설인 화덕자리, 저장시설 등을 내부에 한 후, 그 상부에 지
붕을 덮는 구조의 살림집을 말한다. 이러한 집자리는 신석기시대 이
후 선사시대 전반에 걸쳐 보편적으로 이용되었으며, 조선시대까지도
사용되어 왔음이 발굴조사를 통해 확인되고 있다.

우리나라의 신석기시대 집자리는 강안의 충적대지나 해안사구, 구
릉지역 등에서 조사되어 물 혹은 바람에 의한 침식이나 범람으로 인
하여 집자리의 유실이 심한 경우가 많다. 또한 발굴조사를 통해 확인
된 집자리는 대부분 상부구조가 폐기된 후 매몰과정에서 흔적이 사
라지거나 혹은 남아 있지 않은 상태로 조사되기 때문에 움집의 복원
에 많은 한계를 지닐 수밖에 없다. 그러나 최근 신석기시대 집자리

---

233 본장에서는 신석기시대 집자리의 복원과 관련하여 앞 장까지 사용해온 '집자
리'라는 용어보다는 '움집'이라는 용어를 사용하고자 한다. 이는 집자리의 하부
구조뿐 아니라 상부구조를 포괄하는 의미를 지니기 때문이다.

유적에 대한 조사증가와 함께 잔존상태가 양호한 집자리가 보고되고 있어 신석기시대 움집 복원에 대한 논의를 한 단계 진전시킬 수 있는 계기가 마련되었다.

여기에서는 신석기시대 집자리에 대한 발굴조사 성과를 토대로 움집복원을 시도해보고자 한다. 움집 복원에 있어 현재 가장 핵심적인 부분은 움집의 상부구조, 즉 지붕구조가 어떠한 형태를 띠고 있느냐에 있다. 이에 먼저 건축학 및 민속학 분야의 연구 성과를 기초로 하여 움집의 상부구조 가구방식에 대해 살펴보고, 지금까지 복원된 신석기시대 움집의 문제점을 검토해보고자 한다. 이를 토대로 앞서 설정한 유형별 신석기시대 집자리를 복원해 보고, 복원된 움집의 가구방식이 어떠한 변화양상을 보이는지도 살펴보고자 한다. 결국 본 장에서는 앞서 살펴본 집자리 평면형태를 비롯한 내부구조의 변화양상에 따라 움집의 상부구조(가구방식)가 어떠한 구조와 형태로 발전해 가는지 추정해 보고자 한 것이다.

1_ 움집의 가구방식

신석기시대 움집의 가구방식에는 기둥을 세우는 방법, 벽과 지붕을 만드는 방법 등이 있다. 기둥을 세우는 방법은 기둥구멍의 배치 및 깊이와 관련된 것으로 발굴조사를 통해 비교적 실제에 가까운 구조를 파악할 수 있다. 기둥배치에 대해서는 앞 장(III장)에서 지역·시기별 구조의 특징과 변화양상을 통해 살펴보았기 때문에 여기에서는 기둥을 세우는 방법과 벽과 지붕구조의 가구방식에 대해서만 살펴보고자 한다. 그러나 신석기시대 움집의 가구방식은 집자리의 입지, 평면형태, 규모와 기둥구멍 배치 등과 서로 유기적인 관련이 있음은 주지의 사실이다.

(1)_ 기둥세우기 방식

신석기시대 움집의 초기 기둥은 서까래가 처지는 것을 보강하기 위한 목적에서 출현한 것으로 점차 규칙적인 배열을 이루며 계획성을 지니게 되었다. 이러한 기둥 사용은 지붕구조를 더욱 견고히 할 수 있게 되었고, 지붕으로 덮을 수 있는 내부공간의 면적을 확장시킬 수 있게 되었다. 또한 기둥의 배열에 나타나는 규칙성은 도리의 출현을 가능하게 하였는데, 이는 움집의 가구방식 발달과정에 매우 중요한 의미를 지닌다. 기둥의 사용과 더불어 기둥을 세우는 방법도 여러 가지 유형으로 발전하였는데, 신석기시대의 움집에서 확인할 수 있는 기둥세우기의 방법은 크게 맨바닥형, 기둥구멍형, 기둥구멍 내 초석(다짐)형 및 초석형의 네 유형으로 구분할 수 있다.

맨바닥형은 보강기둥식 구조의 움집에서 서까래가 처지는 것을 보강하기 위한 용도로 사용한 초기형과 상부를 횡부재, 즉 도리에 의해 결구하여 기둥 상부의 결속력을 강화할 수 있는 발전형으로 구분할

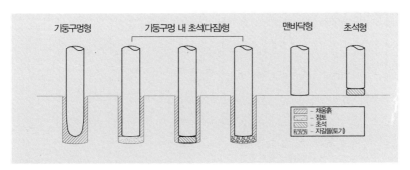

그림 4-1 신석기시대 움집의 기둥세우기 방식

수 있다. 기둥구멍형은 도리를 사용하기 전 단계의 구조에서 기둥은 그 상부가 직접 서까래를 받는 구조였으며, 그 자체가 수직하중 뿐 아니라 횡하중을 감당할 수 있는 구조로 세워져야 하기 때문에 가장 일반적으로 사용되었던 것으로 추정된다. 기둥구멍 내 초석 혹은 다짐형은 기둥구멍을 파고 그 안에 돌 혹은 토기 등이나 점토다짐을 하여 보강한 다음 기둥을 삽입하여 세운 방법이다. 마지막으로 초석형은 바닥 위에 판석 또는 냇돌 등을 놓고 그 위에 기둥을 세우는 방식이다. 초석형은 기둥이 하중에 의해 침하되는 것과 습기 등에 의해 썩는 것을 방지하기 위한 방법에서 시작된 것으로 판단되며, 이 방법으로 기둥을 세운 예는 모두 도리를 사용한 구조에서 확인할 수 있다. 즉 초석형은 도리의 사용에 의해 기둥이 안정된 구조방식에 의해 출현한 비교적 발달한 기둥세우기의 방법이라고 할 수 있다[234]

(2)_ 벽 시설

신석기시대 움집의 벽 시설은 건축학 분야에서 검토한 연구가 있는데[235], 선사시대 움집의 벽 시설을 고고학적인 현상과 건축학적인 관점을 통하여 유형별로 나누어 구조적 기능에 따른 용도와 집을 짓는 방법(構法)을 검토한 것이다. 움집에서 고상가옥으로의 발전과정에서 움집에 벽이 처음으로 생겨난 것으로 이 때 움집 외부로부터 빗물이 새거나 위험물로부터 생활공간을 보호하기 위해 수장벽의 높이를 좀 더 높이는 작업을 했을 것이며, 이로 말미암아 움집 내부로부터 벽의 개념이 서서히 생기기 시작한 것으로 보았다. 이후 보다 넓은

---

234 김도경, 2000, 『한국 고대 목조건축의 형성과정에 관한 연구』, 고려대학교 박사
      학위논문, 34~38쪽.
235 趙亨傑, 1996, 앞의 글.

주거공간의 확보를 위한 노력을 통해 지하로 주거의 용적을 확장시키는 것보다 지상으로 확장시키는 작업이 더욱 용이하다는 것을 알게 되었고 그 후 본격적인 벽의 발전이 이루어졌던 것으로 판단하였다[236].

또한 벽은 보-도리(柱-梁式 構造)양식 기술이 도입되면서부터 상부의 하중은 기둥과 기둥 위에 수평으로 놓인 도리들이 받게 되어 벽은 다양한 형태와 기능을 가지게 되어 벽이 더욱 더 적극적으로 지상으로 돌출하게 되었으며, 칸막이 등 다양한 용도의 벽이 등장하기 시작하였다고 보았다[237](표 4-1, 그림 4-2 참조). 벽의 구조적 기능과 집을 짓는 방법을 통해 우리나라 신석기시대 유적 중에서 벽의 구조적 기능에 따른 집을 짓는 방법의 추정이 가능한 집자리를 정리하면 표 4-2과 같다.

이러한 선사시대 움집의 벽에 대한 연구는 기존의 건축학자나 고고학자에 의해 애매하고 모호한 기준(집자리의 깊이 등)으로 분류되었던 움집(竪穴住居)과 반움집(半竪穴住居)에 대해 보다 명확한 기준을 제시한

---

236 최초의 벽이 지상으로 올라온 높이는 얼마 되지 않았던 것으로 판단하였는데, 이는 움집 단계의 벽은 집자리를 파면서 생긴 掘土面 자체가 벽의 역할을 하였다고 보았기 때문이다. 이러한 움집의 벽은 修粧材 등으로 벽면을 치장한 것이 암사동 75-2호 집자리에서 확인되고 있다(趙亨徠, 1996, 앞의 글, 24~25쪽).

237 이러한 움집의 벽을 벽의 구조적 기능에 따라 내력계통과 비내력계통으로 분류하였다. 전자는 기둥을 포함한 벽이 지붕의 하중을 전적으로 받는 형태로 가구식구조가 완전하게 확립되기 전의 집을 짓는 방법(構法)이며, 후자는 움집의 내부에 배치된 기둥과 기둥 상부의 보, 도리로써 지붕의 하중을 분담하고 벽은 外氣와 風雨로부터 내부공간을 보호해 주는 역할만을 한다고 보는 것이다. 결국 내력계통의 벽은 상부의 하중을 벽이 전담하므로 벽의 재료도 비중이 크고 견고한 것이어야 한다. 그러나 비내력계통의 벽은 내력계통보다는 벽 재료의 선택에서 다양성을 기할 수 있으며 벽의 두께도 얇아질 수 있다고 한다(趙亨徠, 1996, 앞의 글, 39~43쪽).

표 4-1 움집에서 벽의 발생과 발전[238]

區分	竪穴住居	不完全半竪穴住居	半竪穴住居	
			耐力系統	非耐力系統
단면모식도				
공간 사용	地下 위주의 空間使用	地上으로 空間領域 擴張	地上壁 등장 적극적인 지상 공간 이용. 주거공간의 폭은 狹小	住居空間의 擴張 竪穴 외부공간의 사용도 가능
기타	깊은 竪穴住居	外觀上 竪穴住居 竪穴의 깊이가 얕아짐	外周壁을 통한 換氣 가능	壁材料의 다양화 가능

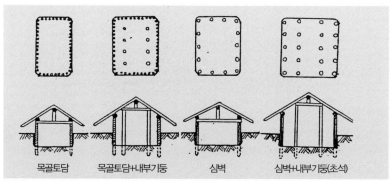

그림 4-2 내력계통의 기둥배치 유형과 구조발전 양상[239]

목골토담   목골토담+내부기둥   심벽   심벽+내부기둥(초석)

것으로 그 의미가 크다고 생각된다. 즉 움집의 벽체가 외부에서 보았을 때 들어나느냐의 여부를 통해 움집과 반움집을 분류하였다는 점

---

238 趙亨徠, 1996, 앞의 글, 25쪽.
239 趙亨徠, 1996, 앞의 글, 40쪽.

표 4-2 신석기시대 벽 시설 관련 유적 현황[240]

집 자 리	평면형태	구조적 기능	용도 · 構法
궁산 1호 집자리	원형	내력계통	목골토담
서포항 7호 집자리	방형	내력계통	목골토담
호곡동 3호 집자리	방형	내력계통	심벽
호곡동 9호 집자리	방형	내력계통	심벽
쌍타자 15 · 16호 집자리	부정형	내력계통	토벽
암사동 72-2호 집자리	방형	비내력계통	목골토담
남경 31호 집자리	장방형	내력계통	귀틀벽

에서 신석기시대 움집구조의 발전과정을 이해하는데 기존의 집자리 잔존깊이를 통한 분류방법보다 더 설득력을 지니며, 여기에서는 이를 근거로 하여 신석기시대 집자리의 벽 시설을 복원하고자 한다.

(3)_ 지붕의 가구방식

신석기시대 움집의 지붕 가구방식과 관련해서는 고고학 분야[241]와 건축학 분야[242], 민속학 분야[243]에서 다루어진 연구가 있는데, 대부분 검토된 유적의 수가 소수에 불과하고 인류학 혹은 민속학 자료를 통해 선사시대 지붕의 가구방식을 검토한 것이다. 그러다보니 신석기시대 움집의 지붕 가구방식에 대한 구체적인 사례 검토와 복원과정에 대한 논리적인 설명이 부족하였다고 생각된다. 그러나 최근 신석기시대 집자리 유적의 수가 증가하면서 다른 분야 연구자들도 이러한 발굴조사 성과를 바탕으로 집자리 복원에 대한 관심과 진전된

---

240 趙亨徠, 1996, 앞의 글, 46쪽.
241 林永珍, 1985, 앞의 글.
242 金鴻植, 1985, 앞의 글. ; 김도경, 2000, 앞의 글.
243 金鴻植, 1977, 앞의 글.

연구성과가 발표되기 시작하였다. 대표적인 예가 움집의 기둥배치에 따른 지붕의 가구방식을 건축학적인 관점에서 추정 복원한 김도경[244]의 연구이다. 신석기시대 움집을 크게 지붕의 구조에 따라 뿔형(모임지붕)과 용마루형(맞배지붕, 우진각지붕)으로 나눈 후, 기둥배치와 가구방식에 따라 세분하였다.

그는 신석기시대 움집에 있어 가장 초보적인 형태의 지붕구조로 뿔형의 無柱式 構造와 보강기둥식 구조로 보았다. 무주식 구조는 기둥을 사용하지 않고 집자리 밖 주변의 지면에 직접 서까래를 세운 구조로 지붕은 뿔형의 모임지붕이 일반적이었던 것으로 추정된다. 원형과 방형의 움집에서 확인할 수 있으며, 움집의 규모는 비교적 작은 편에 속한다. 세부적으로 하나의 꼭지점에 많은 서까래가 모일 수 없다는 점을 고려하면 우선 3개 또는 4개의 서까래를 세운다음, 이 서까래를 연결하는 횡부재를 돌린 후 여기에 나머지 서까래를 걸었을 가능성이 있다.

보강기둥식 구조는 집자리 내부에 불규칙적으로 기둥을 세워서 집자리 밖 지면에 직접 세운 서까래를 받도록 한 구조이다. 기본적으로 무주식 구조와 동일한 구조이나 서까래가 쳐지는 것을 막기 위해 내부에 기둥을 보강하였다는 점에서 차이를 지닌다. 집자리 내에 위치한 기둥을 세운 흔적은 일반적으로 기둥구멍과는 달리 그 깊이가 매우 얕고 그 배열이 매우 불규칙하다. 따라서 내부의 기둥은 움집을 지으면서 세운 것이 아니라 움집을 사용하면서 서까래가 쳐지는 것을 보강하기 위한 용도로 사용하였을 가능성이 크다. 이 구조는 수직

---

244 본고의 지붕의 가구방식에 대한 내용은 기본적으로 김도경의 의견을 따랐으며, 일부 견해를 달리하는 부분에 대해서는 의견을 제시하였다(김도경, 2000, 앞의 글).

기둥을 사용하였다는 점에서 의미를 지니며, 무주식 구조와 더불어 가장 초기적인 단계의 구조이다.

건축학적 측면에서 한 단계 진일보한 구조로는 기둥-도리식 구조와 사주-도리식 구조를 들 수 있다. 한편 기둥을 규칙적으로 배열하여 본격적으로 기둥이 사용된 구조로서 움집의 규모는 무주식이나 보강기둥식에 비해 큰 편이다. 기둥이 비교적 규칙적으로 배열되어 있다는 점에서 상부를 결속하는 도리가 사용되었을 가능성이 있으며, 이 구조에서 기둥배열은 집자리 내부의 기둥구멍이 움벽에 거의 붙어서 배열된 형식과 움벽에서 일정한 거리를 두고 배열된 두 형식으로 나타난다. 사주-도리식 구조는 집자리 내부에 방형 평면을 이루며 4개의 기둥을 세우고 기둥 상부를 도리로 결속한 다음, 여기에 기대어 집자리 밖 지면에 직접 세운 서까래를 걸도록 한 구조이다[245]. 기둥-도리식 구조에서 구조적인 합리성을 꾀하여 기둥을 더욱 규칙적으로 배열한 구조로 움집의 규모는 기존의 구조보다 증가되었을 것이다. 일부 움집에서는 기둥구멍 대신 원시적인 초석이라 할 수 있는 판석을 사용하여 기둥을 받도록 한 것을 확인할 수 있다[246]. 이와 같은 방법으로 기둥을 세우는 것은 기둥과 도리의 사용으로 움집의 구조가 더욱 안정적으로 되었기 때문에 가능하다.

또한 신석기시대 집자리의 평면형태 변화와 함께 지붕구조의 변화가 나타날 수 있는 구조가 있는데, 이중도리식-네모뿔형이다. 이 유

---

245 사주-도리식 구조의 경우, 김도경은 서까래를 집자리 밖 지면에 직접 세운 것으로 추정하였지만, 필자는 일정한 간격의 4주식 기둥배치와 도리를 사용하였다는 점에서 서까래가 지면에서 떨어져 세워졌을 가능성이 높다고 생각한다.
246 기둥을 받쳤을 것으로 추정되는 초석은 서포항, 홍성, 석불산, 오산리, 송도 유적 등의 집자리에서 확인되었다.

형은 네 움벽을 따라 한 변에 4개씩의 기둥을 배열하고, 다시 그 내부에 이와 동일한 간격으로 방형을 이루며 4개의 기둥을 배열 한다. 이후 평주열과 고주열 상부에 각각 주심도리와 중도리를 올리고, 여기에 서까래를 걸어서 뿔형의 모임지붕으로 만든 유형이다. 뿔형의 움집이지만 기둥을 높낮이가 서로 다른 평주와 고주로 나누어 질서 있게 배열하고 주심도리 뿐 아니라 중도리를 사용하고 있다는 점에서 비교적 발달한 구조유형이라 할 수 있다. 구조적으로는 서까래를 지면에서 떨어뜨려 세워도 아무런 문제가 발생하지 않으며, 방형에서 장방형 평면의 구조로 넘어가는 과도적인 성격을 지닌 구조유형으로 보았다.

다음으로 구조적으로 맞배와 우진각지붕이 모두 가능한 유형을 용마루형은 구조상 서까래를 지면에서 떨어뜨려 설치하는 것도 가능하며, 중심열주식과 주심도리식, 중심열주·주심도리식, 이중도리식으로 세분된다. 중심열주식은 장방형 움의 내부 장축 중심선상에 기둥을 배열하고 그 위에 도리(종도리)를 올린 다음 서까래를 받도록 한 유형이다. 주심도리식은 방형이나 장방형의 움 내부에 장축방향으로 두 줄의 기둥을 배열한 위에 주심도리를 올려서 서까래를 받도록 한 유형이다. 이 경우 서까래가 횡방향으로 넘어지는 것을 방지하기 위해 서까래 중간 또는 용마루 상부에 횡방향으로 긴 부재를 건너질러야 한다. 또 종방향으로도 양측에 마주보며 세운 서까래를 서로 잡아주는 횡부재를 걸어서 구조적인 결속력을 보강하여야 한다. 이 부재는 종방향의 구조적인 결속력을 강화한다는 점에서 보의 발생과 밀접한 관계가 있는데, 여러 유형의 보강재를 사용한다고 하더라도 구조적으로 많은 취약점을 지니고 있기 때문에 단변의 길이가 짧은 경우에만 사용할 수 있다. 이 유형의 움집에서는 보와 대공이 사용되었을 가능성도 있다[247].

중심열주·주심도리식은 방형 또는 장방형의 집자리 내부에 장축 방향으로 세 줄의 기둥을 배열한 위에 주심도리와 중도리를 올린 다음 서까래를 건 유형이다. 중심열주식 구조와 주심도리식 구조를 합한 형식으로 두 유형의 구조적인 단점을 보강한 유형이라고 할 수 있다. 이중도리식은 방형이나 장방형의 움 내부에 두 긴 벽을 따라 기둥을 배열하고 그 내부에 다시 두 줄로 기둥을 배열한 다음, 이들 4줄의 각 기둥열 상부에 각각 주심도리와 중도리를 올려 서까래를 받도록 한 유형이다. 주심도리식 움집의 내부에 두 줄의 기둥열을 첨가하여 구조를 보강한 것, 또는 중심열주·주심도리형의 중심열주를 두 줄로 나누어 그 구조를 보강한 것으로도 이해할 수 있다. 이중도리식 움집은 기둥과 보 및 도리, 그리고 대공을 사용한 후대의 민도리집 구조와 기본적으로는 동일한 구조라 할 수 있다. 물론 전·후 기둥열이 대칭관계에 있지 않으므로 보는 기둥 위에 직접 올라가는 것이 아니라 도리 위에 결구된다는 점에서 민도리집 구조와는 세부적으로 많은 차이를 지닌다. 고주와 보의 사용은 다른 구조에 비하여 종방향으로도 평면을 확장할 수 있는 가능성이 있다는 점에서도 특징을 지닌다.

지금까지 살펴본 신석기시대 집자리의 지붕가구방식에 대한 연구는 건축학자의 관점에서 다루어져 고고학 유적의 특성을 제대로 이해하지 못해 생긴 오류가 일부 확인된다. 먼저 뿔형의 무주식 구조는

---

247 이 유형의 실례에 의하면 보의 길이는 4m에 이른다. 당시의 기술로서 이 길이의 보를 걸 수 있었을까 하는 의문이 생긴다. 따라서 주심도리식에서 보가 사용되었을 가능성은 매우 적다고 생각된다. 그러나 이중도리식 구조에서는 보와 대공이 사용되었을 가능성이 높아 보를 사용하였을 가능성이 높다고 생각된다.

구조상으로만 본다면 신석기시대에 사용되었을 가능성이 높지만, 현재까지 확인된 신석기시대 집자리에서 서까래를 직접 지상에 세웠던 흔적의 집자리는 확인되지 않아 본고의 집자리 복원과정에서는 제외하였다. 또한 앞에서는 언급하지 않았지만 뿔형의 외기둥식 구조를 추정하고 있는데, 대부분의 신석기시대 집자리는 중앙에 화덕자리가 위치하고 있어 구조상 간편하고 안전한 구조를 지닌다고는 하나 우리나라 신석기시대 집자리 유적에서는 그 예를 찾아보기 어렵다.

뿔형의 보강기둥식 구조는 신석기시대 집자리 중 이른 시기의 집자리에 존재할 가능성이 높은 구조로 판단되나 집자리 내부의 구멍이 모두 기둥을 세우기 위한 구멍이 아닌 점과 일부 기둥은 바닥에 그냥 세웠을 가능성도 있기 때문에 불규칙한 기둥배치를 통한 보강기둥식 구조의 분류는 추후 재고의 여지가 있다고 판단된다. 뿔형의 기둥도리식 구조는 신석기시대 집자리 중 초당동 유적 등에서 확인되고 있는 구조이나 지붕의 구조가 뿔형의 모임지붕 구조인지는 연구자의 관점에 따라 달라질 수 있다.

가장 중요한 문제점 중 하나는 지붕과 벽 시설의 분리 여부로 김도경은 용마루형의 경우, 벽 시설과 지붕의 분리 가능성을 언급하면서도 실제 신석기시대 움집의 가구방식에서는 서까래가 모두 지표면과 맞닿아 있는 것으로 추정하였다. 이는 최근 조사 예가 늘고 있는 대천리식 집자리와 같은 대형의 장방형 집자리에 대한 정보를 접하지 못한 결과로 판단된다.

이러한 문제점을 감안하여 본고에서는 우리나라 신석기시대 움집의 지붕가구방식을 뿔형의 경우에는 보강기둥식 구조 혹은 사주-도리식 구조를 채택하였으며, 용마루형의 경우에는 모든 가능성을 염두해 두고 복원을 시도하였다.

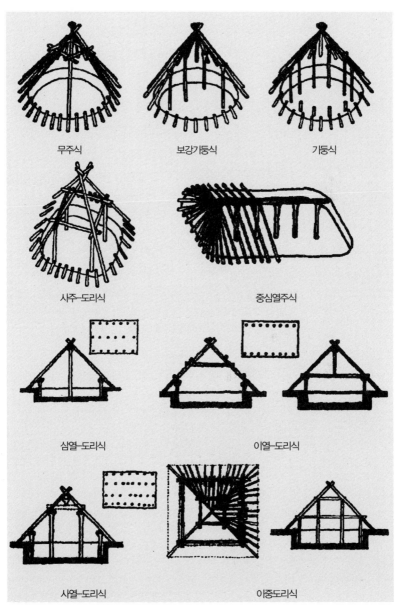

무주식   보강기둥식   기둥식

사주-도리식   중심열주식

삼열-도리식   이열-도리식

사열-도리식   이중도리식

그림 4-3 신석기시대 움집의 가구방식 모식도[248](필자 재편집)

⑷_ **구조부재의 재료**

　　움집의 복원에 있어 주목되는 부분 중 하나는 집을 짓는데 사
용된 나무 및 초본류의 종류이다. 우리 인간들이 생활해 나가는 집에
영향을 주는 것은 자연환경과 인문환경을 들 수 있는데, 자연환경에
는 기후와 지리적인 면을 들 수 있다. 특히 원시건축과 기후는 아주
밀접한 관계를 맺게 되는데, 이것은 에스키모인과 같이 한대지방에
사는 사람들은 눈과 얼음으로, 건조지방에 사는 사람들은 진흙과 갈
대로, 열대지방에서는 야자잎과 대나무를 이용해 집을 지었음을 통
해 알 수 있다. 즉 주위에서 흔히 볼 수 있는 재료를 가지고 집을 지
어, 자연환경과 집과의 관계가 아주 밀접함을 알 수 있다[249].

　　신석기시대 움집에 쓰였던 목재는 주변에서 쉽게 구할 수 있고 가
공이 용이한 것을 주로 사용되었을 것이다. 움집의 축조에 어떠한 종
류의 나무가 사용되었는지 판단하기 위해서는 신석기시대 집자리에
서 출토된 목탄의 수종분석을 통해 유추할 수 있다. **표 4-3**에서 볼 수
있듯이 우리나라 신석기시대 움집에서는 참나무과 상수리나무류가
주 부재로 사용되었음을 알 수 있다[250]. 이는 당시 사람들의 먹거리와
도 관련되는데, 곡물류를 제외한 우리나라 신석기시대 유적에서 가
장 많이 출토되고 있는 것이 바로 도토리이다. 참나무는 낙엽성 큰키

---

248 김도경, 2000, 앞의 글.

249 Fitch. J. M and Branch. D. P, 1960, Primitive Architecture and Climate,
　　Scientific American 230-6, p134.

250 움집의 구조부재로는 주변에서 구하기 쉬운 목재를 사용하였을 것이다. 때문
　　에 참나무뿐만 아니라 소나무과나 자작나무과도 사용되었을 가능성이 존재한
　　다. 그러나 소나무는 습기에 약하다는 점과 생나무를 사용할 경우 진이 나오는
　　불편함이 있어 구조부재의 주 재료보다는 보조재료로 사용되었을 것으로 판단
　　된다.

표 4-3 신석기시대 집자리 유적 출토 목탄 수종분석

유 적	유 구	수 종(개수)
고성 철통리	1호 집자리	참나무과 상수리나무류
	2호 집자리	참나무과 상수리나무류
	3호 집자리	참나무과 상수리나무류
	4호 집자리	참나무과 상수리나무류
용인 농서리	2호 집자리	참나무과 졸참나무류(5)
		자작나무과 자작나무류
	5호 집자리	참나무과 상수리나무류
	8호 집자리	참나무과 졸참나무류
옥천 대천리	집자리	참나무과 상수리나무류(7)
진주 상촌리B	17호 집자리	참나무과 상수리나무류(2)
인천 삼목도	집자리	참나무과 상수리나무류(30)
홍성 송월리	1호 집자리	참나무과 상수리나무류(2)
진안 진그늘	?	자작나무과 오리나무류(2)
		소나무과 소나무류(1)
		참나무과 상수리나무류(1)
창녕 비봉리	저장공	참나무과 상수리나무류(7)
		뽕나무과 산뽕나무류
		소나무과 소나무류
		참나무과 밤나무류
진주 상촌리B	6-1호 구상유구	장미과 장미류
		소나무과 소나무류
		참나무과 졸참나무류
	움구덩	참나무과 상수리나무류(2)
		참나무과 졸참나무류(2)
		느릅나무과 느티나무류
대전 노은동	움구덩	참나무과 상수리나무류(2)
		대나무

나무(落葉喬木)로 높이 20~30m, 지름 1m에 달하며, 줄기는 곧게 올라가는 특징을 지닌다. 또한 목재의 성질이 탄성(彈性)이 풍부하고 강하

며, 조직은 매우 거칠지만 광택이 있다. 이밖에 횡으로 가로질러 절단하기는 어려우나 종으로 쪼개기는 비교적 쉽다. 참나무는 현재도 목조 건축의 기둥 재료를 비롯하여 기구재, 농기구, 숯 제조 등 다양하게 이용되는 수종으로 움집의 구조부재로 사용하기에 적합한 것으로 알려지고 있다[251].

지붕의 재료는 그동안 발굴 자료를 통해서 확인된 사례가 거의 없어 정확한 재료를 파악하기 어려웠으나 최근 들어 화분분석을 통하여 여러 종류의 초본류들이 확인되고 있어 추정이 가능하게 되었다. 지붕의 재료로는 억새, 갈대, 칡넝쿨 등이 추정되는데, 억새와 갈대(새)는 전통 초가에서 지붕의 재료로 많이 쓰였던 것이다. 이러한 새는 볏집에 비해 수명이 10~15년 더 길게 사용할 수 있다고 한다[252].

2_ 복원사례 검토 및 문제점

우리나라 신석기시대 집자리에 대해 복원을 시도한 예는 암사동 유적[253]이 있으며, 북한에서도 일부 신석기시대 집자리의 복원이 이루어졌으나 복원된 집자리의 구조나 복원과정에 대한 구체적인 사실은 알 수 없다.

신석기시대 집자리에 대한 복원이 본격적으로 이루어지지 않은 원인은 조사된 집자리가 소수에 불과하며, 유실이 심하여 잔존상태가

---

251 李弼宇, 1997, 『한국산 목재의 성질과 용도』, 서울대학교출판부.
252 윤원태, 1998, 『한국의 전통초가』, 제원, 45~47쪽.
253 암사동유적발굴조사단, 1984, 『암사동 수혈주거지 복원기초조사 보고서』. ; 金鴻植, 1985, 앞의 글.

양호하지 않은데 있다. 또한 그동안 신석기시대 집자리 내부에서 기둥구멍이 확인되지 않는 경우와 기둥구멍이 조사되었다고 하더라도 불규칙적인 것이 많아 집자리의 복원에 많은 어려움이 있어 왔다. 여기에 움집의 지붕구조 복원은 당시 목재가공 기술과 건축 기술의 발달정도를 바탕으로 이루어져야 하는데, 현재는 신석기시대 집자리 유적에서 나타나는 목탄의 형태와 배치, 기둥구멍의 위치를 통해 추정할 수밖에 없는 상황이다.

결국 기존에 시도되었던 움집 복원은 모형 차원에 그치는 경우가 많았다. 그러나 최근에는 다양한 방법의 움집복원이 이루어지고 있는데, 대부분 청동기시대 집자리를 대상으로 한 것들이다. 이 중에서 주목되는 연구로는 폐기행위의 복원을 통한 방법[254], 실험고고학적인 방법[255], 건축학적인 방법[256] 등이 있다.

신석기시대 집자리 복원에 있어서도 최근 한 단계 진전된 연구 성과가 발표되었는데, 바로 컴퓨터 프로그램을 이용한 복원작업이다. 필자에 의해 처음으로 시도된 것으로 대천리 유적의 신석기시대 집자리를 대상으로 이루어졌다. 대천리 유적의 신석기시대 집자리는 내부시설을 비롯하여 기둥구멍 배치가 일정한 정형성을 띠고 있어 가능하였다.

---

[254] 이현석 외, 2004, 「수혈건물의 폐기양식」『발굴사례 연구논문집』창간호, 한국문화재조사연구기관협회.
[255] 오규진·허의행, 2006, 「청동기시대 주거지 복원 및 실험」『야외고고학』창간호, 한국문화재조사연구기관협회.
[256] 신상효, 1996, 「청동기시대 주거지의 복원적 고찰」, 전남대학교 석사학위논문.
김도경, 2000, 앞의 글.
김재호, 2006, 「한국 청동기시대 주거구조의 복원」『영남고고학』39, 영남고고학회.

신석기시대 집자리 중 복원이 이루어진 유적으로는 암사동 유적과 둔산 유적, 오산리 유적이 있는데, 여기에서는 이들 유적에서 복원된 집자리를 통해 어떠한 문제점이 있는지 살펴보고자 한다. 먼저 암사동 유적은 김홍식[257]에 의해 복원작업이 이루어졌으며, 기본적으로 백이기둥 4개가 세워져서 뼈대를 이루는 쌍다리형이나 까치구멍집 (한쪽은 모임지붕이고 다른 쪽은 합각을 만든 집)으로 복원되었다. 이는 그동안 도면으로만 상상하던, 혹은 모형으로의 복원에서 벗어나 실제 유적을 대상으로 하여 실제 크기로 복원한 점에서 그 의미가 있다.

그러나 이후 복원된 다른 신석기시대 집자리가 입지 및 구조를 감안하지 않고, 모두 암사동 집자리와 유사하게 복원되고 있어 문제점으로 지적된 바 있다[258]. 또한 김진희는 암사동 유적의 경우 1985년 복원된 것으로 지금의 연구 성과와 비교해 볼 때 많은 문제점이 있다고 보았는데 첫째, 서까래의 경사각을 50° 내외로 본 점[259], 둘째 주제토에 대한 설명이 부족하다는 점, 셋째 출입시설을 돌출된 구조 한 가지 형태만 복원하였다는 점을 들었다[260].

그러나 이러한 문제점 중 주제토에 대한 부분은 신석기시대 집자리에 적용시키에 다소 문제가 있다고 판단된다. 아직까지 주제토와

---

257 金鴻植, 1985, 앞의 글, 44~45쪽.
258 신상효, 1996, 앞의 글, 94~97쪽.
259 김진희(2008, 앞의 글)는 김홍식의 복원안 대로 서까래의 경사각을 60°로 보았을 때, 지면에 노출된 기둥의 높이를 170cm로 할 경우, 기둥의 높이가 400cm정도에 이른다고 보았다. 이는 기둥부재의 종류와 길이를 감안하면 결국 서까래의 경사각을 낮추어야만 기둥의 높이를 낮출 수 있다고 판단하여 30° 내외의 서까래 경사각으로 추정 복원한 바 있다. 하지만 이처럼 서까래의 경사각이 낮아질 경우 자연재해(빗물 혹은 눈 등)시 지붕에 많은 하중을 받게 되며, 외부 위험요소(동물 등)에 대응하는 데에도 문제점이 노출될 가능성이 높다고 보았다.
260 김진희, 2008, 앞의 글.

관련된 신석기시대 집자리 유적이 확인된바 없으며, 주제토가 존재하지 않아도 충분히 움집의 배수문제가 해결될 수 있는 집자리가 존재하고 있다. 또한 강안의 충적대지나 해안사구에 입지하는 집자리에서 주제토의 필요성은 그다지 중요하지 않기 때문이다.

둔산 유적에서는 신석기시대 움구덩 15기가 조사되었으며, 이 가운데 지름 2m 미만의 소형의 움구덩을 제외하면 평균면적은 5.4㎡ 정도이다. 이 정도의 면적에서 일상적으로 사람들이 거주하였을 것으로 보기 어려우며, 집자리에서 가장 중요한 화덕자리도 설치되어 있지 않아 보고자는 계절적인 사용과 관련된 특수목적의 주거용 움구덩으로 보았다. 그러나 복원된 집자리는 원형의 원추형 지붕으로 복원되어 암사동 집자리와 대동소이하다. 결국 움구덩을 집자리와 동일시하여 복원하였다는 문제점과 실제 조사된 유구를 바탕으로 한 것이 아닌 암사동 유적에서 이루어진 구조와 규모로 복원되었다는 점에서 더 큰 문제점이 있다고 생각된다.

오산리 유적의 집자리는 원형의 4주식 기둥배치에 지붕은 원추형으로 복원하였는데, 앞서 살펴본 둔산 유적의 복원과정에서 노출된 문제점이 그대로 드러나 있다. 이는 암사동 유적의 복원 사례를 모델로 삼아 만들어졌기 때문인 것으로 판단되며, 결국 신석기시대를 비롯한 선사시대 움집복원에 대한 연구가 거의 전무하기 때문에 나타나는 현상으로 판단된다. 더불어 움집 복원시 발굴당시의 자료를 충분히 검토하지 못하여 들어난 오류로 판단된다.

3_ 유형별 움집 복원

(1)_ 움집의 복원과정 및 방법

신석기시대 움집의 복원과정은 집자리의 내부구조 및 특징이 잘 드러나 있는 대천리 유적을 대상으로 하여 살펴보겠다. 먼저 집을 짓기 위해 알맞은 지형[261]을 찾아 정지작업을 하였을 것이다. 집자리의 구조를 통해 보면 움집은 계획된 설계와 순서에 의해서 지어졌을 것으로 판단된다. 먼저 집의 골조로 사용될 나무를 비롯한 재료를 주변지역에서 구한다. 지표면을 장방형의 형태로 약 50㎝정도 파낸다. 기둥구멍과 화덕자리를 비롯한 내부시설이 위치할 곳에 표시를 하고 기둥구멍 자리를 각 기둥구멍의 성격에 따라 크기를 달리하여 판 후, 바닥에 점토 다짐을 하여 기초를 튼튼히 한다. 그리고 중심기둥구멍에 약 2m 정도의 기둥을 세운 후 메꾼다[262]. 4개의 중심기둥 위에 도리와 보를 얹어 엮어 매는데, 이때 중심기둥의 윗부분은 Y자 형태의 것을 선택했을 가능성이 높다. 이와 함께 부속공간의 서벽에 위치한 4개 기둥구멍과 생활공간과 인접하여 남-북벽에 위치한 기둥구멍도

---

261 당시 신석기인들에게 가장 중요한 것은 먹을 것에 대한 획득이었을 것이다. 대천리 유적의 신석기인들은 그 중에서도 농경(탄화곡물)과 채집(도토리 등 견과류)에 많은 비중을 두었을 것으로 판단되며, 어로활동은 적극적으로 이루어지지 않았을 가능성도 있다. 그러나 우리나라 신석기시대 집자리는 지역과 시기에 따라 강안의 충적대지 혹은 해안사구 등에서도 입지하고 있어 지역과 시기에 따라 중점적인 식량획득 계획이 달랐을 것으로 추정된다.

262 남경 유적의 집자리는 대부분 화재로 폐기되어 내부에 불탄 목재들이 잘 남아 있는 편이다. 이 중에서 12호·17호 집자리에서는 2m가 넘는 나무 숯이 발견되었으며, 31호 집자리에서는 지름 30~40㎝ 정도인 나무 숯이 확인되고 있다(김용간·석광준, 1984, 앞의 글). 또한 우리나라 전통민가의 기둥높이는 7자 정도로 하는 것이 일반적인 것이라고 하여 대천리 집자리에서도 길이 2m 정도(지름 30~40㎝정도)의 기둥을 세웠을 것으로 추정하였다.

기둥을 같은 방법으로 세운다. 이때 출입구시설의 기둥은 집자리의 동벽 가운데 부분에서 밖으로 돌출된 구조의 기둥을 세운다[263]. 이후 생활공간의 서쪽에 올린 보와 부속공간의 서벽의 보를 연결하는 서까래가 놓였을 것으로 추정된다. 다음으로 생활공간의 남, 북벽에 서까래를 올리는데, 맞배지붕의 세마루(3량)구조에 해당하는 지붕형태를 만들었을 것으로 추정된다[264]. 남벽의 작은 기둥구멍에 작은 기둥을 세워 남쪽 서까래와 연결시켜 벽체구조를 만들고 내부의 부속공간과 생활공간을 분할하는 기둥구멍에도 기둥을 세워 골격을 만든다. 지붕이나 칸막이기둥, 벽체 기둥에는 작은 기둥이나 나무 가지를 사용하여 고정시킬 수 있도록 가로방향으로 사이를 엮어 놓는다. 그 다음 갈대나 짚, 대나무 등을 이용하여 지붕과 벽체을 완성한다. 마지막으로 화덕자리와 저장구덩 등을 설치하고 토기 및 갈돌과 갈판을 각 위치에 정리하여 둔다.

움집의 복원은 발굴조사된 유적의 도면을 사용하여 실제 유적의

---

263 대천리 신석기시대 집자리의 출입구시설을 밖으로 돌출된 구조로 복원한 이유는 우리나라에서 조사된 신석기시대 장방형 집자리 중 남경 유적과 소정리 유적을 비롯한 충청내륙지역의 대천리식 집자리에서는 돌출된 출입구 시설이 확인되고 있어 이를 통해 유추하였다.

264 집자리의 복원에 있어 지붕은 4치 물매로 하였다. 이는 서까래 물매의 경우 기와지붕의 세마루 구조에서는 보통 4~5치 물매로 하고, 민가나 서당 또는 격식이 낮은 건물은 물매를 뜨게 4치 정도로 한다. 또한 초가 등에서는 3치 정도로 할 때도 있으나 지역, 기후 특히 강우량과 호우시 등을 감안해야 하기 때문이다 (張起仁, 2003, 『목조』, 보성각). 신석기시대 움집의 지붕구조는 여러 가지 구조를 지녔을 가능성이 높다. 대표적으로 모임지붕, 맞배지붕, 우진각지붕 등인데, 이 중에서 이른 시기의 강안 충적대지 혹은 해안사구 지역에 위치한 집자리는 모임지붕, 구릉지역의 늦은 시기 집자리는 평면형태에 따라 달라질 수 있겠지만 기본적으로 장방형 혹은 방형에서는 맞배지붕의 가능성이 높을 것으로 추정된다.

크기와 내부시설의 위치 등 동일한 비율로 복원작업이 진행된 것이다. 이러한 복원작업은 Rhinoceros program을 사용하였는데[265], 이 컴퓨터 프로그램은 최근 우리나라 건축디자인에서 사용되고 있는 건축용 설계 프로그램이다. 이러한 프로그램은 필자가 전고[266]에서 집자리 복원에 사용하였던 MAX, CAD, Lightscape, Photoshop Program 보다 한 단계 발전된 것으로 최근 많이 사용되고 있는 3D를 통한 입체적인 표현과 다양한 시각적인 효과를 연출해 낼 수 있는 특징을 지니고 있다.

(2)_ **암사동식 집자리의 복원**

암사동식 집자리는 암사동 유적의 74-4호 집자리를 대상으로 복원을 시도하였다. 74-4호 집자리는 암사동 유적의 집자리 중에서 비교적 잔존상태가 양호한 편이며, 규모나 내부시설 역시 유적을 대표할 수 있는 구조를 띠고 있다. 또한 내부에 기둥부재로 추정되는 목탄도 확인되어 움집의 복원 대상으로 선정하였다. 집자리의 평면 형태는 방형이며, 규모는 길이 5.7m, 너비 5.5m, 잔존깊이 0.95m, 면적 31.4㎡이다. 집자리 상면 전체에서 숯이 노출되었고, 특히 북동쪽에서 집중적으로 발견되었다. 불탄 기둥은 대부분 화덕자리를 향하여 놓여 있었다. 바닥에 크기와 간격이 비교적 일정한 4개의 기둥 구멍이 있고, 그 주변에 크고 작은 구멍이 몇 개 더 확인되었다. 집자리의 중앙에는 96×80cm 규모의 방형 화덕자리가 위치해 있는데, 천석과 할석을 섞여 만들었다.

---

265 본고에서 제시된 움집의 복원도는 최재용님(숭실대학교 건축학과)의 도움을 받아 만들어진 것이다. 이 자리를 빌어 다시 한 번 감사드린다.
266 구자진, 2003, 앞의 글, 12~19쪽.

복원된 집자리는 중부내륙지역의 이른 시기(Ⅰ기)에 해당하는 것으로 4주식의 기둥배치와 모임지붕(뿔형)의 구조로 복원하였다. 앞서 살펴본 사주-도리식의 구조로 복원한 것이다. 이러한 가구방식으로의 복원은 집자리가 비교적 이른 시기에 해당하며, 강안의 충적대지에 입지해 있는 점을 고려하여 선택한 것이다.

(3)_ 오산리식 집자리의 복원

오산리식 집자리는 오산리 C유적의 1호 집자리를 대상으로 복원을 시도하였다. 오산리 유적은 1980년대 초에 신석기시대 집자리 11기가 조사되어 중부동해안지역의 신석기문화를 이해하는데, 중요한 역할을 하였다. 그러나 발굴조사된 집자리는 내부구조가 잘 남아 있지 않아서인지 아니면 발굴조사시 문제인지는 판단할 수 없지만, 신석기시대 地上家屋으로 당시 판단하였다. 그러나 최근 예맥문화재연구원에 의해 조사된 지역(오산리 C유적)에서는 시기를 달리하는 6기의 신석기시대 집자리가 조사되었고, 비교적 잔존상태가 양호하여 오산리 유적 집자리가 움집터임이 확인되었다. 그 중에서 오산리 유적의 가장 이른 시기(Ⅰ기)를 대표하는 것이 1호 집자리로 판단되어 복원대상으로 선정하였다.

1호 집자리는 방형으로 규모는 길이 7m, 너비 6.9m, 잔존깊이 0.5m이다. 바닥에는 5~8cm 내외의 점토다짐을 하였으며, 집자리의 중앙에는 60×50cm 규모의 방형 화덕자리가 위치해 있는데, 네 면에 모두 천석을 너비 방향으로 세워 만들었다. 집자리의 서편에는 모루돌, 망치돌과 함께 숫돌 등이 출토되었으며, 주변으로 석영제 격지 등이 흩어져 있어 집자리 내에서의 석기 제작행위를 엿볼 수 있다.

복원된 집자리는 중동부지역의 이른 시기(Ⅰ기)에 해당하는 것으로

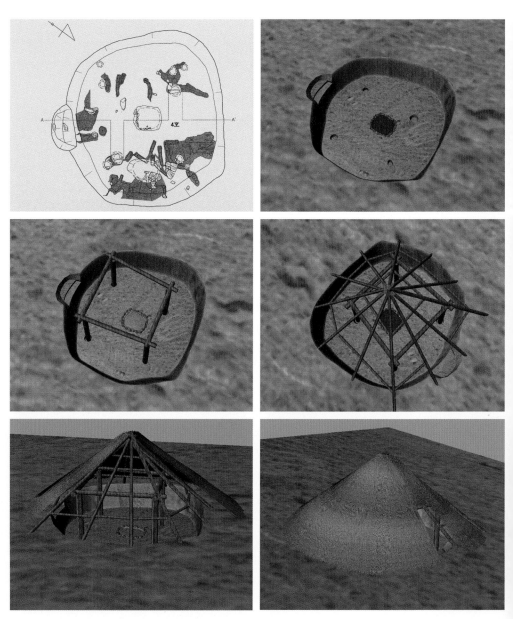

그림 4-4 암사동식 집자리 복원도1(암사동 유적 74-4호)

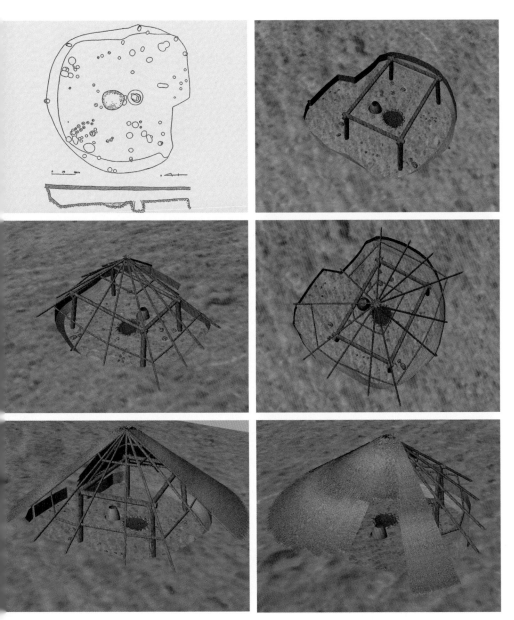

그림 4-5 암사동식 집자리 복원도2(궁산 유적 4호)

기둥구멍은 확인되지 않았으나, 오산리 A유적의 4호와 8호 집자리에서 확인된 초석(?) 혹은 4주식의 기둥구멍 배치를 통해 모임지붕(뿔형)의 사주-도리식의 구조로 복원하였다. 이러한 가구방식으로의 복원은 암사동식 집자리와 마찬가지로 신석기시대 이른 시기에 해당하며, 해안의 사구지대에 입지해 있는 점을 고려하여 선택한 것이다.

(4)_ 운서동식 집자리의 복원

운서동식 집자리는 운서동 I-1-3호 집자리를 대상으로 복원을 시도하였다. 집자리의 평면형태는 외면이 일부 굴곡이 확인되지만 원형에 가깝고, 내면은 방형에 가깝다. 집자리의 규모는 외면은 길이 5.34m, 너비 5.05m이며, 주공간은 길이 3.8m, 너비 3m이다. 외면에서 출입구가 조성된 동쪽 벽을 제외한 삼면이 ⊂형을 띠며, 방형의 생활공간으로 갈수록 완만하게 경사져 있다.

화덕시설은 집자리 중앙에서 원형의 구덩식 화덕자리가 확인되었으며, 규모는 길이 72㎝, 너비 60㎝ 정도이다. 출입구시설은 동쪽 벽의 약간 하단부에 조성되었는데, 이는 집자리가 입지한 지형의 만입부와 같은 방향에 위치하는 것으로 바람의 영향을 최대한 고려한 것으로 추정된다. 생활공간의 동쪽 벽에 돌출된 구조를 띠며, 규모는 길이 1.35m, 너비 1.05m이다.

기둥구멍은 집자리의 각 모서리나 외부에서 조사되었다. 방형의 생활공간내 각 모서리에 일정한 간격으로 조사되었는데, 지름 30~50㎝, 깊이 40~50㎝이다. 중심 기둥구멍과 인접한 곳에는 지름 20㎝ 내외, 깊이 15㎝ 미만의 보조기둥이 확인되었다.

운서동식 집자리는 중부서해안지역의 I기에 해당하는 것으로 집자리의 내부공간의 활용 및 확장을 위한 단시설과 돌출된 출입구시

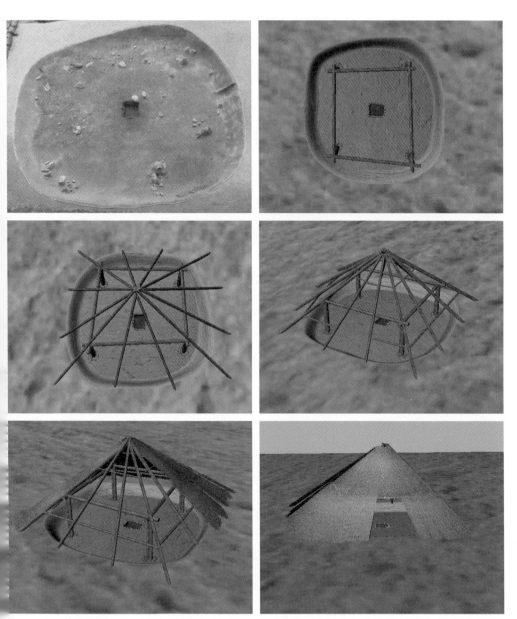

그림 4-6 오산리식 집자리 복원도(오산리 C유적 1호)

설, 4주식 기둥배치, 구덩식 화덕자리 등의 구조적 특징을 지닌다.

또한 중부이남지역의 신석기시대 이른 시기(Ⅰ기) 집자리는 대부분 강안의 충적대지 혹은 해안 사구지대에 입지하는데 반해, 구릉지역에 입지하는 양상을 보인다. 이러한 점을 감안하여 운서동식 집자리는 서까래가 지표면과 떨어지기 시작하는 단계의 집자리로 복원하였다.

(5)_ 신길동식 집자리의 복원

신길동식 집자리는 안산 신길동 유적의 보고서가 발간되지 않은 관계로 도면을 확보할 수 있는 동일한 시기와 성격을 띤 능곡동 유적의 14호 집자리를 대상으로 복원을 시도하였다. 14호 집자리의 평면형태는 방형이며, 규모는 길이 3.87m, 너비 3.68m, 잔존깊이 0.45m이다. 집자리의 중앙에는 원형의 구덩식 화덕자리가 위치하며, 규모는 50×40㎝이다. 집자리의 기둥구멍은 집자리의 네 모서리에 배치된 4주식이며 주위에 보조기둥구멍도 확인되었다.

복원된 집자리는 중부서해안지역의 Ⅱ기에 해당하는 것으로 4주식의 기둥배치와 맞배지붕(용마루형)의 구조로 복원하였다. 앞서 살펴본 주심도리식의 구조로 복원한 것이다. 이러한 가구방식으로의 복원은 신길동식 집자리가 Ⅱ기에 해당하는 집자리로 앞선 시기보다 발전된 구조를 지녔다고 생각되며, 강안의 충적대지나 해안 사구지대가 아닌 구릉지역에 입지해 있는 점을 고려하여 선택한 것이다. 또한 4주식 기둥배치도 이른 시기의 기둥배치는 집자리 내부쪽으로 들어와 배치되어 있는 반면, 신길동식 집자리는 집자리의 모서리 부분에 위치하는 정형을 보이고 있어 모임지붕보다는 벽 시설이 드러나는 맞배지붕으로의 복원이 좀 더 합리적이라 생각되기 때문이다.

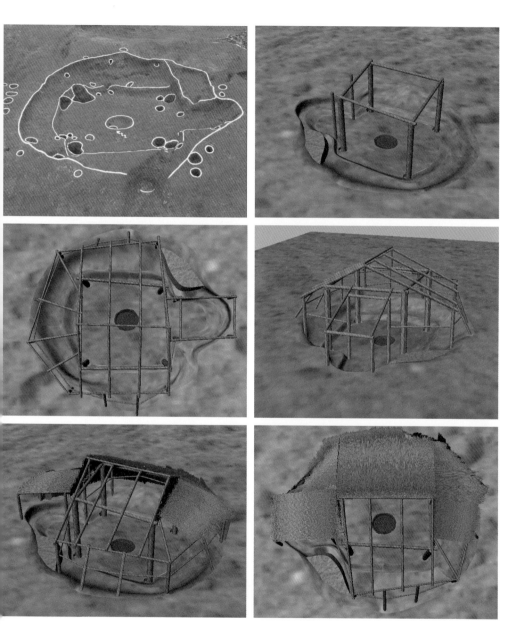

그림 4-7 운서동식 집자리 복원도(운서동 유적 ㅣ-1-3호)

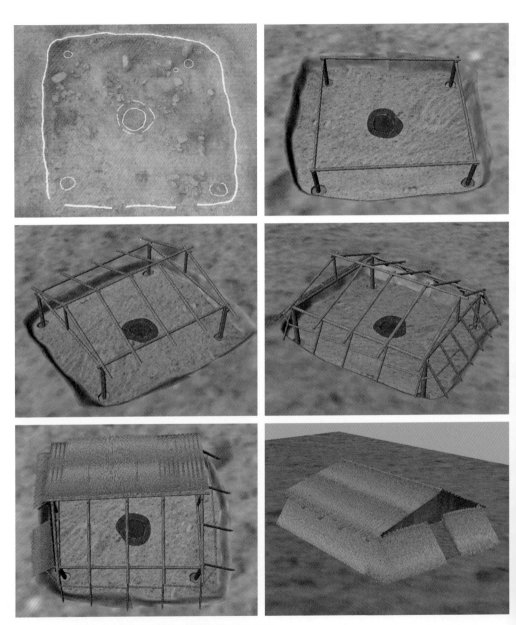

그림 4-8 신길동식 집자리 복원도(능곡동 유적 14호)

⑹_ 대천리식 집자리의 복원

　　대천리식 집자리는 기존에 필자에 의해 복원된 옥천 대천리 집자리와 최근에 조사된 계룡 용동리 집자리를 대상으로 복원을 시도해 보았다. 대천리 신석기시대 집자리의 평면형태는 장방형으로 동벽의 가장자리 일부가 유실되었으나 완전한 형태에 가깝다. 집자리의 크기는 잔존 동서 길이 9.5m, 남북 너비 5.1m, 최대 깊이 0.35m이며, 면적은 약 48.5㎡에 해당한다. 집자리의 북벽 서쪽 부분에는 움벽에 찰흙을 발랐던 흔적이 남아 있었고, 그 주변의 바닥부분은 불을 먹어 붉은 색을 띠며 단단하게 굳어진 흙덩이가 드러나 있었다. 움벽 겉면은 찰흙과 풀(갈대 혹은 짚)을 섞어 덧바른 것으로 나타났다.

　　집자리 내부에서는 많은 수의 기둥구멍과 소형 구덩이 확인되었다. 이 중 집자리의 동벽 가장자리와 서쪽부분의 남·북벽에 인접해 있는 기둥구멍은 중심기둥구멍으로 판단된다. 4개의 중심기둥구멍은 다른 구덩이들의 지름이 20~50㎝인데, 반해 60㎝ 이상으로 넓다.

　　또한 중심기둥구멍의 깊이는 65㎝ 이상인데, 다른 구덩이들의 깊이는 약 20~50㎝로 차이를 보이고 있다. 중심기둥구멍의 바닥에는 회색 찰흙이 단단하게 굳어 있는 상태로 조사되었는데, 기둥을 세우기 위해 기초다짐을 한 것이 아닌가 추정된다. 남벽에는 움벽기둥의 흔적으로 추정되는 작은 구멍(지름 약 20~35㎝, 깊이 약 15~40㎝)들이 움벽과 바로 인접하여 열을 이루고 있으며, 각 기둥구멍 사이의 거리는 약 50~70㎝이다. 남벽과 달리 북벽의 소형 기둥구멍은 벽에서 약 30~40㎝ 정도 떨어져 있으며, 각 기둥구멍 사이도 남벽에 비하여 고르지 않게 나타난다. 생활공간의 가운데 부근에서는 2기의 화덕자리가 조사되었다. 화덕자리는 바닥을 약 8~10㎝ 깊이로 약간 파서 만들었으며, 평면형태는 말각방형이다. 서쪽에 위치한 화덕자리1의 크기는 68×67㎝이며, 동쪽의 화덕자리2는 65×62㎝로 크기가 서로 비슷하다. 부속공간의 중앙에는 평면형태가 부정형을 띠며, 2단 구조로 이루어진 움구덩이 1기 조사되었다. 움구덩의 전체 크기는 길이 1.67m, 너비 1.4m, 깊이 0.81m이다.

부속공간의 서벽 바깥부분에 인접하여 타원형구덩이 조사되었으며, 크기는 길이 1.6m, 너비 0.94m, 깊이 0.74m이다. 구덩 안에는 바닥부터 회백색 찰흙, 흑갈색 모래질찰흙, 갈색 모래질찰흙, 흑갈색 모래(재층 포함), 황갈색 모래가 차례대로 쌓여 있었다. 맨 위층과 바닥층을 제외한 모든 층에서 나무숯과 불탄 흙덩어리가 섞여 있었다. 이러한 과정을 컴퓨터 프로그램[267]을 이용하여 복원한 것이 바로 **그림 4-9**이다.

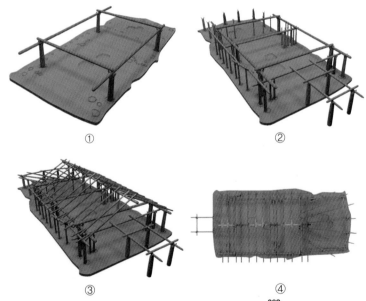

①   ②

③   ④

그림 4-9 대천리 신석기시대 집자리의 복원 과정 추정(①→②→③·④)[268]

---

267 대천리 집자리의 복원은 MAX, CAD, Lightscape, Photoshop Program을 사용한 것이다.

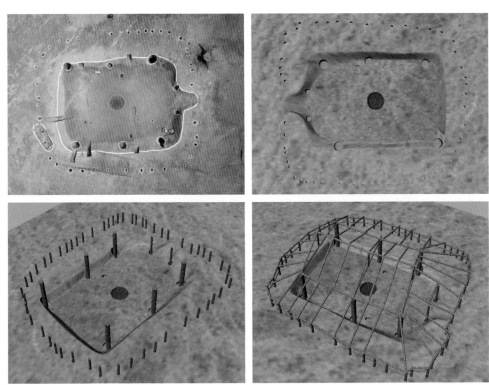

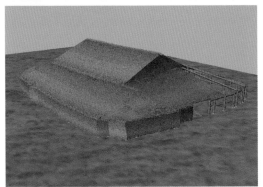

그림 4-10 대천리식 집자리 복원도(용동리 유적)

___
268 구자진, 2003, 앞의 글, 19쪽.

대천리식 집자리 중 최근 조사된 계룡 용동리 유적의 1호 집자리는 대천리식 집자리의 가장 발전된 모습의 온전한 상태로 보여주고 있어 매우 주목되는 집자리이다. 집자리의 입지는 다른 대천리식 집자리와 동일하여 구릉의 정상부에 단독으로 입지하는 양상을 보인다. 집자리의 평면형태는 장방형이며, 지형경사의 아래쪽으로 돌출된 출입시설을 두었다. 규모는 남북길이 9.68m, 동서너비 7m, 잔존깊이도 정확한 수치가 제시되지는 않았지만 필자의 실견으로는 약 1m 정도 되는 것으로 추정된다.

집자리 내부에서 확인되는 시설은 출입시설과 바닥 중앙에서 1기의 구덩식 화덕자리가 있으며, 집자리 벽가에서 기둥구멍이 조사되었다. 출입시설은 '∩'자상으로 돌출되어 있는데, 규모는 남북길이 1.5m, 동서너비 1~1.7m 내외이다. 화덕자리는 원형으로 규모는 지름 1.38m 정도이다. 기둥구멍은 비교적 정연한 배치를 보이는데, 우선 네 벽면의 모서리 부분에 각각 1기씩 대형 기둥구멍을 배치하였으며, 장벽의 중앙에 각각 1기의 기둥구멍이 대칭되게 위치한다. 그리고 남쪽 단벽면의 출입시설 양쪽에도 대칭되게 기둥구멍이 확인된다. 모서리와 장벽면의 기둥구멍은 지름 50~70㎝에 깊이 140㎝ 내외로 매우 깊고 단단하게 축조되어 있다. 그러나 출입시설 양쪽의 기둥구멍은 지름 50㎝에 깊이 50㎝ 내외로 출입시설 조성을 위한 보조적 성격의 형태로 확인되었다.

집자리 관련 시설 가운데 주목되는 것은 집자리 외곽의 기둥구멍열이다. 이들 기둥구멍은 지름 25~30㎝ 내외에 깊이 10~40㎝ 내외의 크기이며, 개별 기둥구멍 간의 간격은 50~100㎝로 확인되었다.

(7)_ **송죽리식 집자리의 복원**

송죽리식 집자리는 잔존상태가 가장 양호한 송죽리 유적의 6

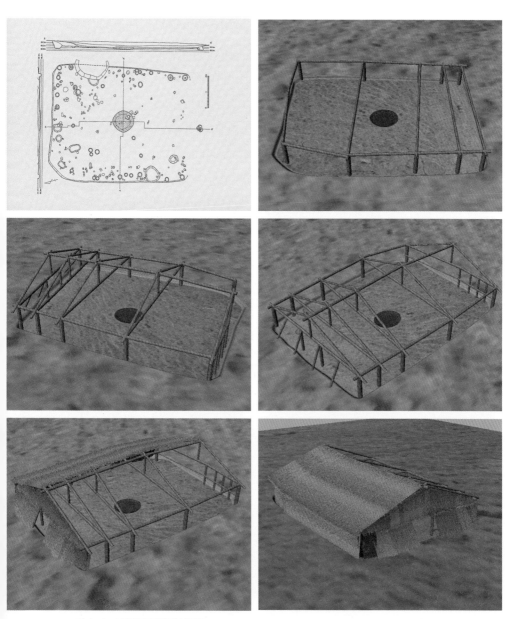

그림 4-11 송죽리식 집자리 복원도(송죽리 유적 6호)

호 집자리를 대상으로 복원을 시도하였다. 6호 집자리는 장방형으로
규모는 길이 10.3m, 너비 7.4m, 잔존깊이 0.6m, 면적 76.2㎡이다. 내
부시설은 화덕자리 1기와 저장구덩과 기둥구멍을 비롯한 구덩이 들
이 확인되었다. 화덕자리는 집자리의 중앙에 위치하며 구덩식이다.
화덕자리의 규모는 148×130㎝이며, 원형에 가깝다. 기둥구멍은 집
자리의 가장자리와 내부에서 다수 확인되었다. 그 중에는 내부 바닥
에 납작한 돌을 깔아 주초석을 설치한 것도 4개가 조사되었다. 외부
시설은 집자리 남쪽 중간의 집자리 윤곽선이 끝나는 지점으로부터
1m 떨어진 지점에서 노출된 기둥구멍이 있다. 이 기둥구멍은 출입시
설의 위치와 관련된 것으로 보인다.

　복원된 집자리는 남부내륙지역의 Ⅱ기에 해당하는 것으로 일정한
간격의 기둥배치와 벽가를 따라 벽체시설을 위한 기둥구멍이 확인되
고 있어 맞배지붕의 주심도리식 구조로 복원하였다. 그러나 주심도
리식의 구조라 할지라도 송죽리식 집자리는 대천리식 집자리와는 달
리 내력계통의 심벽형태를 지니고 있었을 것으로 추정된다. 이러한
가구방식으로의 복원은 집자리가 Ⅱ기에 해당하며, 전 단계의 모임
지붕보다는 발전된 단계로 집자리의 형태나 규모를 고려하여 선택한
것이다.

(8)_　범의구석식 집자리의 복원

　　범의구석식 집자리는 무산 호곡 범의구석 유적의 9호 집자리
를 대상으로 복원을 시도하였다. 9호 집자리는 방형으로 규모는 한
변의 길이가 약 3.8m, 잔존깊이 1.08m이다. 집자리 바닥은 생토층을
그대로 사용하였으며, 15개의 기둥구멍이 동서남북 방향으로 각각 4
줄로 배치되어 있다. 화덕자리는 집자리의 중앙에서 약간 치우쳐 원

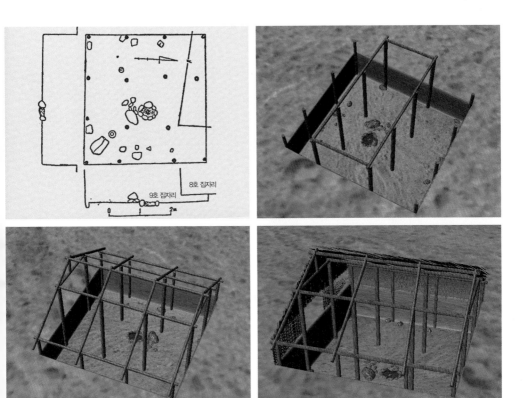

그림 4-12 범의구석식 집자리 복원도(범의구석 유적 9호)

형의 돌두름식 구조를 띠고 있는데, 규모는 지름 60㎝이다. 복원된 집자리는 동북지역의 가장 늦은 시기에 해당하는 것으로 앞서 살펴본 맞배지붕(용마루형)의 이중도리식의 구조에 해당한다. 이러한 가구방식으로의 복원은 선사시대 움집의 가장 발전된 구조를 보이는 것으로 판단된다.

4_ 움집 복원을 통해 본 가구방식의 변화

지금까지 우리나라 신석기시대 대표적인 집자리에 대해 복원을 시도해 보았다. 고고학 연구에 있어 당시 시대(시기)상의 변화를 관찰하는 대상 가운데 가장 민감한 변화를 보이는 것은 유물이며, 그 중에서도 토기를 대상으로 기형 혹은 문양의 변화에 따라 시간 혹은 공간적인 흐름을 파악하고 있다. 여기에 기종의 유무를 비롯하여 조합양상을 통해 시기를 구분하는 기준으로 사용되고 있다. 반면 집자리를 비롯한 유구는 유물에 비해 그 변화상이 매우 더디게 진행되며, 세부적인 속성에 있어서도 변수가 유물에 비해 적은 편에 속한다. 그렇기 때문에 집자리 구조변화에 따른 시기별 특징을 찾아내는 작업은 쉬운 편이 아니다. 그러나 신석기시대 집자리를 비롯한 선사시대 집자리는 그 존속시기가 다른 분석 대상보다 길지만, 그 자체내에서 내부적인 발전과정을 관찰할 수 있다. 대표적인 것 중 하나가 집자리의 상부구조, 즉 가구방식의 변화양상이다.

임영진은 집자리의 평면형태를 통해 원형은 중심을 축으로 공간을 분할하면 동일한 성격을 갖는 공간으로 나누어지고, 방형은 보다 다양한 성격을 갖는 공간으로 분할이 되며, 장방형은 그 정도가 더욱 크다고 보았다. 이와 같이 공간의 성격이 다른 것은 결국 그 내부에 거주하는 사람들의 생활양식이 다르다는 점과 상통하는 것으로서 시대의 변천과 함께 생활양식도 다양한 방향으로 변하면서 사람들이 거주하는 생활공간 역시 다양한 성격의 공간으로 변해간다고 보았다[269]. 또한 장방형 집자리는 단변 길이가 방형 평면의 집자리와 비슷하여 방형 평면에서 한 방향으로 확장시킬 수 있게 됨에 따라 자연스럽게 채택된 평면형이라 할 수 있다.

움집의 복원에서 가장 중요한 지붕의 가구방식 변화는 처음 서까래만을 사용한 구조에서 점차 기둥을 사용하는 구조로 발달한다. 기둥만으로 서까래를 지탱하는 구조는 움집의 규모를 확장하는데는 많은 구조적 한계가 따르며, 기둥은 독립적으로 횡력에 대응하기 위해 기둥구멍을 깊이 파서 세워야 한다. 따라서 움집의 구조나 시공에 많은 불합리함이 있다. 이에 기둥의 배열은 점차 규칙성을 지니게 되며, 지붕의 물매에 맞추어 기둥의 높낮이를 조절하여 평주와 고주의 개념도 정립된다. 기둥의 규칙적인 배열과 더불어 서까래를 합리적으로 걸기 위해 사용한 닭머리납과 같은 수평부재는 도리로 발전하게 된다. 또한 구조적인 견고함과 시공의 편리함을 추구하면서 기둥 상부를 결속할 필요성이 대두되었고, 이에 따라 도리가 출현한 것으로 추정된다. 도리의 사용에 의해 기둥상부의 결속력이 강화되었으며, 따라서 기둥구멍의 깊이는 점차 얕아지게 되었고 원시적인 초석의 사용도 가능하게 되었다. 이를 통해 움집의 규모는 더욱 확장되고 시공도 그 만큼 편리해졌다.

도리는 기둥의 배열에 맞추어 주심도리·중도리·종도리 등으로

---

269 林永珍, 1985, 앞의 글, 109~111쪽.

분화된다. 기둥과 도리의 사용은 장방형 평면의 발달을 초래하였고, 이에 따라 지붕의 형식도 뿔형에서 맞배나 우진각형으로 다양해졌다. 장방형 평면에 적합한 구조에 대한 다양한 시도는 결국 기둥과 도리 외에 보와 대공을 사용하는 구조로 발전하게 되며, 도구의 발달과 더불어 촉과 같은 새로운 결구법이 등장하게 된다[270].

결국 신석기시대 움집의 상부구조는 무주식-뿔형에서 보강기둥식-뿔형, 그리고 기둥식-뿔형으로의 변천과정이 있었던 것으로 추정된다. 이중 이중도리식-뿔형은 움의 평면을 방형으로 유지하면서 두 방향으로 평면을 확장할 수 있는 구조로 방형에서 장방형 평면의 구조로 넘어가는 과도적인 성격을 지닌다고 할 수 있다. 기둥과 도리의 사용에 따른 구조의 발달은 평면의 확장을 가능하여 장방형 움집을 짓는 것이 가능해졌으며, 지붕의 형태도 맞배나 우진각 등으로 다양해졌다. 용마루형으로 분류한 구조유형은 중심열주식, 주심도리식, 중심열주 · 주심도리식 그리고 이중도리식으로의 다양한 시도와 발전과정을 통해 장방형 움집을 더욱 합리적으로 세울 수 있게 되었다.

한편 신석기시대 늦은 시기에는 보와 대공을 사용했을 가능성이 높다. 즉 기둥과 도리, 보 및 대공을 사용하는 구조로 발전하였으며, 이는 후대 민도리집의 기본적인 틀이 완성되었다는 점에서 중요한 의미를 지닌다고 할 수 있다. 신석기시대 후기에 이르게 되면 보와 대공을 사용하는 발달된 구조법의 채용과 더불어 새로운 결구법이 사용되기 시작하였을 가능성이 높다. 보와 대공의 사용은 수평재 위에 수직재를 올려놓아야 하는 기술적으로 좀 더 어려운 문제가 제기

---

270 김도경 · 주남철, 1998, 앞의 글, 184쪽.

된다. 보 위에 대공을 올려놓을 때의 결구방법으로 촉을 사용하였을 가능성이 높은데, 이러한 새로운 결구수법은 움집의 구조가 발전하는데 큰 역할을 하였을 것이다[271].

결국 신석기시대 움집은 이른 시기(Ⅰ기)에는 원추형 혹은 사각추형의 지붕구조를 보이다가 Ⅱ기에 이르면 지붕의 서까래가 지표에서 떨어지는 구조로의 변화가 나타난다. 이러한 구조의 변화는 집자리의 입지 변화와 함께 대형 장방형 집자리의 본격적인 등장(대천리식, 송죽리식 집자리 등) 혹은 방형의 정형화된 4주식 집자리의 등장과 맞물려 일어난다. 이러한 변화는 결국 집자리의 입지에 따른 생계방식의 변화와도 관련된 것으로 판단된다.

---

271 김도경·주남철, 1998, 앞의 글, 184쪽.

제5장

마을의 구조와 변천

본장에서는 지금까지 살펴본 집자리의 형태 및 구조상의 변화와 함께 주목해야할 마을의 입지와 구조에 대해 살펴보고자 한다. 이는 집자리를 비롯한 마을의 구성요소에 어떠한 변화가 관찰되는가 하는 것 역시 당시 사회·문화상의 변화를 추정할 수 있는 좋은 자료가 되기 때문이다. 여기에서는 이러한 점을 염두에 두고 기존 마을에 대한 연구성과와 함께 새롭게 조사된 유적을 중심으로 마을구조와 입지의 변화상에 대해 검토해 보겠다.

우리나라 신석기시대 집자리 유적 중 마을 단위를 파악할 수 있는 유적은 많지 않으며, 기존에 다수의 집자리가 조사된 유적의 경우에도 집자리의 층위에 따른 시기적인 선후관계가 뚜렷하게 드러난 유적이 드물어 동시기성의 문제로 인해 마을에 대한 연구는 거의 전무하다시피 하였다.

그러나 1990년대 말부터 시작된 고고학에 있어서의 마을(聚落)에 대한 관심은 청동기시대 마을을 중심으로 본격화되었다. 이러한 마을연구는 당시 사회조직 및 계층화 등 다양한 해석을 통해 그 시대상을 밝혀보려는 작업과 병행되고 있다. 그러나 신석기시대 마을연구는 2000년대 이후에 들어서면서 유적의 증가와 함께 초보적인 검토가 이루어지고 있다. 이는 고고학 자료와 연구자의 미비에 따른 결과이기도 하지만, 우리나라 신석기시대 생계방식을 수렵·채집에 중점을 둔 사회로 판단하는데, 더 큰 원인이 있다. 결국 우리나라의 신석기시대는 정주생활보다 이동생활에 중점을 둔 생계방식을 지닌 것으로 본 시각에서 비롯된 것이다. 그러나 최근에는 신석기시대에 초보적인 농경을 기반으로 정주생활이 시작되었다는 견해에 대해 이견이 없으며, 집자리 구조 및 마을의 구성과 공간배치에서도 변화양상이 드러날 것으로 판단된다.

1_ 마을의 입지와 규모

신석기시대 마을구조는 집자리의 입지와 매우 밀접한 관련이 있음은 주지의 사실이다. 지금까지 조사된 집자리와 마을의 입지는 시기 혹은 지역별로 차이를 보인다[272]. 먼저 중부내륙지역의 경우에는 이른 시기의 암사동이나 삼거리 유적처럼 강변의 충적대지에 위치한 반면, 늦은 시기의 호평동 지새울, 신대리, 판교동, 사송동, 화

---

[272] 우리나라의 북부지역, 즉 동북지역과 서북지역을 비롯하여 대동강·황해도지역의 신석기시대 집자리는 시기나 지역에 따라 입지가 구분되기보다는 구릉의 평탄한 지역이나 사면, 혹은 강안의 충적대지에 주로 분포하는 양상을 보인다. 또한 대동강·황해도지역과 동북지역은 동일 지역내에서 시기를 달리하는 집자리가 중복되어 있어 시기에 따른 입지 변화가 뚜렷하게 드러나지 않는다.

접리, 덕송리 유적 등은 강변의 충적대지에서 벗어나 내륙지역의 구릉사면 혹은 계곡 말단부에 입지하는 양상을 보인다. 마을의 입지 변화와 함께 규모도 확연히 구분되는데, 이른 시기에는 대규모 마을을 이루며, 늦은 시기에는 1~3기의 소규모 군집(마을)을 이룬다.

중부내륙지역에서의 마을 규모 축소현상은 지금까지 이 지역에서 Ⅱ기에 해당하는 집자리 유적이 불분명하여 어떠한 변화과정을 거쳤는지 구체적으로 논하기 어렵지만, 동일 지역권 중 북·남한강유역에서 Ⅱ기에 해당하는 집자리 유적이 최근 다수 확인되고 있어 한강·임진강유역에서 북·남한강유역으로 집단의 확산 및 이주가 이루어졌을 가능성이 존재한다. 이와 같은 가능성은 집자리 구조에서도 확인되는데, 집자리의 평면형태가 양 지역 모두 원형과 방형이 주류를 이루며, 규모도 4~5m 내외로 유사하다. 또한 화덕자리의 구조가 돌두름식으로 한강·임진강유역의 이른 시기 집자리와 동일한 구조를 띠고 있어 두 지역 간에 밀접한 관계가 있음을 알 수 있다.

이는 두 지역 모두 강변의 충적대지에 입지하며, 출토된 빗살무늬토기를 통해 한강·임진강유역의 집단이 북한강유역을 거쳐 중부동해안지역으로 이주하였다는 견해와도 상통하고 있다[273]. 결국 중서부지역의 집단이 중부동해안지역으로의 확산 혹은 이주가 이루어졌을 가능성은 충분하다. 그 원인에 대해서는 자연적인 인구증가와 이에 따른 집단의 이동, 초보적인 농경의 확산에 다른 생업경제상의 변동 등 여러 가지 요인이 제기되고 있지만[274], 이 지역 집자리 유적의 도구 조합양상 혹은 자연유물을 통해서는 잘 드러나지 않는다.

---

273 임상택, 2004, 앞의 글.
274 임상택 2006a, 앞의 글.

중부서해안지역에서는 시기에 따른 집자리의 입지변화는 관찰되지 않는다[275]. 대부분 나지막한 구릉지역의 정상부나 사면부에 위치하고 있어 중부내륙지역의 Ⅰ·Ⅱ기 집자리 유적과는 상반된 입지양상을 보인다. 그러나 마을의 규모에 있어서는 2~5기 정도의 소규모 마을(군집)과 대규모 마을로 대별되는데, 전자는 대부분 충남북부 해안지역에 위치하고 있으며, 후자는 경기남부 해안지역에 집중된 양상을 보인다. 후자의 대표적인 유적으로는 시흥 능곡동 유적과 안산 신길동 유적, 용인 농서리 유적, 삼목도 유적 등이 있으며, 이들 유적의 보고서가 발간되지 않아 정확한 시기를 판단하기 어렵지만, 2~5기의 소규모 마을과 10여기 이상의 대규모 마을은 필자의 Ⅱ기 안에 포함되나, 경기남부 해안지역의 능곡동, 신길동, 농서리 유적이 충남북부 해안지역의 2~5기의 소규모 마을(성내리, 풍기동, 백암리, 기지리, 장재리 유적 등)을 이루는 유적보다 상대적으로 이른 시기일 가능성이 있다. 앞으로 대규모 마을과 소규모 마을 간의 집단 성격에 대해 좀 더 구체적인 논의가 이루어져야 하겠지만, 이들 집자리가 동일한 구조와 특징을 보이고 있어 같은 문화를 지닌 집단으로 판단되며, 母子集團으로의 관계를 상정해 볼 수 있다. 즉 경기남부 해안지역의 집단(母集團)이 충남북부 해안지역(子集團)에 영향(집단의 확산?)을 주었을 것으로 판단된다[276].

---

275 중부서해안지역에서의 시기별 집자리와 마을 유적의 입지변화가 잘 드러나지 않는 이유 중 하나는 아직 필자의 Ⅰ기와 Ⅲ기에 해당하는 집자리 유적의 수가 적어 나타나는 현상일 수도 있으며, 해안 및 섬 지역의 신석기시대 조개더미 유적들과의 관련성도 생각해 볼 수 있다. 즉 Ⅰ기와 Ⅲ기에 해당하는 집자리 유적의 일부는 해안 및 섬 지역의 조개더미 유적과 관련하여 주변지역에 잔존해 있을 가능성이 존재한다(구자진, 2009e, 「서·남해안지역 신석기시대 조개더미 유적의 집자리 의미」 『한국신석기연구』18, 한국신석기학회).

중부동해안지역은 마을의 입지변화가 가장 뚜렷하게 드러나는 지역 중 하나이다. 이 지역 Ⅰ기에 해당하는 오산리와 문암리 유적은 사구가 시작되는 구릉 가까운 지역(대체로 석호 인근)에 확인되는데, 해안선을 따라 형성된 송지호, 청초호, 쌍호, 경포호, 풍호 등 석호 주변의 사구지대에는 예외 없이 유적이 형성되어 있다[277]. Ⅱ기의 가평리, 지경리, 송전리, 초당동, 하시동 유적 등은 사구지대의 중간이나 Ⅰ기 유적의 상층에 위치하며, Ⅲ기에 이르면 사구지대를 벗어나 구릉지역에 입지하는 양상을 보이고 있어 시기에 따른 집자리의 입지 선정에 변화가 나타나고 있음을 알 수 있다[278].

마을의 규모는 Ⅰ기나 Ⅱ기의 경우 대부분 2~3기의 소군집 형태로 확인되고 있으나, Ⅰ기의 오산리 유적과 Ⅱ기의 지경리 유적은 현재까지의 발굴조사 결과를 통해 보면 비교적 대규모 마을을 형성하였을 가능성도 존재한다. 이후 Ⅲ기의 철통리 유적에서는 다시 마을의 규모가 커지는 경향을 보인다[279]. 그러나 Ⅰ기와 Ⅱ기의 집자리보다

---

276 임상택은 대규모 마을유적이 발굴되면서 기존의 마을 구조와 규모에 대한 견해를 일부 수정하여 중서부지역 Ⅰ기 후반부터 대규모 마을이 등장하기 시작하였고, 이는 이 시기에 초보적인 농경이 도입·수용되었을 가능성이 높다고 판단하였다(2010, 「영종도의 신석기문화」『영종도의 고고학』, 인천대학교 인천학연구원).

277 사구지대는 해수의 영향의 적고, 배수에 유리한 지형적 이점이 있을 뿐만 아니라 해풍에 의한 피해도 적다. 특히 석호 주변의 환경은 다양한 생물종을 갖추고 있어 생계유지에도 유리하다. 석호 주변의 사구지대가 갖추고 있는 이점과 더불어 사구지대 배후의 구릉지역에서 사냥, 도토리 등의 견과류 채집 등 수렵, 채집활동이 가능하다는 점에서 선사유적이 입지할 최적의 조건을 갖추고 있다고 할 수 있다.

278 구자진, 2007b, 앞의 글, 45~46쪽.

279 전체 마을 규모를 추정할 수 있는 중부동해안지역의 신석기시대 유적은 지금까지 거의 조사되지 않았다. 이는 대부분 유적들이 소규모 민가나 도로 등의 건설에 따른 한정된 발굴조사가 이루어졌기 때문이며, 유적이 사구지대에 입지하여

철통리 유적의 집자리 자체의 규모는 작아지는데, 조사 보고자는 이를 빗살무늬토기 단계의 늦은 시기에 정주마을이 해체되고, 이동성이 강한 수렵·채집으로의 생활로 회귀하였다고 보았다[280]. 결국 철통리 유적은 신석기시대 마을의 소형화와 집자리 규모의 축소에 따른 집단의 분산화가 가속화된 한 단위의 세대공동체 마을일 가능성이 있다고 본 것이다. 또한 철통리 유적은 이전 시기의 집자리가 입지한 사구지대와 달리 구릉지역에 위치하는 것으로 볼 때, 신석기시대 후기에 해수면 상승으로 인해 마을이 구릉지역으로 이동하면서 집자리의 입지와 관련하여 집자리 규모의 변화가 일어났을 가능성을 제기하고 있다[281].

그러나 이시기 중부동해안지역의 해수면상승과 관련된 적극적인 증거는 밝혀진바 없으며, 집자리 규모의 축소양상은 철통리 유적에서 확인되나, 마을의 소형화는 Ⅱ기의 유적과 비교해 소형화 되었다고 판단하기 어렵다. 또한 정주마을의 해체 후, 이동성이 강한 수렵·채집으로 회귀하였다는 주장은 지금까지의 고고학 자료로 판단할 때, 가정하기 힘든 주장에 불과하다[282]. 그러면서도 보고자는 철통

일부 다른 시대의 유구들과 중복된 양상으로 확인되기 때문에 동시기의 마을 규모를 파악하기 어려운 점도 있다.

280 이는 중서부지역의 후기에 보이는 정주성 감소와 이동성의 증가에 따른 마을규모의 소형화와 이후 마을의 해체가 이루어진다고 본 임상택(2006a)의 견해와도 상통한다고 보았다(예맥문화재연구원, 2009, 『고성 철통리유적』).

281 예맥문화재연구원, 2009, 앞의 보고서.

282 철통리 유적에서는 그물추 21점, 돌도끼 6점, 갈돌 3점, 갈판 1점, 모룻돌 1점, 숫돌 1점, 찰절석기 1점 등의 석기가 출토되었으며, 이들 석기는 수렵·어로구, 목제가공구, 식량가공구, 공구류 등에 해당한다. 결국 철통리 유적은 수렵채집구가 확인되지 않는 특징을 보이고 있어 이 시기의 생계방식이 수렵·채집 생활로 회귀 하였다는 근거는 전혀 없다.

리 유적의 일부 집자리에서 집중 출토된 석기를 토대로 집자리별 생업분화를 추정한 모순점이 지적된다.

이와 같은 중부동해안지역에서의 신석기시대 마을의 입지변화는 다른 지역과 마찬가지로 생계방식의 변화와 밀접한 관련이 있는데, 필자의 Ⅱ기에 해당하는 초당동, 지경리 유적의 석기조합양상을 통해 유추해 볼 수 있다. 두 유적은 석기조합양상이나 개별기종의 형태적 특징에서 매우 유사한 특징을 보이며, 기종구성에서 수렵·어로구가 상당한 양을 차지하지만, 굴지구와 돌낫이 확인되고 있어 주목되고 있다. 굴지구류를 비롯한 식량채집구의 석기가 소수에 불과하지만, 이는 초보적인 농경과 관련된 석기로 Ⅱ기 단계에 초보적인 농경이 이루어졌음을 짐작할 수 있다. 그러나 초보적인 농경과 관련된 석기보다는 수렵·어로구가 많은 양을 차지하고 있다는 점이 이 지역 Ⅱ기의 특징이다.

충청내륙지역의 대표적인 집자리인 대천리식 집자리와 남부내륙지역 대표적인 송죽리식 집자리는 동시기 지역에 따른 입지의 차이점이 뚜렷하게 드러난다. 대천리식 집자리는 구릉지역의 정상부에 자리 잡고 있으며, 송죽리식 집자리는 강변의 비교적 넓은 충적대지에 형성되어 있다. 두 형식의 입지 선택은 생계방식과 매우 밀접한 관련이 있는 것으로 대천리식 집자리와 송죽리식 집자리를 유지하던 집단은 생계방식 혹은 집단의 성격에 상당한 차이가 있었을 것으로 판단된다[283]. 마을의 규모도 확연한 차이를 보이는데, 대천리식 집자

---

283 두 형식의 집자리는 모두 장방형의 평면형태와 구덩식 화덕자리 등 일부 유사한 면을 보이나, 4주식 기둥배치, 단벽에 돌출된 구조와 내부공간분할(대천리식 집자리), 외부 저장구덩, 야외 화덕자리(송죽리식 집자리) 등에 있어서는 차이점을 보인다(구자진, 2008a, 앞의 글).

리는 1기 혹은 2기만이 구릉지역의 정상부에 존재하는데 반해, 송죽리식 집자리는 10여기 이상의 집자리가 충적대지에 대규모 마을을 형성하고 있다.

이처럼 대천리식 집자리와 송죽리식 집자리는 입지, 구조, 마을의 구성에 있어 공통점보다는 상반된 부분이 많다. 그런데 배성혁은 이러한 상반된 부분의 해석에 있어 송죽리식 집단의 해체에 따른 대천리식 집단으로의 재편에 의한 결과로 보고 있다. 즉 송죽리 마을의 해체가 동시기 외부요인에 의해 일어났으며, 이들 집단이 개별 이주나 흩어지는 과정에서 독립 가옥형태를 지닌 대천리식 집자리를 조성하였다고 본 것이다. 그 근거로 송죽리식 집자리의 외부 저장구덩과 대천리식 집자리의 돌출된 부분을 동일한 저장구덩으로 판단하여 송죽리식 집자리의 외부 저장구덩이 대천리식 집자리의 돌출된 내부 저장구덩으로 변화하였다는 것이다. 대천리식 집자리와 송죽리식 집자리의 관계를 송죽리식 집자리에서 대천리식 집자리로 변화 혹은 해체과정에서 성립된 공통집단의 주거문화로 보면서 남부내륙지역 신석기시대 중기에서 후기로 넘어가면서 마을의 축소 및 재편성이 이루어지는 과도기적인 현상으로 보았다[284].

그러나 이러한 견해는 많은 문제점을 내포하고 있다. 먼저 송죽리식 집자리에서 대천리식 집자리로 변화해 갔다는 가정은 남부내륙지역의 신석기문화가 남해안지역에서 큰 강을 따라 확산되었다는 기존의 인식 틀 안에서 충청내륙지역의 신석기문화도 이러한 확산의 결과로 보기 때문이다. 변화의 근거로 든 저장구덩의 경우에도 그 가능성이 전혀 없지는 않지만, 분명 대천리식 집자리에서 돌출된 부분은

---

284 배성혁, 2007a, 앞의 글.

대부분 출입구시설로 보는 것이 합리적이다[285]. 대천리 유적의 집자리에서는 내부의 부속공간에 2단으로 이루어진 저장구덩이 존재하고, 돌출된 부분을 저장구덩으로 판단하기에는 아직까지 그 근거가 부족하다. 결국 집자리의 외부에서 집자리와 인접한 내부로의 저장구덩의 구조와 위치 변화를 송죽리식 집자리에 의한 영향으로 보기에는 어렵다.

결국 대천리식 집자리와 송죽리식 집자리는 집자리의 구조에 있어 일부 공통점이 확인되지만, 입지와 집자리의 내부구조, 마을의 구성에 있어서는 확연한 차이점을 보인다. 이는 두 형식이 기원전 3,500년을 전후한 한반도의 환경 및 생태적 변화에 따라 각기 다른 생계·주거방식을 채택하여 나타나는 현상으로 파악된다. 즉 송죽리식 집자리는 남해안지역의 영향을 받아, 대천리식 집자리는 중서부지역의 영향을 받아 형성된 집자리로 생각해 볼 수 있다. 특히 대천리식 집자리는 최근 조사된 영종도 운서동 유적의 집자리를 통해 그 가능성을 엿 볼 수 있다. 운서동 유적은 대규모 신석기시대 마을 유적으로 기존의 편년에 따르면 중서부지역의 이른 시기(필자 Ⅰ기)에 해당하는 유적이다. 운서동 유적의 집자리는 대부분 장방형 혹은 방형의 형태를 띠며, 구릉지역에 위치하는 점, 돌출된 출입구 시설, 구덩식의 화덕자리, 집자리 내부공간을 좀 더 넓게 활용하기 위한 단시설 등 대천리식 집자리의 모태로 생각되는 구조를 띠고 있다. 아직 가설에 불과하지만 필자는 대규모 마을을 이루던 집단이 기원전 3,500년을 전후한 시기에 환경 및 여러 요인으로 인해 생계·주거방식의 변화를

---

285 집자리에서 돌출된 부분은 위치와 내부 벽가에서 확인되는 기둥구멍 및 기둥부재(신관동 유적), 바닥의 경사도 등을 통해보면 저장구덩보다는 출입구시설로 보는 것이 타당하다고 생각된다.

궤하며, 일부는 중부서해안지역에 일부는 충청내륙지역에 정착한 것으로 생각된다. 추후 운서동 유적을 비롯한 주변지역의 신석기시대 집자리와 출토유물이 보고되면 좀 더 구체적인 논의가 가능해지리라 생각된다.

남해안지역에서 조사된 신석기시대 집자리와 마을 유적은 모두 조개더미 유적과 관련된 유적으로 지금까지 살펴본 지역의 마을과는 입지와 성격을 달리한다. 조개더미 유적은 주로 바다자원, 특히 조개류의 소비에 의해 형성된 장소로 현재의 관념으로 생각한다면 쓰레기 폐기장소와 유사한 역할을 하였을 것이다. 조개더미 유적의 이와 같은 성격에도 불구하고 집자리가 조개더미 유적 내에서 확인되고 있다는 점은 매우 주목할 만하다[286]. 이는 조개더미 유적과 집자리가 확인된 지역의 입지선택 문제로 조개더미 유적의 성격과도 밀접한 관련이 있는 것으로 판단된다.

집자리가 확인된 조개더미 유적의 입지양상은 조개더미 유적의 위치와 퇴적사면, 해발고도, 지형 경사도 등을 통해 살펴볼 수 있는데, 남해안지역의 집자리가 확인된 조개더미 유적은 내만한 입지를 보이

---

286 조개더미 유적 내에서의 신석기시대 집자리는 조개더미 유적이 단순히 조개류의 채취 후 소비하고 폐기하는 장소가 동일하여 나타나는 현상으로 판단하기 어렵다. 그렇다면 조개더미 유적이 분포하고 있는 해안가나 섬 지역에서 집자리를 조성할 만한 곳이 없어 조개더미 유적에 집자리를 마련하였는지, 아니면 조개더미가 형성된 곳이 집자리 조성에 있어 유리한 입지조건을 지니고 있어서인지 등 많은 의문점이 남는다. 또한 조개더미 유적의 주변지역에 조개더미 유적을 만들어 낸 사람들이 거주하던 마을(집자리)이 조성되었던 것은 아닌지, 혹은 조개더미 유적과 집자리 유적과는 직접적인 관련이 없는 것인지 등 해결되어야 할 문제점도 존재한다. 여기에 현재 우리가 조사하고 있는 조개더미 유적의 발굴조사 방법상의 문제는 없는 것인지에 대한 검토도 필요하다(구자진, 2009e, 앞의 글).

는 목도 유적을 제외하고 섬의 북쪽에 위치하며, 북동사면 혹은 동사면에 유적이 형성되어 있다. 해발고도는 대부분 3~8m 내외를 보이고 있어 서해안지역의 유적(8~16m 내외)과는 상당한 차이를 보이고 있다. 해발고도의 차이를 시기에 따른 해수면변동의 결과로 볼 수 있느냐는 현재의 연구 성과로 판단하기 어렵다. 당시 신석기인들의 생계방식과 관련하여 남해안지역의 신석기인들은 해안가와 인접한 지역에서 조개류의 채취 및 처리가 이루어졌으며, 서해안지역의 신석기인들은 해안가보다는 거주지에 가까운 곳으로 이동 후 처리 및 폐기하여 나타나는 현상으로도 생각해 볼 수 있다. 결국 집자리가 확인된 조개더미 유적의 입지는 집자리의 입지선택에 있어 지형 경사면이 급하지 않다면, 비교적 양호한 입지를 보인다고 할 수 있다.

남해안지역의 집자리가 확인된 조개더미 유적은 퇴적양상이 상대적으로 오랜 기간 두텁게 퇴적되었으며, 해발고도에서 나타나듯이 해안가에 인접하여 퇴적되어 있는 양상을 보인다. 집자리의 입지 양상도 서해안지역의 조개더미 유적에서는 맨 아래의 생토층에 마련된 반면, 남해안지역의 조개더미 유적에서는 조개더미층 내에 집자리가 마련되었다. 즉 조개더미층의 혼토패층 위에 집자리가 들어선 것으로 남해안지역 조개더미 유적은 유적 주변에서 오랜 기간 생계활동이 이루어졌음을 알 수 있다.

또한 동삼동 유적에서처럼 다양한 종류의 자연유물과 석기, 그리고 다량의 토기와 골각기, 집자리 등을 통해 보면, 당시 동삼동 유적은 주변지역을 아우르는 거점지역으로써의 역할을 하였을 것이다[287].

---

287 하인수, 2008, 「남해안지역 중기 즐문토기사회의 동향」 『남해안지역의 신석기 문화』, 2008년 한국신석기학회 발표자료집.

이처럼 남해안지역의 조개더미 유적 중에는 당시 거점지역으로써의 역할을 하였던 것으로 판단되는 유적이 존재할 정도로 조개더미 유적에서 오랜 기간 정착생활이 이루어졌음을 알 수 있다. 이는 남해안지역에서 아직까지 구릉지역이나 충적대지에 마을 유적이 확인되지 않고 있는 것과 관련되어 나타나는 현상이 아닌가 생각된다[288].

2_ 마을의 구조와 분류

여기에서는 지금까지 조사된 신석기시대 마을 유적 중 마을 구조를 추정할 수 있는 유적만을 대상으로 하여 시기·지역별 마을 구조를 살펴보고, 집자리와 함께 조사된 유구의 조합관계를 통해 마을을 분류하고자 한다[289].

(1)_ Ⅰ기 마을의 구조

필자의 Ⅰ기에 해당하는 유적 중 마을 구조를 유추해 낼 수 있는 유적은 소수에 불과하다. 동북지역의 서포항 유적과 대동강·황해도지역의 마산리 유적, 중부내륙지역의 암사동 유적, 중부서해안

---

288 구자진, 2009e, 앞의 글.

289 마을 구조를 파악하기 위해서는 집자리를 비롯한 유적에서 조사된 유구들의 동시기성이 확보되어야만 가능하다. 그러나 집자리를 비롯한 유구의 중복관계 및 출토유물의 뚜렷한 차이가 보이지 않는 유적에서는 유구간의 시기차를 판별하기란 쉽지 않아 본고에서는 필자의 분기설정에 따라 구분된 집자리를 동시기의 유구로 판단하여 마을의 구조를 분석하였다. 또한 집자리 배치를 통한 마을 구조 분석은 주관적인 판단에 의해 이루어질 가능성이 높아 이에 대해 항상 유의하여야 한다.

지역의 운서동 유적, 중부동해안지역의 오산리 유적과 문암리 유적 정도이다(그림 5-1 참고).

서포항 유적은 집자리의 중복관계와 출토된 토기를 통해 1~5기로 상대편년 되고 있는데, 본고에서는 이들 집자리 유적을 Ⅰ~Ⅲ기로 재분류하였다. 서포항 유적을 분기별로 살펴보면, Ⅰ~Ⅲ기 모두 집자리의 배치가 열상배치를 이루는 것으로 판단된다.

대동강·황해도지역 중 마을 구조가 파악되는 마산리 유적의 경우, 집자리의 규모나 구조상에서 큰 차이가 없는 방형 집자리로 구성되어 있고, 배치상의 정형성 없이 2~3기의 집자리가 모여 있는 양상이 관찰된다. 이러한 배치상태는 기본적으로 전체 마을을 관통하는 배치구조가 2~3기를 단위로 하는 소군집의 병렬배치구조임을 의미하며, 서로 모여 있는 2~3기의 집자리가 생산과 소비의 하나의 단위(세대)를 형성했을 가능성이 있으며, 이러한 배치가 암사동 유적이나 지경리, 상촌리 유적 등에서도 확인된다고 본 견해가 있다[290].

중부내륙지역의 암사동 유적은 한강의 충적대지에 조성된 대규모 마을 유적으로 30여기의 집자리를 비롯하여 야외 화덕시설, 구덩이, 토기가마(?) 등이 조사되었다. 집자리들은 2~3기의 집자리가 모여 있는 양상을 보이면서도 일부 지역에서는 길게 늘어선 열상배치를 띠기도 한다. 또한 암사동 유적의 경우 주거공간과 토기생산공간이 분리된 공간배치구조로도 볼 수 있다. 즉, 주거공간은 충적대지를 따라 길게 늘어선 형태로 확인되며, 토기생산공간은 그 남동편의 일정한

---

290 그러나 대동강·황해도지역의 마산리 유적 집자리들은 대체로 규모나 구조상에서 큰 차이가 없는 방형 집자리로 구성되어 있는데, 특별한 배치상의 질서를 찾기 어렵고, 대략 2~3기의 집자리가 모여 있는 양상이 관찰될 뿐이다(임상택, 2006a, 앞의 글).

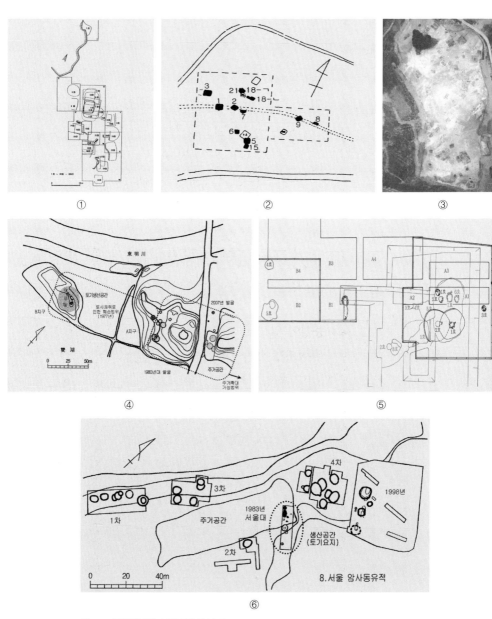

그림 5-1 신석기시대 ㅣ 기 마을의 구조(구자진 · 배성혁, 2009)
(① 서포항, ② 마산리, ③ 운서동, ④ 오산리, ⑤ 문암리, ⑥ 암사동)

범위 안에서만 확인되고 있어 유구성격별로 분리된 공간배치구조를 띠고 있다[291].

중부서해안지역의 운서동 유적은 우리나라에서 단일 유적으로는 가장 많은 수의 집자리가 조사되었으며, 영종도의 중앙에 위치한 백운산의 남서쪽 일대로 해발고도 약 30~50m의 비교적 낮은 구릉지역에 위치하고 있다. 유적은 2개의 가지능선에서 확인되었는데, 1지점에서는 집자리 8기를 비롯하여 야외 화덕시설 5기, 2지점에서는 집자리 58기와 야외 화덕시설 7기, 움구덩 등이 조사되었다. 운서동 유적은 아직 보고서가 발간되지 않아 집자리들이 동시기에 조성된 것인지 여부를 판단하기 어렵지만, 집자리의 배치상태에서 중복관계가 확인되지 않고, 출토유물에 있어서도 뚜렷한 차이점이 보이지 않아 동시기에 조성된 집자리일 가능성이 높다.

운서동 유적의 마을 구조에 대해서는 열상배치로 판단하거나[292] 집자리의 출입구시설과 지형적 여건을 감안하여 총 9개의 군집으로 파악한 경우가 있다[293]. 운서동 유적에 대한 이와 같은 두 가지 견해는 집자리 배치를 보는 시각에 따라 마을구조가 달리 해석될 수 있음을 보여주는 사례로 판단된다. 필자는 집자리의 배치상태로만 보았을 때, 운서동 유적은 열상배치를 기본으로 이루어진 마을 유적으로 판단된다.

중부동해안지역의 오산리 유적과 문암리 유적은 집자리의 배치상태에서는 일정한 정형성이 확인되지 않는다. 그러나 집자리를 비롯한 야외 화덕시설과 토기 가마의 공간배치를 통해서는 주거공간과

---

291 배성혁, 2007a, 앞의 글.
292 임상택, 2010, 앞의 글.
293 이상복, 2010, 앞의 글.

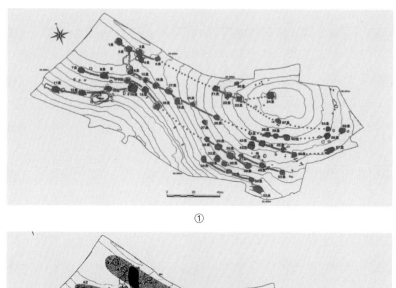

그림 5-2 운서동 유적의 집자리 배치양상(① 임상택 안(2010), ② 이상복 안(2010))

토기생산공간이 분리된 구조를 띠고 있음이 배성혁에 의해 이미 지
적된 바 있다[294]. 그에 의하면 오산리 유적의 공간배치는 주거공간과
토기생산공간으로 구분된 구조를 하고 있는데, 주거공간은 수십 기
의 집자리와 야외 화덕시설 등으로 구성되었으며, 토기생산공간에서

---

294 배성혁, 2007a, 앞의 글.

는 토기 가마 6기가 확인된 것으로 보았다.

현재까지 조사된 유적의 범위와 지형 등을 고려하면 집자리를 비롯한 야외 화덕시설 등의 유구는 더 잔존해 있을 것으로 예상되며, 이를 통해 보면 오산리 유적은 대규모 마을을 유지하면서 정주마을을 이루고 있었던 것으로 판단하였으며[295], 필자도 이와 같은 주장은 설득력을 지닌다고 생각된다.

그러나 오산리 유적을 집자리의 중복관계가 확인되지만 뚜렷한 시기차가 없고 남겨진 유물의 종류가 단순하여 정착생활보다는 계절을 단위로 한 순환거주형태의 집자리로 판단한 견해도 존재한다[296]. 이러한 견해는 최근 조사된 오산리 C유적을 통해 보면, 순환거주형태의 소규모 마을로 판단하는 데에는 무리가 따른다. 문암리 유적에서도 매장유구와 저장시설로 추정되는 움구덩, 야외 화덕시설 등이 확인되고 있으며, 토기 가마로 추정되는 유구가 집자리와 일정정도 떨어져 위치하고 있는 점으로 보아 오산리 유적과 유사한 마을 공간배치를 띠고 있는 것으로 판단된다.

남해안지역의 Ⅰ기에 해당하는 집자리는 송도·목도 유적을 비롯한 동삼동 3호 집자리를 통해 마을 구조를 짐작해 볼 수 있으나, 이들 유적은 1~2기의 집자리만 조사되어 배치를 통한 마을 구조 파악은 어렵다. 다만 대부분의 집자리는 조개더미층 내에 조성된 공통점이 확인된다.

---

295 오산리 유적의 이러한 마을 형성 배경에 대해서는 해안가에 입지하면서 인근에 발달한 여러 석호들에서 풍부한 어로자원을 안정적으로 확보할 수 있으며, 내륙의 산지로부터 수렵과 채집을 통해 생필품을 조달할 수 있는 지리적 입지를 점하고 있다는 데서 찾을 수 있다고 보았다(배성혁, 2007a, 앞의 글).

296 송은숙, 2002, 앞의 글.

(2)_ **II기 마을의 구조**

　　II기에 해당하는 유적 중 마을 구조를 유추해 낼 수 있는 유적
은 비교적 다수가 조사되었다. 동북지역의 서포항 유적과 흥성 유적,
중부서해안지역의 삼목도, 신길동, 농서리, 능곡동, 기지리, 장재리,
성내리 유적, 중부동해안지역의 지경리 유적, 초당동 유적, 충청내륙
지역의 대부분 유적, 남부내륙지역의 송죽리 유적, 상촌리 유적, 평
거동 유적 정도이다.

　서포항 유적 II기 단계의 집자리 역시 I기와 마찬가지로 열상배
치를 띠며, 2열을 이루는 특징이 관찰된다. 동 지역의 흥성 유적에서
는 일정한 배치양상이 관찰되지 않고, 2~3기의 집자리가 소군집을
이루며 마을을 구성하고 있어 특징적이다.

　II기 마을 유적 중에서 가장 뚜렷한 특징을 보이는 지역은 충청내
륙지역과 중부서해안지역이다. 이중에서 중부서해안지역 중 경기 해
안지역에서는 20여기 이상의 대규모 마을 유적(삼목도, 신길동, 능곡동
유적 등)들이 확인되고 있는 반면, 충남 해안지역에서는 3~5기의 소규
모 마을 유적(기지리, 우두리, 장재리, 성내리, 백암리 유적 등)이 대부분을
차지하고 있어 두 지역간 마을 규모에 있어 뚜렷한 차이점이 드러나
고 있다. 그런데 양 지역의 마을 유적은 빗살무늬토기를 통한 상대편
년과 방사성탄소연대측정값을 통해 보면 약간의 시기차를 보이고 있
어 중부서해안지역 마을 구조의 변화과정을 유추해 볼 수 있다.

　대규모 마을을 이루는 유적에서는 열상배치 혹은 대군집 형태의
집자리 배치로 볼 수 있는데, 집자리의 배치는 주관적인 요소가 존재
하기 때문에 보는 시각에 따라서는 달리 해석될 수 있다. 대표적으로
신길동과 삼목도 유적[297]의 경우가 열상배치 혹은 두 개의 대군집으
로 분류될 수 있다. 그러나 동시기의 능곡동과 농서리 유적[298]은 기본

적으로 열상배치로 판단된다.

　결국 중부서해안지역의 마을 구조는 경기해안 지역에서 대규모 마을로 열상배치 혹은 대군집의 형태를 유지하다 충남북부 해안지역에 와서는 3~5기의 소군집 형태로 마을 구조가 변화됨을 알 수 있다. 이러한 변화 원인에 대해서는 임상택에 의해 제시된 바 있으며[299], 필자도 이에 대부분 동의하는 바이다. 그러나 마지막 단계인 정주마을의 해체에 대한 의견에는 생각을 달리한다. 이는 그의 마지막 단계에 해당하는 유적이 많지 않을 뿐만 아니라 대부분 이 단계의 유적들은 일부 조개더미 혹은 유물산포지에 해당하는 것이다. 또한 집자리 혹은

297　삼목도 유적의 경우, 광장을 사이에 두고 주거공간과 토기생산공간이 분리된 구조로 본 견해도 있는데, 유적에 대한 전면적인 조사가 이루어지지 않아 전체 마을의 규모와 세부적인 공간배치구조를 파악할 수 없으나, 17기에 이르는 집자리가 확인된 대규모 정주마을로 보았다(배성혁, 2007a, 앞의 글).

298　능곡동 마을유적은 3개 군으로 구분된 집자리들이 능선을 따라 길게 배치된 형태로, 각 소군집의 중앙에는 광장을 둔 구조로, 신길동 마을 유적은 2개의 군집으로 나누어져 열상배치된 형태로 본 견해가 있다. 즉 두 유적의 공간배치구조는 기본적으로 지경리나 초당동 유적에서 보이는 소규모 마을들이 모여 대규모 마을을 이루는 예와 같다고 본 것이다(배성혁, 2007a, 앞의 글).

299　이 지역에서의 마을규모 축소현상은 늦은 시기 유적의 내륙과 해안 확산현상과 맥을 같이하고 있어 유적확산과 마을규모 축소 간에는 일정한 관계가 있는 것으로 보았다. 즉 늦은 시기의 유적확산은 초기농경의 도입 및 1차 거점적 확산 이후 나타난 현상(2차 확산)으로 볼 수 있는데, 이 과정에서 농경기술의 한계와 이에 따른 마을 이동비용의 증가라는 현상을 해결하기 위한 방안 중 하나로 채택된 것이 마을규모의 축소라 보았다. 마을 규모의 축소는 두 가지 방향으로 나타나는데, 2~3기의 중소형 집자리로 구성된 마을과 1기의 대형집자리로 이루어진 마을(?)이 그것이다. 이들은 결국 최소단위의 집단조직이 되는 셈이며 양자가 집자리수는 다르지만 규모상의 차이로 인해 기본구성인원에는 대차가 없었을 것으로 보았다. 이와 같이 대형장방형 집자리의 등장, 단독 혹은 2~3기에 국한된 소규모 마을의 증가 등이 이 시기를 특징짓는 현상으로 보았다. 결국 마을구조의 변동과정을 초기농경 도입과 집단 안정화(Ⅰ기), 마을 규모의 증가와 집단의 확산(Ⅱ기), 마을 구조의 변동과 소규모 마을의 확산(Ⅲ기), 정주마을의 해체(Ⅳ기)로 본 것이다(임상택, 2006a, 앞의 글).

기타 다른 유구가 존재하는 예도 많지 않아 이러한 상황으로 미루어 볼 때, 마을 구조의 변동과 소규모 마을의 확산 이후, 신석기시대 마을은 청동기시대로 대체되어 갔을 가능성도 배제할 수 없다.

중부동해안지역에서는 양양 지경리 유적과 강릉 초당동 유적을 통해 마을 구조를 추정해 볼 수 있는데, 지경리유적은 열상으로 배치된 집자리와 그 중간에 토기 가마가 위치한 공간구조이며, 초당동유적은 집자리 공간과 토기생산공간이 분리된 구조로 본 견해가 있다. 또한 이 유적들은 조사된 면적이 협소한데 반해, 인접지역에서 넓은 범위로 동시기 유물들이 분포하는 점을 고려하여 지경리유적과 초당동유적의 경우는 소규모 군집이 모여 대규모 마을을 형성하였을 것으로 보았다[300].

이와 같이 집자리를 중심으로 한 주거공간과 토기가마를 중심으로 한 생산공간으로 나누어 분석하였을 경우에는 이러한 해석이 가능하나, 집자리 배치만을 통해 보면, 일정한 정형성을 확인하기 어렵다. 일부 중부동해안지역과 중부서해안지역에서의 마을 구조가 주거공간과 토기생산공간의 분리라는 점에서는 이해되나, 소규모 마을이 모여 대규모 마을을 형성하였다는 가정은 자료의 증가를 기다려보아야 할 것으로 판단된다.

충청내륙지역의 신석기시대 집자리 유적은 금강유역을 중심으로 하여 쌍청리, 대천리, 관평동, 관창리, 상정리, 송월리, 신관동, 웅포리, 효자동, 금석리, 용동리, 영하리 유적 등 대부분의 집자리가 대천리식 집자리로 구조와 입지에 있어 공통점이 확인된다. 대천리식 집자리는 낮은 구릉지역의 정상부에 1기 혹은 2기만이 입지하는 특징

---

300 배성혁, 2007a, 앞의 글.

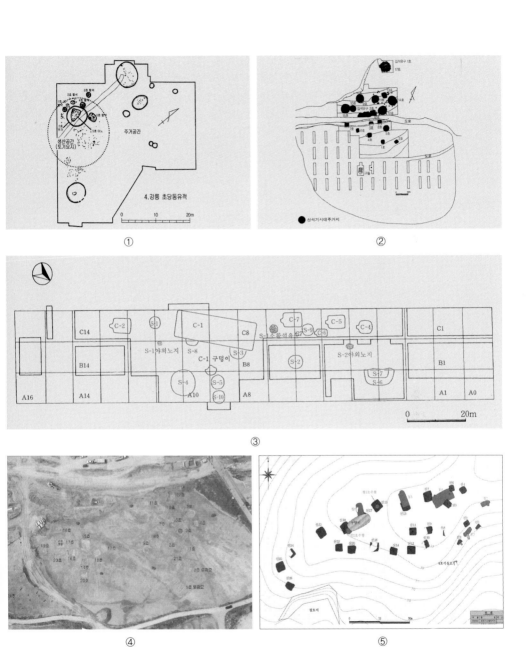

그림 5-3 신석기시대 II기 마을의 구조1(구자진 · 배성혁, 2009)

(① 초당동, ② 삼목도, ③ 지경리, ④ 신길동, ⑤ 능곡동)

을 보이고 있어 동시기 다른 지역의 집자리와는 뚜렷하게 구별되고 있다. 이와 같은 유적은 앞으로도 계속 증가할 것으로 판단되며, 지역적인 분포 특징과 함께 동시기에만 존재하고 있기 때문에 신석기시대 집자리 연구에 있어 매우 중요한 역할을 할 것으로 기대된다.

이처럼 1기 혹은 2기의 집자리만이 단독으로 존재하는 이유와 Ⅲ기까지 이어지지 못하고 사라지는 현상이 무엇 때문인지 현재로써는 밝혀내기 어렵다[301]. 추론 가능한 것은 대천리식 집자리 중 이미 전고[302]에서 살펴보았듯이 유사 대천리식 집자리로 판단되는 집자리가 있는데, 이는 전형 대천리식 집자리에서 변형 혹은 후행하는 집자리일 가능성이 있다. 또한 중부서해안지역과 충청내륙지역의 점이지대에서 신길동식 집자리와 공존하는 양상을 보이고 있어 이들 집단이 신길동식 집자리를 사용하던 집단과 융화되었을 가능성도 생각해 볼 수 있다. 그러나 이러한 가정은 충청내륙지역에서 신길동식 집자리가 확인되고 있지 않은 점으로 미루어 보아 차령산맥 이남에서는 어느 한쪽의 집자리 구조 혹은 생계방식을 채택하지 않고 일정정도 지역권을 달리하여 생활권을 유지하였던 것으로 판단된다.

또한 충청내륙지역 Ⅱ기의 마을은 대천리식 집자리로 대표되는 단독 가옥의 형태로 유지되는데, 이는 집자리의 구조가 장방형으로 유

---

301 이처럼 발전된 형태의 정형화된 대천리식 집자리의 소멸에는 여러 가지 원인이 있었겠지만, 초보적인 농경에서 집약적 농경으로의 발전이 이루어지 못하여 집단의 유지가 어려워졌거나, 소규모 집단을 해체시킬 수 있는 결정적인 요인, 즉 질병 혹은 환경적인 요인이 작용하였을 가능성도 추론해 볼 수 있다. 결국 대규모 마을 유적을 이루게 하였던 당시로서는 혁신적인 농경에 지속적으로 적응하지 못하고, 대규모 마을 내에서의 위생상태 악화 혹은 자연환경의 변화에 적응하기 위해 소규모의 집단 분화가 이루어졌을 가능성도 생각해 볼 수 있다.

302 구자진, 2008a, 앞의 글.

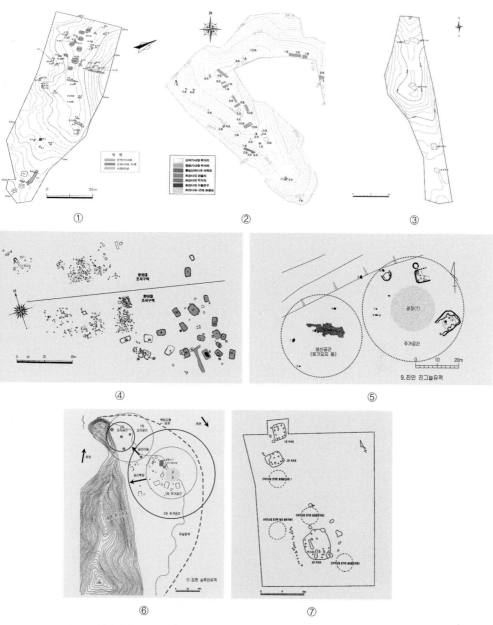

그림 5-4 신석기시대 Ⅱ기 마을의 구조2(구자진 · 배성혁, 2009)
(① 농서리, ② 장재리, ③ 성내리, ④ 상촌리, ⑤ 진그늘, ⑥ 송죽리, ⑦ 봉길리)

사한 양상을 보이는 남부내륙지역과도 구분되는 요소이다.

남부내륙지역에서 마을 구조를 파악할 수 있는 유적으로는 송죽리와 상촌리, 평거동 유적 등이 있다. 이들 유적의 공통점은 강변의 충적대지에 입지하며, 주거공간과 생산공간이 분리된 공간배치구조, 야외 저장구덩이와 조리전용의 야외 화덕시설이 분리된 생활 전용 주거양식의 채택, 장방형의 대형 집자리, 강의 흐름과 동일한 장축방향, 집자리 중앙의 구덩식 화덕자리 등이다[303]. 그 중에서 대천리식 집자리와 가장 구별되는 점은 강변의 충적대지에 입지하고 있으며, 비교적 대규모 마을을 이루고 있는 점이다.

남해안지역의 II기에 해당하는 동삼동 1·2호 집자리는 남해안지역에서 조사된 조개더미 유적의 집자리 중 가장 잔존상태가 양호하며, 집자리의 구조뿐만 아니라 출토유물을 통해 당시 신석기인들의 생활상 복원에 많은 정보를 제공해 주고 있다[304]. 남해안지역은 이전 시기의 어로와 채집을 중심으로 하는 생계방식을 유지하다가 II기에 이르면 많은 사회·경제적 변화가 일어나는데, 그 중에서 동삼동 집자리에서 출토된 조, 기장을 중심으로 하는 초보적인 농경이 그 변화의 중심이라 할 수 있다.

결국 초보적인 농경이 기존의 수렵·어로 중심의 생계방식을 다변화하여 기존의 질서와 다른 사회경제적인 구조 변화를 초래하였을 것으로 판단되며, 신석기시대 중기 이후 증가하는 굴지구류와 대용량 토기의 출현, 다양한 빗살무늬토기의 기종구성과 소비량의 증가 (토기 보유실태와 대용량 토기의 사용, 다양한 기종조성) 등의 변화는 초보적

---

303 배성혁, 2007a, 앞의 글.
304 그러나 조사된 2기의 집자리는 중복되어 있으며, 이를 통한 마을 구조 파악은 어려운 상황이다.

인 농경의 보급으로 인한 생계방식의 변화와 생산량의 증대, 식물성 식료의 가공 및 보관, 식생활 변화에 따른 생활용기의 기능분화 등에 기인하는 것으로 본 견해는 매우 주목할만하다[305]. 여기에 식량가공구에 해당하는 갈돌, 갈판의 정형화 등은 이러한 변화 양상을 반영하는 것이며, 특히 굴지구가 앞 시기에 비해 증가하며, 기종이 세분되는 현상은 이 시기 사회가 식물성식료를 적극적으로 이용하고 관리하였음을 보여주는 것으로 생각된다. 이와 관련하여 집단(유적)내의 석기 보유양도 많아지고, 각종 생산활동과 관련하여 자연히 소비도 이전에 비해 증가하였음은 충분히 예상된다. 이러한 사실은 동삼동 조개더미 유적과 범방유적에서 잘 드러나고 있다.

결국 남해안지역의 Ⅱ기는 주변의 소규모 집단을 아우르는 중심집단 내지 거점집단이 지역마다 존재하고, 이들은 특정 물품을 생산, 유통시키면서 사회·경제적으로 주변 집단을 리드하는 역할과 기능을 하였을 것으로 짐작되며, 범방유적의 마제석부와 동삼동 조개더미 유적의 조개 팔찌를 생산과 유통의 관점에서 본다면 이시기에는 특정물품(특산품)을 전업적으로 대량 생산하여 공급하는 직능화된 집단의 존재도 예상할 수 있다는 견해[306]는 동시기 다른 지역을 통해서도 확인될 가능성이 높다고 생각된다.

(3)_ Ⅲ기 마을의 구조

Ⅲ기에 해당하는 유적 중 마을 구조를 파악할 수 있는 유적은 많지 않다. 동북지역의 서포항 유적과 범의구석 유적, 대동강·황해

---

305 하인수, 2008, 앞의 글.
306 하인수, 2008, 앞의 글.

도지역의 표대, 남경, 금탄리 유적, 중부서해안지역의 을왕동, 중산동, 운북동 유적, 중부동해안지역의 철통리 유적, 남부내륙지역의 봉계리 유적 정도에서 마을구조를 유추해 볼 수 있다.

동북지역의 서포항유적은 이전 시기와 마찬가지로 2열의 열상배치를 이루고 있으며, 범의구석 유적의 경우에는 열상배치 혹은 2~3기의 소군집 형태로 판단된다. 대동강·황해도지역의 표대, 남경, 금탄리 유적에서는 규모가 작은 집자리와 큰 집자리가 같이 공존하고 있는 양상을 보이지만, 배치상태에서는 뚜렷한 특징을 확인하기 어렵다. 그런데 이들 유적에서 보이는 대형 집자리와 소형 집자리의 공존을 주변지역과 구별되는 마을 구조의 특징으로 본 견해가 있다. 즉 대형 장방형 집자리의 출현양상이 대동강·황해도지역과 충청내륙지역에서 다르게 나타나고 있다고 본 것이다. 충청내륙지역의 대형 장방형 집자리(대천리식 집자리)는 대동강·황해도지역과 달리 단독으로 존재하며, 이를 개별 집자리 자체의 규모는 대형화하는 반면, 마을 규모 또는 조직이라는 입장에서는 축소된 모습으로 판단하였다[307].

결국 이 시기 중부지역에서는 소형 집자리 몇 기로 이루어진 마을(황해, 중부해안)과 소형 집자리와 대형 집자리의 결합(평남), 대형 집자리 단독 존재(충청내륙)라는 세 부류의 마을 구조가 분화되는 양상으로 보았다.

이러한 마을 구조의 분류에 대해 필자는 생각을 달리하는데, 우선 중부해안지역의 소형 집자리 몇 기로 이루진 마을은 필자의 Ⅱ기에 해당하는 유적들로 이들 마을 구조는 3~5기의 소규모 마을을 이루는 것과 20여기 이상의 대규모 마을을 이루면서 열상배치 혹은 대규모

---

307 임상택, 2006a, 앞의 글.

군집배치 양상으로 판단되며, 동시기의 충청내륙지역에서는 대형 장방형 집자리가 단독으로 존재하는 모습이 확인된다. 그러나 필자의 Ⅲ기에 해당하는 대동강·황해도지역의 남경, 표대, 금탄리의 마을 유적과 중부서해안지역의 동 시기 유적(중산동, 을왕동, 운북동 유적 등)에서는 대형 집자리와 소형 집자리의 공존 혹은 2~3기의 집자리가 소군집을 이루는 양상이 공통적으로 확인되고 있어 주목된다[308].

   결국 양 지역 혹은 중부내륙지역에서 최근 조사 예가 늘고 있는 동시기의 유적에서 이와 유사한 양상이 관찰되고 있는데, 중서부지역의 가장 늦은 시기의 마을 구조는 2~3기의 집자리가 소군집을 이루거나 1~2기가 산재해 있는 특징을 보인다고 할 수 있다. 이는 이미 Ⅱ기 단계에서도 일부 확인되고 있는데, 대표적인 지역이 중부서해안지역(특히 충남해안)과 충청내륙지역에서 나타난다고 할 수 있다. 즉 중부서해안지역의 소규모 마을 유적이 대규모 마을 유적보다 상대적으로 늦은 시기에 해당하며, 동시기인 충청내륙지역의 대천리식 집자리의 양상을 보면, 운서동, 암사동 유적에서 시작된 대규모 마을 유적이 점차 그 규모를 축소해 가는 양상을 보이다가 Ⅲ기에 이르면 1~3기의 소군집 형태로 정착되어 간다고 볼 수 있다[309].

   중부동해안지역에서는 다른 지역과 달리 유적의 입지 변화와 함께 마을 구조에서도 확연히 다른 양상을 보인다. Ⅲ기의 대표적인 유적

---

308 운북동 유적은 2~3기의 집자리가 하나의 단위를 형성하며, 이 단위가 구릉상에 일정 거리를 두고 배치되는 양상이다. 이러한 하나의 단위들은 중부서해안지역의 개별 마을들의 규모와 유사하다. 이 지역의 후기가 되면서 마을 내 집자리 배치양상 즉 마을구조에서 커다란 변화가 관찰된다(임상택 2010, 앞의 글).
309 이처럼 집단의 소규모화 현상에 대해 임상택은 초기농경과 관련된 지력회복기술의 부재, 이에 따른 집단의 주기적 이동 필요 및 이동 비용 최소화를 위한 적응형태로 보았다(2010, 앞의 글).

인 고성 철통리 유적을 살펴보면, 남쪽 구릉지역의 능선 방향을 따라 열상으로 북에서 남으로 조성되어 있다. 1호 집자리만 다른 집자리들과 약 25m 정도 북쪽으로 떨어져 경사가 완만한 사면에 위치할 뿐, 나머지 집자리는 해발고도 28m 능선 정상부의 아주 평탄한 지점에 2~5m 정도의 간격을 두고 밀집하여 조성되어 있는 것이 특징이다. 중부동해안지역의 Ⅲ기에 해당하는 마을 유적은 철통리 유적 이외의 유적이 조사되지 않아 일반화하기 어렵지만 구릉지역에 열상배치의 마을구조를 이루었던 것으로 생각해 볼 수 있다.

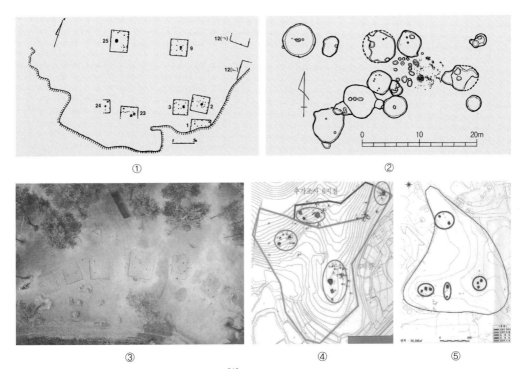

그림 5-5 신석기시대 Ⅲ기 마을의 구조[310]
(① 범의구석, ② 봉계리, ③ 철통리, ④ 운북동, ⑤ 중산동)

310 구자진·배성혁, 2009, 앞의 책 ; 임상택, 2010, 앞의 글.

남부내륙지역의 합천 봉계리유적은 주거공간과 토기생산공간으로 크게 양분된 공간배치구조로 판단된다. 서쪽의 주거공간에는 강을 향해 열려있는 광장의 배후에 집자리가 2열의 열상배치를 이루며, 동쪽의 생산공간에는 토기 가마와 야외 화덕시설이 위치해 있다. 결국 봉계리 유적은 마을의 입지나 공간배치구조에 있어서는 남부내륙지역에서 보이는 대규모 마을의 형태와 동일하나 마을규모와 집자리 자체의 규모는 축소되는 변화를 보이고 있어 대규모 마을에서 소규모 마을로 이행되는 과도기적 형태로 파악되고 있다[311]. 또한 남부내륙지역의 소남리, 서변동, 대변동, 대천동, 금천리 유적 등에서는 1기 혹은 2기의 집자리만이 확인되고 있어 중부내륙지역과 충청내륙지역의 동시기 마을 양상과 유사한 패턴을 보이고 있다.

⑷_　마을의 분류

　　신석기시대 마을구조는 다양한 기준을 통해 분류가 가능한데, 집자리의 배치상태를 통해 열상배치, 호상배치, 중앙광장을 중심으로 한 배치, 혹은 2~3기의 소군집 형태 등의 분류가 가능하며[312], 주거공간과 토기생산공간(혹은 생산공간) 등의 공간배치에 따른 분류[313]도 검토된바 있다. 또한 마을의 운용방식에 중점을 두어 연중거주방식, 계절주거방식, 수시이동방식 등의 분류[314]도 시도된 바 있다. 집자리의 배치상태와 공간배치에 따른 마을 분류는 앞서 살펴보았기 때문에 여기에서는 마을의 운용방식에 중점을 둔 유적 분류에 대해 살펴

311　배성혁, 2007a, 앞의 글.
312　이상균, 2003, 앞의 글 ; 임상택, 2006a, 앞의 글.
313　배성혁, 2007a, 앞의 글.
314　임상택, 2007, 앞의 글.

보고, 이를 토대로 필자 나름의 마을 분류를 시도해 보고자한다.

임상택은 중서부지역 신석기시대 마을의 운용방식 검토를 위해 대상 유적을 총 5개로 분류한 후, 집자리가 확인된 유적을 다시 (장)방형 집자리와 원형 집자리가 확인된 유적으로 세분하여 6개의 분류안이 제시된바 있다(표 5-1 참조).

표 5-1 중서부 이남지역 신석기시대 유적 분류안[316]

유적 범주	유 구
A1형	(장)방형 집자리+(움구덩 또는 야외 화덕시설)
A2형	원형 집자리+(움구덩 또는 야외 화덕시설)
B형	원형 움구덩만으로 구성
C형	조개더미+(움구덩 또는 기둥열)+(야외 화덕시설)
D형	야외 화덕시설만으로 구성
E형	기타(소토면, 포함층 등)

위의 분류안 중 C~E형은 소위 한정행위장소로 기능했을 가능성이 높은 유적으로 집단 전체의 거주를 위한 마을유적으로 보기 어렵고, A1형 유적은 일반적인 마을 유적으로 구분하였다. 또한 A2형 유적은 주거의 성격을 가진 것으로 보는 것이 일반적이나 그 중 일부 유적들은 단기적 점유에 의해 남겨진 것으로 보는 견해가 있으며, 집자리 내부에 화덕자리가 설치되어 있는 특징을 지닌다고 한다. B형 유적은 평면형태에 있어서는 A2형과 동일하나 규모면에서 상대적으로 작고 집자리 내부에 화덕자리가 설치되어 있지 않은 것이 여기에 해당하며, 여기에는 집자리로 판단하기 어려운 작은 것과 집자리 유적으로 판단할 수 있는지 논란이 되고 있는 큰 규모의 것이 존재한다고

---

316 임상택, 2007, 앞의 글.

보았다. 이와 같은 유적 분류를 통해 각 유적별 출토 석기조합양상을
비교·검토하여 이들 유적에 대한 성격을 논한 것이다[317].

　이러한 유적분류를 통한 마을의 운용방식 검토는 신석기시대 집자
리가 확인된 유적뿐만 아니라 야외 화덕시설, 움구덩 등의 유구가 확
인된 모든 유적들을 대상으로 하여 검토하였기 때문에 본고에서 다루
고자 하는 집자리를 통한 마을구조 분류에는 일부 적용하기 어려운
부분이 존재한다. 또한 위와 같은 유적 분류는 개별 집자리의 형태와
축조 노동량에 있어 (장)방형 집자리와 원형 집자리 간에는 일정한 규
모나 축조방식, 화덕자리의 유무 등에서 다소 차이를 보이는 경우가
확인되는데, 일부 지역에서 확인되는 대형 장방형 집자리의 경우를
제외한다면 신석기시대 유적에서 보이는 원형 집자리와 방형 집자리
의 경우는 규모가 비슷하다는 점이 지적되기도 하였다[318]. 결국 이들
집자리의 차이점은 마을을 구성하는 집자리의 개체수와 면적, 토기가
마, 야외 화덕시설, 저장움구덩 등의 다른 성격을 가진 유구와의 조합
관계를 살펴보는 것이 타당하다고 견해가 있어 필자는 이러한 유적분
류의 문제점을 해결하기 위해 마을의 분류 및 검토에 있어 집자리가
확인된 유적에 한정하여 **표 5-2**와 같이 마을을 분류하였다.

표 5-2 우리나라 신석기시대 마을 유적 분류안

유적 분류	유구
㉮형	집자리+야외 화덕시설+움구덩+(기타-무덤, 토기가마 등)
㉯1형	집자리+야외 화덕시설
㉯2형	집자리+움구덩
㉰형	집자리

317　임상택, 2007, 앞의 글.
318　배성혁, 2007a, 앞의 글.

필자의 유적 분류는 집자리를 1차 기준으로 야외 화덕시설 혹은 움구덩의 존재 여부에 따라 ㉯형으로 구분하였으며, 여기에 야외 화덕시설과 움구덩, 기타 유구 등이 조합을 이루는 경우에는 ㉮형으로 분류하였다. 마지막으로 집자리만 확인된 마을은 ㉰형으로 설정한 것이다. 그러나 ㉰형의 마을 유적 중에는 조사 범위가 협소하여 기타다른 유구가 확인되지 않았을 가능성이 있는 유적과 집자리만 단독적으로 확인되는 유적이 존재할 가능성이 있다.

그러나 동북지역과 서북지역, 대동강·황해도지역에 해당하는 유적은 북한에서 조사된 유적으로 보고된 내용이 소략하고, 집자리와 출토유물을 중심으로 서술되어 있어 집자리와 다른 유구와의 조합양상을 파악하기 어렵다[319]. 이점을 감안하여 남한에서 조사된 유적을 중심으로 마을 유적에 대한 분류를 검토해 보고자 한다.

중부내륙지역의 Ⅰ기에 해당하는 암사동과 미사리 유적은 ㉮형에 해당하며, 삼거리 유적은 ㉯2형에 속한다. 그러나 삼거리 유적은 유적의 조사 범위가 협소하여, 암사동이나 미사리 유적에서 조사된 야외 화덕시설이 확인되지 않았지만, 동시기의 동일한 입지조건과 집자리 구조를 보이고 있어 주변지역에서 야외 화덕시설이 존재할 가능성이 높은 유적으로 판단된다. 중부내륙지역의 Ⅰ기에 해당하는 마을 유적은 ㉮형의 마을로 이루어졌을 것으로 판단된다.

중부내륙지역의 Ⅱ기에 해당하는 북·남한강유역의 마을 유적들은 일부 유적을 제외하고 대부분 청동기시대 혹은 철기시대 유적들과 중복되어 있는 경우가 많거나 협소한 범위의 발굴조사가 이루어

---

319 북한에서 조사된 유적의 경우 토성리(집자리+움구덩)와 반궁리(집자리+야외 화덕시설), 표대(집자리+토기가마(?)) 유적에서만 집자리와 함께 야외 화덕시설 혹은 움구덩이 확인된 것으로 보고되어 있다.

표 5-3 우리나라 신석기시대 마을 유적의 유구 조합양상

지역	유적	야외노지	움구덩	기타	분류	지역	유적	야외노지	움구덩	기타	분류
중부 내륙 지역	암사동	○	○	○	A	중부 동해안 지역	오산리	○	△	○	A?
	미사리	○	○	○	A		문암리	○	○	○	A
	삼거리	△	○		A?		가평리	○			B1
	신매리	○			B1		지경리	○			B1
	거두리	△			B1?		송전리	○	○		A
	역내리		○		B2		초당동	○			B1
	성산리	△			B1?		하시동	○			B1
	아우라지	○			B1		오산리(울진)			C	
	주천리	△			B1?	충청 내륙 지역	철통리				C
	반곡동	○	○		A		쌍청리				C
	호평동	○	○		A		대천리				C
	당동리	○			B1		관평동				C
	사송동		○		B2		관창리				C
	판교동				C		상정리				C
	신대리				C		송월리				C
	화접리				C		신관동				C
	덕송리	○			B1		웅포리				C
	민락	△			B1?		효자동				C
	천전리	△			B1?		금석리				C
	신월리	○			B1		용동리				C
중부 서해안 지역	운서동	○	○		A		영하리				C
	신길동				C		진그늘	○	○	○	A
	능곡동				C		갈머리	○	○	○	A
	농서리		○		B2	남부 내륙 지역	상촌리	○	○	○	A
	삼목도	○	○	○	A		송죽리	○	○	○	A
	운양동				C		지좌리	○	○	○	A
	구래리				C		평거동	○	○	○	A
	신곡리				C		유천동	○	○		A
	늘들	○	○	○	A		봉계리		○		B2
	가재리	○			B1		임불리		○		B2
	을왕동		○		B2		소남리				C
	중산동	○			A		서변동				C
	운북동	○		○	A		대변동				C
	기지리				C		대천동				C
	왕정리				C		금천리	○			B1
	우두리	○			B1	중부 서해안 지역	풍기동		○		B2
	소소리				C		백암리		○		B2
	기지시리		○		B2		용두리		○		B2
	목리		○		B2		용화동				C
	장재리				C		백석동				C
	성내리		○		B2						

진 유적으로 마을을 분류하는데, 어려운 점이 있다. 조사된 유적 중 아우라지 유적과 신매리 유적은 ㉯1형, 역내리 유적은 ㉯2형, 거두리·성산리·주천리 유적은 ㉰형, 반곡리 유적은 ㉮형에 해당한다. 반곡리 유적의 경우, 동일 지역권의 다른 유적(강변의 충적대지)과 달리 구릉지역의 사면부에 입지하고 있어 마을 유형도 다르게 나타난 것이 아닌가 생각된다. 또한 ㉰형 마을 중 주천리와 성산리 유적은 주변지역의 유적에서 야외 화덕시설만 조사된 유적이 확인되고 있어 중부내륙지역의 Ⅱ기에 해당하는 마을 유적은 ㉯1형이 주류를 차지하며, 일부 유적은 입지에 따라 ㉮형과 ㉯2형이 나타나는 것으로 판단된다.

가장 늦은 단계의 마을 유적은 대부분 ㉯형에 해당되는데, 호평동 지새울, 당동리, 덕송리, 신월리 유적이 여기에 해당한다. 이들 유적의 특징은 내륙 깊숙한 지역의 계곡 말단부에 입지하고 있는 점이며, 판교동, 신대리, 화접리 유적은 ㉰형에 해당하는데, 이들 유적은 앞의 ㉯형 마을과 달리 구릉지역의 사면부에 위치하고 있어 입지상의 차이점이 드러난다.

지금까지 살펴본 중부내륙지역의 신석기시대 마을 유적은 시기에 따른 마을 유형에 변화가 관찰되는데, ㉮형→㉯형(㉯1형)→㉯1형·㉰형으로 나타나고 있다. 중부내륙지역에서는 ㉯2형이 나타나지 않는 특징을 보이며, 마을의 시기와 입지조건에 따라 마을 유형이 달라짐을 확인할 수 있다. 마을 유형의 변화는 생계방식과 밀접한 관련이 있는데, Ⅰ기의 ㉮유형에 해당하는 암사동·미사리 유적에서는 수렵·어로구, 식량가공구, 식량채집구, 목제가공구, 공구류가 모두 출토되고 있는 것으로 보아 이른 시기 수렵·어로, 식물성식료 채집 및 초보적인 농경의 생계방식을 영위하던 정주마을이 Ⅲ기의 ㉯1·㉰형 마을에 이르면 Ⅰ기 유적과 달리 식량채집구, 식량가공구, 목제가공구 등 일부 소량의 석기만이 출토되고 있으며, 특히 Ⅰ기 유적에서 다수가 확인되고 있는 수렵·어로구가 출토되고 있지 않아 큰 차이를 보인다. 이는 당시 집자리 유적의 입지와 관련하여 생계방식에 일정정도 차이가 있었을 것으로 판단되며, Ⅰ기의 유적들이 강변 충적대지에 입지해 있는 반면, Ⅲ기의 집자리 유적들은 구릉지역에서 확인되고 있는 점과 상통한다고 보여진다.

중부서해안지역의 Ⅰ기에 해당하는 유적은 지금까지 운서동 유적밖에 없어 Ⅰ기 마을을 유형화하는데 다소 문제가 있지만, 운서동 유적은 ㉮형에 해당한다. 운서동 유적은 대규모 마을을 이루며, 중부내륙지역의 동 시기 유적과 같은 마을 유형을 띠고 있다. 중부서해안지역의 Ⅱ기는 동일 지역권 내에서 경기남부 해안지역과 충남북부 해안지역에서 약간의 차이점이 확인된다. 경기남부 해안지역의 신길동, 능곡동, 구래리, 신곡리, 운양동 유적 등은 ㉰형이 주류를 이루는 가운데, 삼목도, 는들 유적 등에서 ㉮형과 농서리 유적 ㉯2형의 마을이 확인되고 있다. 반면 충남북부 해안지역에서는 기지시리, 목리, 성내리, 풍기동, 백암리, 용두리 유적 등에서 ㉯2형이 주류를 이루면서 기지리, 왕정리, 소소리, 장재리, 용화동, 백석동 유적 등의 ㉰형과 우두리 유적 등의 ㉯1형의 마을 유적이 일부 확인된다. 이는 중부서해안지역의 Ⅱ기에 들어서면 섬 지역에서는 ㉮형, 해안지역에서는 ㉰형 마을을 이루며, 충남북부 해안지역에서는 ㉰형과 ㉯2형 마을로 변해가고 있음을 추론해 볼 수 있다. Ⅲ기의 중산동, 가재리, 을왕동 유적 등은 대부분 ㉯형 마을을 보이고 있어, 결국 중부서해안지역의 마을은 ㉮형→㉰형·㉯2형→㉯형으로 점진적인 혹은 지역적인 변화 양상이 관찰된다.

중부서해안지역에서의 마을 유형 변화는 중부내륙지역과 마찬가지로 생계방식의 변화와 매우 밀접한 관련이 있는 것으로 생각되며, 이는 중부서해안지역 Ⅱ기에 해당하는 마을 유적의 석기조합양상을 통해 드러나고 있다[320](표 5-4 참조). 이들 유적의 석기조합양상은 두 개의 그룹으로 양분된다. 먼저 경기남부 해안지역의 대규모 마을인 시흥 능곡동, 안산 신길동, 용인 농서리, 삼목도 유적의 경우, 삼목도 유적을 제외한 모든 유적에서 식량가공구, 식량채집구, 목제가공구, 수렵·어로구, 공구류 등 다양한 석기조합양상을 보인다. 이러한 다양한 석기조합양상은 장기 정주마을[321]에서 나타날 수 있는 현상으로 해석될 수 있다[322].

주목되는 부분은 다양한 석기조합양상 중에서도 식량가공구(식료처리)가 압도적인 비중을 차지하고 있다는 점이다. 전체 출토석기 중 식

---

320 이러한 석기조합양상의 분석을 통한 생계방식 추론에는 많은 한계점을 지닐 수밖에 없다, 가량 출토된 석기가 당시 상황을 그대로 반영하는지 여부와 석기의 기능, 돌 이외의 재료로 사용된 두구의 존재 가능성 등이 있기 때문이다. 그러나 여기에서는 집자리 유적에서 출토된 유물 중 생계방식을 검토할 수 있는 자연유물이 매우 한정적이어서 현재까지의 자료를 통해 생계방식을 추론하기 위해서는 석기조합양상의 분석과 해석을 통해 이루어질 수밖에 없다. 또한 이는 집자리 유적에서 출토된 석기의 보유 양상이 그 집단의 생계방식의 일면을 어느 정도 반영한다는 가정 하에 각 집자리 유적에서 출토된 석기의 조합양상의 분석을 시도한 것이다.

321 정주(定住, settlement)란 개념은 인간이 일정한 생활영역(life-supporting territory)내에서 체계적인 생산과 생산 활동(農耕 등)을 벌이는 과정이라 정의되고 있는데, 체계적인 생산과 생산 활동에는 반드시 토지이용의 범주에 들지 못하는 火田이나 遊牧生活은 엄밀한 의미에서는 정주라고 할 수 없다고 한다. 그러나 본고에서 사용한 정주란 용어는 한자 그대로 '한 장소에 주거를 정함'이란 의미로 사용하였다.

322 정주마을에 있어서 장기와 단기의 시간적인 구분은 임상택(2007, 앞의 글, 122~123쪽)에 의해 제기된 연중거주방식(장기), 계절거주방식(단기)과 동일한 의미로 사용한 것이다.

량가공구가 70%이상을 차지하고 있으며[323], 이러한 석기조합상을 통해 이들 마을유적이 지속적으로 다양한 생계활동을 유지하였음을 짐작할 수 있다. 특히 식료처리를 위한 식량가공구가 높은 비율을 차지하는 점은 많은 양의 식량 저장 및 가공에 중점을 둔 생계방식을 영위했음을 보여주는데, 이는 대규모 마을을 유지하기 위한 필요조건이기도 하지만, 많은 잉여생산물의 저장·처리를 통한 장기 정주마을의 성격을 지닌 것으로 판단된다.

결국 이들 유적은 대규모 마을을 이루면서 오랜 기간 정주생활과 함께 다양한 생계활동을 한 집단의 마을유적으로 생각해 볼 수 있다. 그런데 삼목도 유적은 마을 규모에 있어서는 대규모 마을유적에 해당하나, 석기조합양상에서는 차이점을 보이고 있다. 다른 대규모 마을유적과 마찬가지로 식량가공구가 다른 석기들에 비해 높은 점유율을 보이고 있으나, 식량채집구와 목제가공구류가 확인되지 않고 있다. 이는 삼목도 유적 중 미 조사된 집자리가 다수 남아있고, 미 조사된 집자리의 경우 기존에 조사된 집자리보다 규모면에서 큰 집자리가 많아 식량채집구와 목제가공구류가 추후 확인될 가능성이 높다고 생각된다.

또한, 삼목도 유적의 경우 대규모 마을유적 중 유일하게 섬 지역에서 확인된 유적으로 서해안지역이 계절에 따라 식량공급을 위해 일시적으로 이용되었다는 기존의 통설에 배치되는 새로운 증거가 될 수 있다. 또한 삼목도 유적은 17기의 신석기시대 집자리를 비롯하여 저장구덩, 집석유구 등이 조사된 대규모 마을유적으로 아직까지 마

---

323 각 유적의 석기조합양상에 대한 분석은 **표 5-4**에 제시된 5가지 석기류 이외의 수량은 제외하였다.

표 5–4 중부서해안지역 신석기시대 마을 유적의 석기양상[324]

석기 유적명	식량가공구 (식료처리)	식량채집구 (채집/농경)	목제가공구 (벌채/목공)	수렵 · 어로구	공구류
시흥 능곡동	26	6	2	1(석촉)	1
안산 신길동	18	2	3	·	·
용인 농서리	4	1	4	3(석촉)	·
삼목도	11	·	·	2(석촉 · 창)	·
아산 장재리	7	14	4	3(미 석촉2,어망추1)	1(숫돌)
아산 성내리	6	11	·	·	1(숫돌)
서산 기지리	2	·	·	1(미 석창)	1(숫돌)

을의 전체적인 규모가 모두 밝혀진 상태가 아니기 때문에 마을 규모
는 확대될 가능성이 높다고 생각한다. 또한 출토된 석기류의 종류가
다양하지 못하나 미 조사된 집자리의 규모가 큰 점으로 보아 지금까
지 확인되지 않은 다양한 종류의 석기가 출토될 가능성이 높아, 반복
점유보다는 장기 정주마을의 성격을 지닌 것으로 보는 것이 타당할
것으로 생각된다.

충남북부 해안지역에서 주로 확인되는 소규모 마을유적은 아산 장
재리, 아산 성내리, 서산 기지리 유적이 해당되며, 이들 유적의 석기
조합양상은 앞의 대규모 마을유적과 유사한 양상을 보이고 있다. 이
는 소규모 마을유적 역시 대규모 마을유적과 마찬가지로 장기 정주
마을의 성격을 지닌 것으로 볼 수 있다.

소규모 마을유적에서는 유적에 따라 약간의 차이는 있으나 식량가

---

324 분류된 석기의 용도는 田中聰一(2001, 앞의 글, 284~285쪽)의 분류체계를 따른
것이다. 여기서 목제가공구는 대패날 · 자귀 · 끌 · 돌도끼류, 식량채집구에는
굴지구류 · 낫 · 원반형석기, 식량가공구에는 갈돌 · 갈판 · 공이, 수렵 · 어로구
에는 돌화살촉 · 그물추 · 결합식 낚시바늘, 공구류는 숫돌, 찰절석기, 발화구
등이 해당된다.

공구와 식량채집구, 공구류, 수렵·어로구 등 다양한 석기조합양상을 보이고 있다. 그러나 목제가공구의 경우 아산 장재리 유적을 제외하고는 확인되지 않고 있으며, 주목되는 점은 석기 중 식량채집구의 비율이 다른 석기에 비해 현저히 높아 전체 석기 중 50%이상을 차지하고 있다. 이러한 석기조합양상은 앞의 대규모 마을유적과 다른 두드러진 특징이다. 소규모 마을유적은 대규모 마을유적에서 보이는 식량저장과 가공보다는 상대적으로 초보적인 농경과 식량의 채집에 중점을 둔 생계활동을 영위하였던 것으로 이해할 수 있다.

중부동해안지역은 Ⅰ기의 오산리와 문암리 유적은 ㉮형 마을이나 Ⅱ기의 유적은 대부분 ㉯1형에 해당하는데, 가평리, 지경리, 초당동, 하시동 유적 등이 여기에 해당한다. Ⅱ기의 유적 중 송전리 유적만 ㉮형에 해당되며, Ⅲ기 유적인 철통리 유적은 ㉰형의 마을을 이루고 있다. 중부동해안지역의 시기별 마을유형 변화양상은 중부내륙지역과 동일한 변화를 보이는데, ㉮형→㉯1형→㉰형 순으로 마을 유형이 변화해가고 있음을 알 수 있다.

이와 같은 마을의 변화는 유적에서 출토되는 석기의 조합양상을 통해서도 확인된다. 오산리와 문암리 유적에서는 수렵·어로구, 식량가공구, 목재가공구, 기타 공구류 및 식물성식료의 채집과 관련된다고 판단되는 석기류가 주로 출토되고 있다. 그리고 도구의 제작, 특히 결합식낚시의 축부 제작과 관련된 찰절석기 등의 공구류가 출토되는 특징을 보인다. 이는 당시의 생계방식이 다량의 결합식낚시를 필요로 하는 어로활동을 중심으로 하고 있었음을 알 수 있다. Ⅰ기와 달리 Ⅱ기에서는 도구조성에 있어 약간의 변화가 관찰되는데, 결합식낚시 축부, 추형석기의 소멸, 그물추의 성행, 갈돌·갈판(말안장모양)의 출현 등을 들 수 있다. Ⅰ기의 결합식낚시를 사용하는 어법은 방어 · 다랑어 · 삼치 · 명태 · 대구 등의 대형 회유어를 대상으로 사용된 것으로 판단되는데, Ⅱ기에 이르면 결합식낚시를 사용하는 어법에서 그물추를 사용하는 방식으로 변화해가고 있다. 이는 동시에 그물추의 성행으로 인해 같은 추로서의 기능을 가진 추형석기가 소멸된 원인으로 보고 있다. 또한 말안장형 갈판은 중서부지역의 유적에서는 굴지구, 그물추 등의 석기들과 같이 출토되는 경우가 많으나, 중부동해안지역에서는 굴지구의 출토가 매우 적어 중서부지역에서 일반적으로 생각되는 초보적인 농경을 통한 수확물의 분쇄구와 다른 용도로 사용되었을 가능성도 있다. 그러나 최근 초당동 유적에서 따비형 굴지구가 확인된 바 있어 중서부지역과의 관계를 이해하는데 중요한 자료로 평가받고 있다.

이러한 굴지구는 기존에 중부동해안지역에서 잘 보이지 않았던 것으로 그 의미가 큰데, 중부동해안지역에서의 초보적인 농경 존재와 함께 중서부지역에서의 빗살무늬토기의 확산과 궤를 같이하며, 돌낫이 함께 출토되고 있어 이를 뒷받침해주고 있다. 다만 굴지구의 수량이 적고, 석촉이나 그물추 등 여타의 식량획득도구가 주류를 이루고 있는 점을 고려한다면, 다른 지역보다 초보적인 농경이 적극적으로 행해지지 않았을 가능성도 존재한다. 이밖에 중부동해안지역의 집자리 유적에서는 돌칼이 10점 여점이 출토되었는데, 다른 지역에서는 잘 확인되지 않는 석기 기종으로 Ⅰ기 유적에서는 생선 등의 식량처리와 관련된 도구로 볼 수 있으나, Ⅱ기 이후에는 이러한 용도 이외에 초기농경과 관련하여 수확구로 사용되었을 가능성도 있다.

충청내륙지역과 남부내륙지역의 마을 유형은 양 지역 Ⅱ기 유적에서 서로 다른 양상을 보이고 있어 주목된다. 충청내륙지역은 대천리식 집자리가 대부분을 차지하며, 대부분 1기 혹은 2기의 집자리만이 독립적으로 위치하고 있어 ㉰형 마을에 해당한다. 그러나 남부내륙지역의 동 시기 마을 유적은 ㉮형 마을이 대부분을 차지하고 있어 상반된다. 이와 같은 차이는 마을의 입지조건과 생계방식의 차이에서 나타나는 것으로 판단되는데, 중부내륙지역에서도 이와 유사한 양상을 보여 특징적이다. 즉 강변의 충적대지에 입지한 유적은 ㉮형이 주류를 이루는 반면, 구릉지역에 입지한 유적은 ㉰형 혹은 ㉯형 유적들이 주류를 이룬다. 남부내륙지역은 Ⅲ기 단계에 들어서면 ㉮형은 확인되지 않고, ㉯2형과 ㉰형만이 존재하는 양상으로 변화된다.

두 지역의 마을 유형은 생계방식에서도 차이에서 드러나는데, 대천리식 집자리의 경우 1기 혹은 2기만이 유적에서 확인되고 있어 그 수가 많지 않고, 온전한 형태의 것이 소수에 불과해 출토된 석기량이 많지 않다. 그나마 대천리 집자리와 쌍청리 집자리에서 비교적 많은 양의 석기가 출토되어 대천리식 집자리의 생계방식을 추론해 볼 수 있다. 대천리식 집자리와 송죽리식 집자리의 석기조합양상을 보면 가장 눈에 띄는 점이 바로 수렵·어로구의 有無이다. 송죽리식 집자리에서는 그물추, 석촉, 석창 등 다양한 종류의 많은 수량의 수렵·어로구가 출토되고 있다. 그러나 대천리식 집자리에서는 신관동 유적에서 4점의 그물추만이 확인되고 있어 대비된다. 이는 송죽리식 집자리가 대천리식 집자리에 비해 상대적으로 수렵·어로 활동이 활발했음을 추정해 볼 수 있으며, 큰 강가의 충적대지에 위치하고 있어 이를 뒷받침해 준다.

송죽리식 집자리의 입지조건은 연중 풍부한 수량을 갖춘 큰 하천이 마을 앞으로 흘러 식수 등 생활용수의 확보가 용이하고, 어로활동을 통한 기본적인 식량을 조달할 수 있다는 점과 유적주변에 산악과 구릉이 잘 발달되어 있어 식물(먹거리)의 채집과 동물 사냥을 통한 수

렵에 유리하다는 점, 하천 충적대지로 형성된 고운 모래층은 파기에
쉽고 우천시에도 빗물이 바로 땅으로 스며드는 양호한 배수조건을
갖춘 지역으로 신석기인들의 마을 조성에 유리한 입지조건을 지닌다
고 볼 수 있다.

결국 송죽리식 집자리는 식량가공구, 식량채집구, 목재가공구, 수
렵·어로구, 공구류 등 다양한 석기조합양상을 보이고 있어 장기 정
주마을에서 나타날 수 있는 현상으로 해석될 수 있다. 특히 대규모
마을을 이루고 있기 때문에 출토된 용도별 석기의 수량도 많고, 송죽
리와 진그늘 유적에서는 석기 제작터로 추정되는 곳도 확인되고 있
다. 대천리식 집자리는 다양한 석기조합양상을 보이지만 송죽리식
집자리와 비교해 그 수량이나 석기조합의 다양성에서는 떨어지는 편
이다. 이는 대천리식 집자리의 경우 단독 가옥형태를 유지하고 있어

표 5-5 대천리식 집자리와 송죽리식 집자리 유적의 석기양상[325]

유적	식량가공구 (식료처리)	식량채집구 (채집/농경)	목재가공구 (벌채/목공)	수렵·어로구	공구류	비고
대천리	6	17	1	·	1(숫돌)	화재주거
쌍청리	13	3	4	·	1(숫돌)	반파
상정리	1	2	·	·	·	일부잔존
웅포리	·	다수	1	·	·	
신관동	·	1	·	4(그물추)	·	화재주거
송월리	·	4	·	·	1(숫돌)	
송죽리	102	18	7	67(석촉·창, 그물추)	26(숫돌, 모룻돌)	
상촌리B	39	55	12	76(석촉, 그물추)	4(숫돌)	
진그늘	10	34	4	11(석촉·창)	9(숫돌, 망치)	
갈머리	39	79	9	21(석촉)	7(숫돌)	

325 구자진, 2009b, 앞의 글, 18쪽.

많은 양의 식량자원을 저장하기보다는 계절별 다양한 자원의 획득에 중점을 두고 있었으며, 주변 자원의 획득에 따른 경쟁관계가 존재하지 않았을 것으로 판단되기 때문에 나타나는 현상으로 생각해 볼 수 있다. 이는 대천리 유적 출토 곡물을 통해서도 확인된다.

대천리 유적에서는 집자리 바닥에 남아 있는 재층의 시료를 지점별로 채취하여 분석한 결과 여러 종류의 탄화 곡물이 출토되었다. 탄화곡물로는 쌀·보리·밀·조·기장 등이 발견되었으며, 벼규소체도 확인되었다. 생활공간에서는 쌀·조·기장·도토리 등이 출토되었고, 부속공간에서는 쌀·밀·보리·도토리 등이 나왔다. 특히 대천리 유적은 조·기장을 비롯하여 그 동안 신석기시대 집자리에서 확인되지 않았던 쌀·보리·밀 등이 나와 주목된다. 대천리 집자리에서 출토된 탄화곡물이 더욱 의미가 있는 것은 곡물의 종류에 따라 재배된 시기가 다르다는 점이다. 쌀과 조, 기장은 가을에 거두어들이며, 보리와 밀은 봄에 수확하는 작물로 대천리 유적은 1년 내내 초보적인 농경이 이루어지고 있었음을 짐작할 수 있다[326].

반면 송죽리식 집자리에서는 탄화된 토토리 이외의 곡물은 출토되지 않았지만, 조·기장 등의 곡물이 동삼동 유적 1호 집자리에서 확인된바 있어 충적대지를 이용한 잡곡농경이 이루어졌을 가능성이 높다. 결국 송죽리식 집자리는 석기조합양상과 마을의 입지(충적대지)·구조(공간분할)·규모(대규모), 야외 화덕자리와 저장구덩 등을 통해 장기 정주마을의 성격을 띠며, 초보적인 농경을 비롯하여 주변 환경을 이용한 수렵·어로활동이 활발하게 이루어졌음을 짐작할 수 있다.

대천리식 집자리는 구조(내부공간분할, 돌출된 출입구시설 등), 입지, 마

---

326 구자진, 2003, 앞의 글, 72~73쪽.

쌀　　　　　　　쌀　　　　　　　쌀

쌀　　　　　　　보리　　　　　　보리

밀　　　　　　　기장　　　　　　조

그림 5-6 대천리 유적 출토 곡물[327]

을 구조(단독 가옥형태), 석기조합양상을 비롯한 출토 곡물 등을 통해
장기 정주마을을 유지하되, 수렵·어로활동보다는 초보적인 농경을
중심으로 한 다양한 식량자원의 획득에 중점을 둔 생계·주거방식을
영위했던 것으로 생각된다.

---

327 구자진, 2003, 앞의 글, 75~76쪽.

3_ 마을의 변천

여기에서는 지금까지 살펴본 지역별, 시기별 집자리의 구조와 움집의 복원, 마을의 구조에 대한 분석 결과를 토대로 하여 우리나라 신석기시대 집자리와 마을 유적이 어떠한 변화과정을 보이는지 종합적으로 살펴보고자 한다.

Ⅰ기에 해당하는 집자리 유적은 기본적으로 원형 및 방형의 평면 형태를 띠며, 규모는 비교적 중소형에 해당하는 4~6m 정도이다. 유적의 입지는 지역마다 다른 양상을 보이는데, 중부내륙지역에서는 강변의 충적대지, 중부서해안지역에서는 구릉지역, 중부동해안지역에서는 해안 사구지대에 유적들이 입지하고 있다. 이러한 입지양상과 집자리 구조를 통해 각 지역별 특징적인 집자리의 형식 설정이 가능한데, 중부내륙지역은 암사동식 집자리, 중부서해안지역은 운서동식 집자리, 중부동해안지역은 오산리식 집자리이다. 이들 집자리 형식 중 암사동식과 오산리식 집자리는 가구방식복원에 있어 4주식의 기둥배치와 모임지붕(뿔형)의 구조로 복원이 가능하며, 운서동식 집자리는 앞의 두 형식보다 상대적으로 후행하는 집자리로서 내부공간의 활용 및 확장을 위한 단시설과 돌출된 출입구시설, 4주식 기둥배치 등의 구조적 특징을 통해 서까래가 지표면에서 떨어지기 시작하는 단계의 움집으로 복원 가능하다.

또한 Ⅰ기의 마을 유적은 대규모 마을로 열상배치 혹은 2~3기의 소군집 형태를 보이며, 마을 구조는 대부분 ㉮형에 해당하는 것으로 집자리와 야외 화덕시설, 움구덩, 토기가마 등의 다양한 유구들이 함께 확인되고 있는 특징을 지닌다. 결국 Ⅰ기 마을은 유적의 입지와 주변 지형 및 환경에 적응하여 수렵·채집·어로를 중심으로 한 생계방식을 영위하였으며, 상대적으로 늦은 시기에 해당하는 운서동 유적에서는 초보적인 농경이 도입되었을 가능성이 존재한다.

Ⅱ기 집자리 유적은 Ⅰ기와 마찬가지로 집자리의 평면형태에 있어 원형과 방형이 일부 지역에서는 계속해서 유지되지만[328] 대부분 지역에서는 장방형의 집자리가 등장하기 시작하여 주류를 이룬다. 특히 대동강·황해도지역, 충청내륙지역, 남부내륙지역에서는 각 지역별 정형화된 특징을 지닌 장방형 집자리가 나타나며, 이들 집자리 간에 어느 정도 관련성이 확인된다. 집자리의 규모는 평면형태의 변화와 함께 원형과 방형은 큰 변화가 없지만, 장방형에서는 7m 이상으로 대형화되는 양상이 뚜렷하게 드러난다. 유적의 입지는 지역마다 뚜렷한 차이점이 확인되는데, 중부내륙지역은 Ⅰ기 단계와 마찬가지로 강변의 충적대지에 주로 입지하지만, 큰 하천보다는 지류에 해당하는 충적대지에서 대부분의 유적이 확인되고 있다. 충청내륙지역에서는 구릉지역의 정상부에 1기 혹은 2기의 집자리가 독립가옥의 형태로 입지하며, 남부내륙지역은 중부내륙지역과 마찬가지로 강변의 충적대지에 자리잡고 있다.

이와 같은 입지와 집자리 구조를 통해 보면, Ⅱ기 단계도 각 지역별 특징적인 집자리의 형식 설정이 가능한데, 중부서해안지역은 신길동식 집자리, 충청내륙지역은 대천리식 집자리, 남부내륙지역은 송죽리식 집자리이다. 이들 집자리 형식의 가구방식복원은 이전 시기의 집자리에서 한 단계 발전하여 서까래가 지표면에서 분리된 형태의 맞배지붕(용마루형)으로 지붕 복원이 가능하다. 여기에 대천리식

---

328 Ⅱ기에 해당하는 집자리의 평면형태는 원형과 방형 중에서도 방형이 대부분을 차지하고 있어 우리나라의 신석기시대 집자리의 평면형태는 원형에서 방형으로, 방형에서 장방형으로의 변화과정을 보인다고 할 수 있다.

집자리는 돌출된 출입구시설과 내부공간분할이라는 점에서 신석기시대 집자리 중 매우 효율적이고 발전된 형태의 구조를 띠고 있어, 여러 세대가 거주할 수 있는 규모와 내부구조를 지녔다고 판단된다.

또한 Ⅱ기의 마을 유적은 마을 구조에 있어서도 지역별로 상이한 양상이 보이는데, 대동강 · 황해도지역에서는 규모가 큰 집자리와 작은 집자리가 2~3기의 소군집 형태로 모여 마을을 이루고 있다. 중부내륙지역은 2~5기 내외의 소규모 마을로 확인되며, 필자의 ㉯1형 마을이 대부분을 차지하는 특징을 보인다. 반면 중부서해안지역은 구릉지역의 정상부 혹은 사면부에 입지하며, 경기남부 해안지역의 대규모 마을과 충남북부 해안지역의 소규모 마을로 구분되며, 전체적인 집자리 배치는 열상배치 혹은 대군집 형태의 마을 구조를 보인다. 마을구성에 있어서는 경기남부 해안지역 중 섬 지역에서는 ㉮형 마을, 해안지역에서는 ㉰형 마을이 대부분을 차지한다. 그러나 충남북부 해안지역에서는 ㉰형과 ㉯2형의 마을이 비슷한 비율로 나타나고 있다.

중부동해안지역은 Ⅰ기 단계와 마찬가지로 해안의 사구지대에 자리잡고 있으며, 마을의 규모는 조사된 유적마다 차이가 크지만, 대부분의 유적들이 서로 인접한 지역에 위치해 있고, 좁은 범위의 발굴조사를 통해 확인된 유적으로 이전 시기와 마찬가지로 비교적 대규모 마을이었을 것으로 짐작된다. 마을의 구성에 있어서는 중부내륙지역과 유사하여 집자리와 야외 화덕시설이 세트를 이루는 ㉯1형이 대부분을 차지하고 있다.

충청내륙지역과 남부내륙지역은 집자리 개별 규모가 장방형으로 대형화되었고, 충청내륙지역은 단독 배치, 남부내륙지역은 10여기 이상의 비교적 많은 수의 집자리가 마을을 이루고 있다. 남부내륙지역의 Ⅱ기 유적들은 주거공간과 생산공간이 분리된 배치양상을 보이며, 충청내륙지역의 대천리식 집자리는 ㉯형 마을이나, 남부내륙지역의 송죽리식 집자리는 ㉮형 마을을 보이고 있어 뚜렷하게 구분된다. 이는 양 지역의 유적 입지와 생계방식 차이에서 비롯된 것으로 충청내륙지역의 마을 유적은 장기 정주마을을 유지하되, 수렵·어로 활동 보다는 초보적인 농경을 중심으로 한 다양한 식량자원의 획득에 중점을 둔 생계·주거방식을 영위하였고, 남부내륙지역의 마을 유적은 장기 정주마을의 성격을 띠며, 초보적인 농경을 비롯하여 주변 환경을 이용한 수렵·어로활동이 활발하게 이루어졌음을 짐작할 수 있다.

결국 Ⅱ기에 해당하는 마을 유적은 유적의 입지와 지역별 지형 조건에 따라 약간의 차이는 존재하겠지만, 전반적으로 수렵·채집·어로활동의 생계방식에서 초보적인 농경의 비중이 증가하고 있음이 이들 유적에서 출토되는 석기조합양상과 탄화곡물을 통해 알 수 있다.

Ⅲ기에 해당하는 집자리 유적은 정형화된 장방형 집자리가 동북지역, 서북지역, 대동강·황해도지역에서는 이전 시기와 마찬가지로 지속적으로 사용되는데, 중부내륙지역과 중부동해안지역에서는 Ⅰ기에서 Ⅲ기까지 장방형의 집자리가 등장하지 않는 곳도 있다. 또한 충청내륙지역과 남부내륙지역에서는 일부 장방형의 집자리를 대체하여 원형과 방형의 집자리가 나타나는 지역도 존재한다. 집자리의 규모는 원형과 방형의 평면형태를 유지하는 곳에서는 중소형이나, 장방형의 집자리가 지속적으로 사용되는 곳에서는 규모가 큰 집자리가 확인된다. 이 중에서 주목되는 점은 동북지역의 범의구석 유적과 서북지역의 후와(상층) 유적에서 확인된 방형의 평면형태에 4×4열의 기둥배치를 보이는 집자리이다. 이들 집자리는 움집의 가구방식복원

에 있어 용마루형의 맞배지붕으로 이중도리식의 구조로 복원이 가능하며, 신석기시대 움집 중에서 가장 발전된 형태의 집자리 구조로 볼 수 있다. 이와 같은 집자리는 지역·시기별 특징을 고려해 보면 범의 구석식 집자리로 설정이 가능하다.

Ⅲ기에 해당하는 집자리 유적은 이전 시기에 비해 그 수가 적은 편으로 중부동해안지역과 충청내륙지역, 남해안지역에서는 상대적으로 조사 예가 매우 드물다. 이와 같은 현상을 마을의 해체에 따른 분화로 보는 견해도 존재하지만, 동북지역, 서북지역, 대동강·황해도 지역에서는 이전 시기보다 많은 수의 유적과 집자리가 보고되고 있어 우리나라의 전반적인 양상으로 이해하기는 어렵다. 최근 중부내륙지역과 중부서해안지역, 남부내륙지역에서는 이 시기 유적이 증가하고 있는 추세를 보이고 있어 앞으로 Ⅲ기의 집자리 구조 및 마을의 변화양상을 파악하는데 도움을 줄 것으로 기대된다. 필자는 Ⅲ기 유적의 조사 예가 증가한다면, 이 시기에 이르러 신석기시대 마을의 해체가 아닌 마을 규모의 축소를 통한 또 다른 형태의 마을 구조가 지속적으로 유지되었을 가능성이 높은 것으로 판단된다.

Ⅲ기 유적의 입지도 이전시기와 마찬가지로 지역마다 다른 양상을 보이는데, 중부내륙지역 중 한강·임진강유역은 구릉지역의 사면부나 내륙 깊숙한 계곡부의 말단부에 형성되어 있는 특징을 보인다. 중부동해안지역에서도 이전시기의 해안사구지역에서 구릉지역으로 입지상의 변화가 관찰되며, 중부서해안지역과 충청내륙지역, 남부내륙지역의 경우에는 큰 차이를 보이지 않는다. 또한 Ⅲ기의 마을 유적 중 중부내륙지역과 충청내륙지역에서는 2~5기의 소군집 형태와 1~2기가 산재해 있는 특징을 보이며, 중부서해안지역과 남부내륙지역에서는 일부 2~3기의 소군집 형태를 보이는 것과 이들 소군집이 모여

마을을 이루는 형태가 확인된다. 이와 달리 중부동해안지역에서는 열상배치의 마을 구조가 확인되고 있어 차이를 보인다.

　지금까지 신석기시대 집자리 유적을 시기에 따른 각 지역별 집자리의 구조와 특징, 마을의 입지와 분류를 통한 변화양상을 살펴보았다. 이와 같은 변화양상은 유적에서 출토된 자연유물과 석기조합양상의 분석을 통해 당시 신석기인들의 생계방식과 매우 밀접한 관련이 있었음을 추론해 보았다. 전반적으로 우리나라의 신석기시대 집자리와 마을은 생계방식의 변화와 함께 구조와 유형의 변화가 일어나고 있으나, 지역별로 동일한 양상을 보이지 않는 것으로 확인되었다. 즉 유적의 주변 환경과 지형적인 조건 및 시기에 따라 차이를 보인다. 그러나 본고에서 다룬 마을 유적에 대한 분류 및 해석에는 많은 한계를 지니고 있는데, 마을 전체를 분석할 수 있는 유적이 소수에 불과하고, 바라보는 시각에 따라 마을 구조는 달리 해석될 수 있기 때문이다. 이러한 문제점은 최근 조사된 대규모 마을 유적의 보고서가 발간되면 이를 토대로 계속 보완해야 될 과제로 판단된다.

제**6**장

맺음말

우리나라 신석기시대 집자리와 마을 유적은 129개 유적 700여
기의 집자리에 달한다. 대부분의 집자리 유적은 2000년대 이후 조사
된 유적으로 가히 폭발적인 증가양상을 보이며, 신석기시대 집자리
와 마을 연구에 있어 한 단계 진전될 수 있는 계기가 마련되었다.

본고는 그동안 개별 유적 혹은 지역별로 다루어져 왔던 신석기시
대 집자리와 마을에 대해 한반도라는 공간적 범위 안에서 어떠한 구
조와 특징을 보이는지 살펴보고, 시간적으로 어떠한 변화과정이 일
어나는지 그 원인에 대해 밝혀 보고자 하였다. 연구대상의 시간적 범
위는 신석기시대 전 기간을 포괄하였으며, 공간적 범위는 한반도를
비롯하여 일부 연해주 및 요동지역을 포함하였다.

우선 우리나라 신석기시대 집자리 유적의 분포를 통해 지역권을
설정한 후, 지역 · 시기별 집자리의 구조와 특징을 살펴보기 위한 전
제조건으로 상대편년을 시도하였다. 이는 기존의 빗살무늬토기를 중
심으로 이루어진 편년과 지역권설정이 집자리의 구조와 입지 등의

변화 양상을 통해서도 드러날 것으로 생각되었기 때문이다. 신석기시대 집자리 유적은 대 하천과 산맥, 해안선 등의 지형적 요건과 집자리의 구조와 입지 양상, 신석기시대 토기의 지역적인 전개양상 등을 고려해 볼 때, 동북지역, 서북지역, 대동강·황해도지역, 중부서해안지역, 중부내륙지역, 중부동해안지역, 충청내륙지역, 남부내륙지역, 남해안지역의 9개의 지역권으로 구분할 수 있다.

각 지역별 집자리 유적의 상대편년은 기존의 신석기시대 토기에 대한 연구 성과와 최근 축적되어 가고 있는 방사성탄소연대측정값을 토대로 Ⅰ~Ⅲ기로 분기설정을 하였다. 이는 그동안 빗살무늬토기를 중심으로 세분된 분기설정은 집자리의 구조와 변화양상을 파악하는 데에는 그다지 효율적이지 못하며, 빗살무늬토기의 문양이나 시문부위, 기형 등의 변화에 비해 집자리 구조의 변화는 매우 더디게 진행되기 때문이다.

우리나라의 신석기시대 집자리에 대한 상대편년은 Ⅰ기는 기원전 6,000년~기원전 3,500년, Ⅱ기는 기원전 3,500년~기원전 3,000년, Ⅲ기는 기원전 3,000년~기원전 2,000년에 해당한다. Ⅰ기와 Ⅱ기는 다시 2개의 분기로 세분될 가능성이 있다. 그러나 지금까지 발굴 조사된 신석기시대 집자리는 필자의 각 분기 내에서 상대적인 선후관계를 통한 검토가 가능하다고 판단되어 본고에서는 세분하지 않았다.

이와 같은 지역권설정과 상대편년을 토대로 지역·시기별 집자리의 구조와 특징을 살펴보았다. 검토 결과, 각 지역별 집자리 구조는 시기에 따른 변화양상이 나타나며, 지역별로 다른 전개양상을 보인다. 또한 지역·시기에 따른 집자리의 구조가 서로 상관관계를 보이는데, 이와 같은 현상은 빗살무늬토기를 통해서도 확인되고 있다. 이

중에서 주목되는 것은 각 지역과 시기를 대표할 수 있는 집자리가 확인된 점인데, Ⅰ기의 암사동식 집자리, 오산리식 집자리, 운서동식 집자리, Ⅱ기의 신길동식 집자리, 대천리식 집자리, 송죽리식 집자리라는 지역별 특징적인 집자리가 확인되었다. Ⅲ기는 집자리 유적 수가 적어 지역적 특징을 밝히기 어렵지만, 동북지역과 서북지역의 범의구석 유적과 후와(상층) 유적에서 정형화된 집자리 구조가 확인되어 범의구석식 집자리로 설정이 가능하다. 신석기시대 집자리 형식은 그동안 가능성조차 언급되지 않았던 것인데, 집자리 유적의 조사 예가 많지 않고 지역적으로 편중된 양상을 띠고 있었기 때문이다. 그러나 최근에는 옥천 대천리 유적을 시작으로 하여 지역과 시기를 대표할 수 있는 집자리 유적이 증가하고 있어 집자리 구조와 입지를 비롯하여 출토 유물의 분석을 통한 좀 더 구체적인 집자리 유형설정이 가능할 것으로 판단된다.

또한 신석기시대 집자리 중 앞서 설정한 대표적인 집자리를 대상으로 하여 집자리의 가구방식 변화를 살펴보고자 움집복원을 시도하였다. 움집 복원은 건축학의 연구 성과를 토대로 하여 실제 발굴 조사된 집자리를 대상으로 실시하였다. 복원 작업은 최근 사용되고 있는 건축설계 프로그램을 이용하였으며, 이를 통해 집자리의 입지와 구조, 시기에 따른 각 형식의 집자리가 어떠한 가구방식(특히 지붕구조)의 변화가 일어나는지 살펴보았다. 지붕의 가구방식 변화는 처음 서까래만 사용한 구조에서 점차 기둥을 사용한 구조로 발달한다. 기둥만으로 서까래를 지탱하는 구조는 움집의 규모를 확장하는데 많은 구조적 한계가 있다. 이에 기둥의 배열은 점차 규칙성을 지니게 되며, 더불어 서까래를 합리적으로 걸기 위해 도리가 발생하게 되었다. 따라서 기둥구멍의 깊이는 점차 얕아지게 되었고, 원시적인 초석의 사용도 가능하게 되었으며, 움집의 규모는 더욱 확장되고 시공도 그만큼 편리해지게 되었을 것이다. 결국 우리나라의 신석기시대 움집은 이른 시기에는 원추형 혹은 사각추형의 지붕구조를 보이다가 Ⅱ기에 이르면 지붕의 서까래가 지표에서 떨어지는 구조로의 변화가 나타난다. 이는 집자리의 입지 변화와 함께 대형 장방형 집자리의 등장, 방형의 정형화된 4주식 집자리의 등장과 맞물려 일어난다.

마지막으로 지금까지 살펴본 개별 집자리에서 확대하여 마을의 구조와 변화과정을 살펴보았다. 마을 구조는 분석 가능한 유적을 대상으로 입지와 규모, 마을의 공간배치가 시기별 혹은 지역별로 어떠한 변화양상을 보이는지 살펴보았다. 마을의 입지와 규모에서는 지역·시기별 변화와 차이점이 들어나는데, 반해 마을의 공간배치는 보는 시각에 따라 달리 해석될 수 있는 부분이 많고, 지역·시기별로 제각기 다른 변화양상을 보이고 있다. 하지만 전반적으로 Ⅰ기와 Ⅱ기 유적에서는 집자리 구조와 함께 마을 구조도 변화하는 양상이 관찰된다. 이러한 변화는 이들 유적에서 출토된 자연유물과 석기조합양상을 통해 볼 때, 초보적인 농경의 시작으로 인해 당시 신석기인들의 생계방식이 변화하였고, 이는 당시 사회·경제적인 구조 변화를 초래하였던 것으로 생각된다. 이후 Ⅲ기의 마을과 집자리에서도 규모의 축소 등 다양한 변화가 일어나는데, Ⅱ기와 마찬가지로 큰 변화가 있었음을 유추해 볼 수 있다. 그러나 이러한 요인이 무엇인지에 대해서는 앞으로의 연구과제로 남게 되었다.

또한 마을의 성격을 파악하기 위해 집자리를 비롯한 마을을 이루는 구성 요소인 움구덩, 야외 화덕시설, 토기가마, 무덤, 석기제작장 등의 조합양상을 지역·시기별로 살펴보았다. 마을 유적의 분류는 집자리를 1차 기준으로 하였으며, 야외 화덕시설 혹은 움구덩의 존재

여부에 따라 ㈏형으로 구분하였으며, 여기에 야외 화덕시설과 움구
덩, 기타 유구 등이 조합을 이루는 경우에는 ㉮형으로 분류하였다.
마지막으로 집자리만 확인된 마을은 ㈐형으로 설정하였다. 그러나
㈐형의 마을 유적 중에는 조사 범위가 협소하여 기타 다른 유구가 확
인되지 않았을 가능성이 있는 유적과 집자리만 단독적으로 확인되는
유적이 존재할 수 있다.

 검토결과 중부내륙지역의 신석기시대 마을 유적은 시기에 따른 마
을 유형에 변화가 관찰되는데, ㉮형→㈏형(㈏1형)→㈏1형·㈐형으로
나타나고 있다. 중부내륙지역에서는 ㈏2형이 나타나지 않는 특징을
보이며, 마을의 시기와 입지조건에 따라 마을 유형이 달라짐을 확인
할 수 있다. 중부서해안지역의 마을은 ㉮형→㈐형·㈏2형→㈏형으로
점진적인 혹은 지역적인 변화양상이 관찰된다. 중부동해안지역의 시
기별 마을유형 변화양상은 중부내륙지역과 동일한 변화를 보이는데,
㉮형→㈏1형→㈐형 순으로 마을 유형이 변화해가고 있음을 알 수 있
다. 충청내륙지역은 대천리식 집자리가 대부분을 차지하며, 대부분 1
기 혹은 2기의 집자리만이 독립적으로 위치하고 있어 ㈐형 마을에 해
당한다. 그러나 남부내륙지역의 동 시기 마을 유적은 ㉮형 마을이 대
부분을 차지하고 있어 상반된다. 이러한 마을 유형의 변화 및 차이는
시기에 따른 유적의 입지와 생계방식의 차이에서 나타나는 현상으로
파악된다.

 그러나 마을 유적의 분류와 해석에 있어서는 고고학 자료의 한계
와 주관적인 시각으로 논지 전개상 일부 문제점을 내포하고 있으며,
마을 분류에 따른 각 유형의 성격을 구체적으로 살펴보지 못한 점도
있다. 이러한 문제점은 최근 조사된 대규모 마을 유적의 보고서가 발
간되면 이를 토대로 계속 보완해 나가고자 한다.

본고에서 다룬 신석기시대 집자리와 마을연구는 앞으로 자료의 증가에 따라 좀 더 다양한 분석과 해석이 이루어질 것이라 생각되며, 향후 개별 주제 및 자료에 대한 진전된 분석을 통해 보완하고자 한다.

신석기시대 집자리의 방사성탄소연대측정값

유 적	집자리	측정값(BP)	눈금맞춤연대	
			1편차(BC)	2편차(BC)
양양 오산리C	1호	5751±24	4620-4540	4690-4530
	2호	5758±24	4620-4550	4690-4540
	3호	5770±24	4685-4585	4690-4540
	4호	5851±27	4745-4685	4800-4670
	5호	6599±26	5565-5510	5570-5480
양양 오산리A	V-⑦(8호)	6130±50	5080-4990	5220-4930
	V-②(2호)	6080±210	5300-4700	5500-4500
	V-③(3호)	5740±210	4830-4350	5300-4000
고성 문암리	02-7호	6595±40	5560-5480	5620-5480
강릉 초당동	247(어린이집)	4720±60	3450-3370	3640-3370
양양 송전리	1호	4467±26	3330-3210	3340-3080
		4600±60	3510-3420	3550-3100
	2호(도토리)	4625±28	3500-3450	3520-3420
		4660±60	3520-3360	3640-3330
강릉 지경리	4호	4590±70	3240-3110	3650-3050
	6호	4420±60	3110-2920	3140-2910

유 적	집자리	측정값(BP)	눈금맞춤연대	
			1편차(BC)	2편차(BC)
강릉 지경리	7호	4600±80	3520-3320	3650-3000
양양 가평리	1호	4570±60	3240-3110	3520-3090
		4390±60	3100-2910	3130-2890
양양 오산리B	2호	4360±50	3030-2900	3110-2880
고성 철통리	1호	4400±50	3090-2920	3130-2900
		4240±30	2910-2870	2910-2850
	2호	4380±60	3090-2910	3130-2890
		4285±25	2910-2885	2920-2875
	3호	4210±60	2820-2740	2920-2580
		4260±25	2905-2880	2920-2870
	4호	4290±60	3020-2870	3100-2850
		4230±30	2810-2760	2910-2850
춘천 천전리	74호	3730±60	2210-2030	2300-1940
제천 신월리	집자리	3670±50	2140-1970	2200-1910
서울 암사동	75-4호	4730±200	3800-3100	4000-2900
	75-10호	5510±100	4460-4250	4550-4050
	75-2호	6050±105	5070-4790	5300-4700
		5000±70	3810-3700	3950-3650
	75-1호	4660±70	3520-3360	3650-3300
	74-5호	4610±200	3650-3050	3900-2700
남양주 호평동	1호	3930±60	2490-2300	2580-2270
	2호	3860±50	2460-2280	2470-2190
	3호	4040±60	2640-2470	2780-2450
		4050±60	2670-2470	2780-2460
		3990±60	2620-2450	2700-2250
옥천 대천리	집자리	4590±70	3240-3110	3650-3050
		4490±40	3340-3210	3350-3080
		4400±60	3100-2910	3130-2900
		4240±70	2920-2840	3020-2610
보령 관창리	2호	4690±90	3530-3360	3700-3100
		4450±70	3340-3210	3350-2920

유 적	집자리	측정값(BP)	눈금맞춤연대	
			1편차(BC)	2편차(BC)
보령 관창리	2호	4420±70	3110-2900	3340-2900
		4360±50	3030-2900	3110-2880
	47호	4620±90	3530-3320	3650-3050
		4140±110	2880-2580	3050-2350
홍성 상정리	1호	4490±110	3360-3080	3550-2900
		4390±40	3030-2920	3110-2900
		4260±40	2920-2870	2940-2850
홍성 송월리	1호	4360±40	3020-2910	3090-2890
		4580±50	3380-3320	3250-3090
음성 금석리	집자리	4510±50	3240-3100	3370-3080
		4300±60	3020-2870	3100-2850
공주 신관동	집자리	4500±50	3250-3100	3370-3080
		4480±50	3250-3100	3370-3080
		4510±50	3240-3100	3370-3080
		4530±50	3240-3110	3370-3080
		4500±50	3250-3100	3370-3080
		4580±50	3380-3320	3250-3090
		4450±50	3330-3210	3340-3000
		4450±50	3330-3210	3340-3000
		4440±50	3120-3010	3140-2920
		4420±50	3110-2920	3130-2910
		4480±50	3340-3210	3360-3010
		4590±50	3380-3330	3520-3260
청원 쌍청리	집자리	BC 2,500-2,180		
청양 학암리	집자리	4415±54	3110-2920	3130-2910
		4409±47	3100-2920	3130-2900
청주 봉명동	1호	4490±100	3350-3080	3500-2900
진안 갈머리	1호	4510±40	3240-3100	3370-3090
		4560±40	3370-3320	3250-3100
	2호	4540±80	3250-3100	3550-2900
		4700±80	3470-3370	3700-3300

유 적	집자리	측정값(BP)	눈금맞춤연대	
			1편차(BC)	2편차(BC)
진안 진그늘	파괴집자리	4650±30	3500-3430	3520-3360
	ㄷ꼴유구	4500±120	3370-3020	3550-2900
여수 송도	집자리	5540±170	4600-4220	4800-3950
	문화층	5430±170	4400-4040	4700-3800
시흥 능곡동	2호	4730±50	3640-3560	3640-3490
		4600±30	3380-3350	3500-3430
	4호	4690±70	3530-3370	3640-3350
		4660±30	3510-3420	3520-3360
	5호	4640±30	3500-3430	3520-3350
	6호	4870±50	3710-3630	3780-3620
	7호	4830±50	3590-3520	3710-3510
		4650±30	3500-3430	3520-3360
	9호	4580±60	3240-3110	3520-3090
		4665±30	3520-3420	3520-3360
	10호	4585±25	3380-3340	3380-3330
	11호	4750±60	3640-35100	3650-3490
		4670±25	3470-3420	3520-3360
	12호	4520±80	3250-3090	3500-2900
		4730±25	3630-3580	36450-3550
	13호	4970±50	3800-3690	3820-3640
	15호	4665±25	3510-3420	3520-3360
	16호	4900±50	3720-3630	3800-3630
		4740±25	3640-3560	3640-3550
	18호	4840±50	3700-3620	3720-3510
		4780±50	3610-3520	3660-3490
		4635±25	3500-3450	3520-3420
	20호	4860±50	3710-3630	3770-3620
		4605±25	3490-3460	3500-3430
	20호 (조)	4740±40	3640-3550	3640-3490
	22호	4800±50	3600-3520	3670-3500
		4630±25	3500-3450	3510-3420

유 적	집자리	측정값(BP)	눈금맞춤연대	
			1편차(BC)	2편차(BC)
시흥 능곡동	23호	4545±25	3360-3330	3240-3100
	25호	4620±70	3520-3330	3650-3100
		4815±25	3580-3530	3590-3520
부산 동삼동	1호	4360±60	3030-2900	3120-2880
		4680±60	3530-3370	3540-3350
	1호 (조)	4590±100	3240-3100	3650-3000
	2호	4300±40	2930-2880	3030-2870
	3호	5640±90	4550-4350	4690-4330
		5540±40	4400-4340	4460-4330
합천 봉계리	9호	4060±150	2880-2460	3050-2100
김천 송죽리	3호	4380±60	3090-2910	3130-2890
	6호	3990±70	2620-2430	2750-2250
진주 상촌리B	22호	4030±40	2580-2480	2670-2460
안산 신길동	1호	4720±50	3440-3370	3640-3480
	2호	4700±50	3470-3370	3540-3360
	4호	4710±50	3460-3370	3540-3360
	5호	4760±50	3640-3510	3650-3490
	6호	4620±50	3510-3420	3650-3300
	7호	4530±50	3240-3110	3370-3080
	10호	4710±50	3460-3370	3540-3360
	11호	4530±50	3240-3110	3370-3080
	21호	4610±50	3510-3420	3550-3100
	22호	4650±50	3520-3360	3540-3340
용인 농서리	1호	4670±50	3520-3370	3540-3350
	2호	4360±50	3030-2900	3110-2880
		4340±50	3020-2900	3100-2880
		4190±60	2820-2670	2910-2580
		4270±60	2940-2860	3030-2830
	3호	4830±50	3590-3520	3710-3510
	5호	4390±60	3100-2910	3130-2890
		4530±60	3240-3100	3380-3020

유 적	집자리	측정값(BP)	눈금맞춤연대	
			1편차(BC)	2편차(BC)
용인 농서리		4480±60	3340-3090	3360-3000
		4370±50	3030-2910	3110-2880
	8호	4400±60	3100-2910	3130-2900
		4370±50	3030-2910	3110-2880
		4590±60	3500-3430	3520-3090
		4350±50	3020-2900	3100-2880
		4360±50	3030-2900	3110-2880
삼목도	1호	4700±40	3460-3370	3540-3360
		4780±40	3600-3520	3650-3510
	2호	4800±80	3660-3510	3720-3370
		4670±80	3530-3360	3650-3300
	3호	4610±40	3500-3430	3520-3330
	4호	4340±50	3020-2900	3100-2880
		4310±80	3090-2870	3350-2650
	5호	4540±50	3240-3110	3380-3080
		4510±50	3240-3100	3370-3080
	8호	4480±60	3340-3090	3360-3000
	9호	4480±50	3340-3210	3360-3010
		4460±40	3330-3210	3350-3010
		4620±40	3330-3210	3350-3010
	11호	4740±60	3640-3550	3640-3370
		4770±60	3640-3510	3660-3490
운서동 I	3호	5040±50	3950-3770	3960-3710
	11호	4880±50	3710-3635	3780-3620
	14호	4560±50(상층)	3240-3110	3380-3090
		4930±50(하층)	3770-3650	3800-3630
	16호	4550±80	3250-3100	3550-2900
	18호	4390±70	3100-2900	3140-2890
	21호	4920±80	3800-3630	3950-3620
	25호	4870±50	3710-3630	3780-3620
	26호	4910±50	3720-3640	3800-3630

유 적	집자리	측정값(BP)	눈금맞춤연대	
			1편차(BC)	2편차(BC)
	30호	4990±60	3810-3690	3950-3650
	40호	4680±50	3520-3370	3540-3360
	42호	4750±70	3640-3510	3650-3360
	45호	4680±50	3520-3370	3540-3360
	48호	4780±50	3610-3520	3660-3490
	56호	4630±50	3510-3420	3650-3300
	57호	3360±60	1740-1600	1780-1490
중산동(중앙)	2지역-1호	3730±80	2230-2020	2500-1900
	2지역-2호	3650±60	2060-1940	2200-1880
		3670±50	2140-1970	2200-1910
	2지역-3호	4260±60	2930-2850	3030-2830
파주 당동리	1-1호	3390±100	1780-1600	1940-1450
	1-1호 야외노지	3740±50	2210-2110	2300-2010
	7-1호 야외노지	3910±50	2470-2300	2500-2270
	7-2호 야외노지	3960±50	2500-2430	2580-2290
	7-3호 야외노지	3730±50	2200-2110	2290-2010
인천 을왕동	A-1호	4510±90	3370-3090	3500-2900
	A-3호	4220±70	2820-2670	2940-2570
영종도 는들	집자리	4500±60	3250-3100	3370-3010
		4560±40	3370-3320	3250-3100
		4480±30	3330-3210	3340-3080
아산 성내리	2호	4640±60	3520-3350	3650-3300
	4호	4660±50	3520-3360	3540-3350
아산 장재리	2호	4550±50	3240-3110	3380-3090
	4호	4500±80	3350-3090	3400-2900
서산 왕정리	1호	4520±60	3240-3100	3380-3020
서천 장암	1호	5000±60	3810-3700	3950-3660
	2호	4810±80	3700-3510	3770-3490
인천 중산동	II-1호	4250±60	2930-2850	3020-2830
		4220±50	2810-2750	2920-2830

:: 부록 2

한국의 신석기시대 집자리 현황표

표 1 동북지역의 신석기시대 집자리 현황표

| 유적 | 유구 | 평면형태 | 규모(㎝) | 화덕자리 | | | | 기둥구멍 | 바닥 | 출입구시설 | 분기 |
				구조	위치(개수)	규모(㎝)	평면				
서포항	9호	장타원형 돌깐두름식	1,200×600	돌두름식	장축방향(5기)	60~100	원형	·	점토+불처리		I
	3호	원형	420~440	돌두름식	중앙(1기)	80	원형	10(벽가배열)	점토+불처리	계단식	I
	17호	원형	400	구덩식	편재(1기)	60	원형	18(벽가배열)			I
	19호	원형	420~440	구덩식	중앙(1기)	90	타원형				I
	23호	방형	400×380	돌두름식	중앙(1기)	80	원형	13(벽가배열)	점토+불처리		I
	8호	방형	480×450	돌두름식	편재(1기)	50	원형	10	점토+불처리		II
	12호	?	(250)×(200)	?	?	?	?	4			II
	13호	?	(430)×(330)	구덩식	중앙(1기)	70	원형				II
	20호	?	(320)×(200)	?	?	?	?	3	점토다짐		II
	26호	방형	310×280	?	편재(1기)	50	원형		점토다짐		II
	27호	?	520×?	?	?	?	?	다수(벽가배열)	점토다짐		II
	28호	?	(500)×?	?	?	?	?	다수(벽가배열)	점토다짐		II
	29호	?	(400)×(360)	?	편재(1기)	50	원형		점토+불처리		II

유적	유구	평면형태	규모(㎝)	화덕자리				기둥구멍	바닥	출입구시설	분기
				구조	위치(개수)	규모(㎝)	평면				
서포항	30호	?	(340)×(160)	?	?	?	?				II
	11호	?	(550)×(350)	?	?	?	?				III
	15호	?	(370)×(330)	돌두름식	중앙(1기)	80	원형		점토다짐		III
	18호	장방형	430×420	돌두름식	편재(1기)	55	원형	다수(모서리)			III
	21호	?	(500)×(400)	돌두름식	중앙(1기)	80×40	반원형	벽가배열(정형)			III
	22호	장방형	710×400	구덩식	편재(1기)	60	원형	30여개(3줄)			III
	7호	방형	620×600	돌두름식	중앙(1기)	140	원형	64(벽가배열)	점토+불처리		III
	16호	방형	320×280	구덩식	중앙(1기)	60	원형	다수(벽가배열)	점토다짐		III
범의구석	1호	방형	450×?	?	?	?	?	13(일정간격)	점토다짐		III
	2호	방형	400×380	돌두름식	중앙(1기)	?	타원형	21(벽가배열)			III
	3호	방형	350×330	돌두름식	편재(1기)	50	원형	23(일정간격)	점토다짐		III
	9호	방형	380×380	돌두름식	중앙(1기)	60	원형	15(일정간격)			III
	12-ㄱ	?	440×?	?	?	?	?	4(일정간격)		·	III
	12-ㄴ	?	460×?	?	?	?	?				III
	23호	?	410×?	돌두름식	편재(1기)	?	오각형	9(일정간격)			III
	24호	?	?	돌두름식	편재(1기)	?	?	9(벽가배열)			III
	25호	방형	470×400	?	?	?	?	15(벽가배열)			III
	41호	?	?	?	?	?	?				III
토성리	2호	장방형	680×500	돌두름식	중앙(1기)	60×50	원형		모래		III
	5호움	원형	800~900	?	편재(1기)	150	원형				III
	6호움	?	(650)×(400)								III
	7호	방형	530×500	돌두름식	중앙(1기)	80×60	원형				III
	8호	장방형	600×400	돌두름식	편재(1기)	?	?		모래		III
강상리	1호	원형	?	?	(1기)	?	?				II
	2호	?	?	?	(1기)	?	?				II
금곡	F1	장방형	?	?	?	?	?	?	?	?	III
	F2	장방형	?	?	?	?	?	?	?	?	III
	F3	장방형	610×410	구덩식(?)	편재(1기)	30~40	원형	9			III

유적	유구	평면형태	규모(cm)	화덕자리				기둥구멍	바닥	출입구시설	분기
				구조	위치(개수)	규모(cm)	평면				
금곡	F4	장방형									III
	F5	장방형	660×420	구덩식(?)	중앙(1기)	40	원형	4			III
	F6	방형									III
홍성	87AF1	방형	400×340	구덩식(?)	편재(1기)	40	원형	5(4주식?-외부)	점토다짐	경사(내부)	II
	87AF11	방형(?)	650×(450)	구덩식(?)	편재(1기)	100	원형	6(벽가)	점토다짐	돌출(계단)	II
	87AF16	방형	1070×980	구덩식(?)	편재(2기)	160, 85	원형	18(벽가배열)	점토다짐		II
	87BF6	장방형	860×640	?	?	?	?	27(벽가배열)	점토다짐		II
	87AF3	?	?	?	?	?	?	?	?		II
	87AF14	?	?	?	?	?	?	?	?		II
	87AF17	?	?	?	?	?	?	?	?		II
	87BF7	?	?	?	?	?	?	?	?		II

표 2 서북지역의 신석기시대 집자리 현황표

유적	유구	평면형태	규모(cm)	화덕자리				기둥구멍	바닥	출입구시설	분기
				구조	위치(개수)	규모(cm)	평면				
세죽리	집자리	장방형	(450)×(140)	돌두름식	중앙(1기)	?	방형		점토다짐		II
신암리	집자리	장방형(?)	900×?	?	?	?	?		점토다짐		III
룡연리	1호	장방형	(530)×430	구덩식	편재(1기)	?	?	5	점토+불처리		III
	2호	장방형(?)	490×(390)	구덩식	편재(1기)	?	?	11(정형)	점토+불처리		III
	3호	?	(420)×(300)	구덩식	편재(1기)	?	?				III
반궁리	집자리	장방형	320×(140)	구덩식	중앙(1기)	90	원형				III
대강	집자리	원형	?	구덩식(?)	?	?	?	?	?	?	I
석불산	IIT1F	원형	290	돌두름식(?)	편재(?)	?	?	?	?	돌출(계단)	I
후와하층 (31기)	F24	방형	830×730	돌두름식	편재(1기)	118×90	방형	7(벽가배열)	돌출(경사)	I	
	F27	방형(?)	460	돌두름식	(1기)	290×250	방형	2	점토다짐		I
후와상층 (12기)	F10	장방형	790×680	·	·	·	·	12(정형)	점토다짐		II
	F40	방형	670×615	·	·	·	·	9(정형)	점토다짐		II
	F16	방형	466×466	구덩식	편재(1기)	53×48	방형	4주식	점토다짐	돌출(계단)	II

표 3 대동강·황해도지역의 신석기시대 집자리 현황표

유적	유구	평면형태	규모(cm)	화덕자리				기둥구멍	바닥	출입구시설	분기
				구조	위치(개수)	규모(cm)	평면				
남양리	7호	방형	300×(240)	?	?	?	?		점토다짐		III
	12호	장방형	560×480	구덩식	중앙(1기)	60	원형	(4주식)	점토다짐		II
룡덕리	집자리	(장)방형	380×(340)	구덩식	편재(1기)	66×55	원형	벽가배열	점토다짐		II
궁산	1호	원형	560~580	돌두름식	중앙(1기)	90×78	타원형	원형배열	점토다짐	돌출구조	I
	2호	원형	800~900	구덩식	중앙(1기)	85×75	방형	원형배열	점토다짐		II
	3호	?	?	?	중앙(1기)	?	?	다수	점토다짐		I
	4호	원형	620	돌두름식	중앙(1기)	85	원형	원형배열(40여개)	점토다짐		I
	5호	방형	520×440	구덩식	편재(1기)	100×70	타원형	원형배열	점토다짐	내부-진흙층	II
장촌	1호	원형	700	구덩식	편재(1기)	155×75	장방형	?	점토다짐	돌출구조	III
	2호	방형	430	구덩식(?)	중앙(1기)?	?	?	10여개		돌출구조	III
표대	56호	장방형	(400)×(250)								III
	86호	?	?	?	?	?	?	?	?	?	III
	87호	?	?	?	?	?	?	?	?	?	III
	88호	?	?	?	?	?	?	?	?	?	III
	89호	?	?	?	?	?	?	?	?	?	III
	105호	장방형	630×390								III
	106호	장방형	720×500								III
	107호	장방형	560×370	돌두름식	편재(1기)	70×50	타원형				III
남경	12호	장방형	700×370	구덩식	중앙(1기)	130×80	장방형		점토다짐	돌출구조	III
	17호	장방형	650×350	돌두름식?	중앙(1기)	150×70	장방형	벽가배열			III
	31호	장타원형	1350×840	구덩식	편재(1기)	170	타원형				III
	32호	장방형(?)	(380)×340	?	?	?	?				III
	37호	장방형	450×350	돌두름식	편재(1기)	80×60	장방형	원형배열		내부	III
금탄리	7호	장방형	(390)×300	구덩식	?(1기)	50×40	방형		점토다짐		II
	5호	방형	460×450	구덩식	편재(1기)	50×40	원형				III
	9호	?	450×?	?	?	?	?				III
	10호	방형	550×520	돌두름식	중앙(1기)	약 90	원형				III
	11호	장방형	740×480	구덩식(?)	중앙(2기)	100×80	장방형	다수			III
석탄리	16호	장방형(?)	(300)×(100)	?	?	?	?	?			III
마산리	1호	방형	680×650	돌두름식	중앙(1기)	70~100	원형		점토+불처리	돌출(반원형)	I

유적	유구	평면형태	규모(cm)	화덕자리				기둥구멍	바닥	출입구시설	분기
				구조	위치(개수)	규모(cm)	평면				
마산리	2호	방형	550×530						점토다짐		I
	3호	방형(?)	(360)×350	돌두름식	중앙(1기)	?	?		점토다짐		I
	5호	방형	480×440	돌두름식	중앙(1기)	90×75	원형	1	점토+불처리		I
	6호	방형	400×380						점토다짐		I
	7호	방형(?)	440×(300)	돌두름식	중앙(1기)	60	원형	여러개	점토다짐	돌출(반원형)	I
	8호	방형	380	돌두름식	중앙(1기)	60	원형		점토+불처리		I
	9호	방형	(260)×(250)						점토+불처리		I
	15호	방형	390×360						점토다짐	돌출(반원형)	I
	18-ㄱ	방형(?)	(360)×(220)	?	?(1기)	55	원형		점토+불처리		I
	18-ㄴ	방형	340×330	돌두름식	중앙(1기)	95×70	타원형	(4주식)	점토다짐	돌출(반원형)	I
	21호	방형	500×470	돌두름식	중앙(1기)	80	원형	3	점토+불처리	돌출(반원형)	I
지탑리	1호	방형	730×700	돌두름식	중앙(1기)	110~120	타원형		점토다짐	돌출(반원형) 내부-계단구조	I
	2호	방형	440×420	돌두름식	중앙(1기)	90	타원형	여러개		계단구조	I
	3호	방형	400×380	돌두름식?	중앙(1기)	110×90	타원형	29	점토다짐	계단구조	I
소정리	9호	(타)원형	660×520					10		돌출(복도식)	I
	16호	원형	380					5(4주식)	점토다짐	돌출	I
	20호	원형	430~460	구덩식	중앙(1기)	60	원형	14(벽가배열)	점토+불처리	돌출(반원형)	I
	21호	원형	375~400	구덩식	중앙(1기)	45~56	타원형	5	불처리	돌출(방형)	I
	1호	장방형	450×(370)	돌두름식	?(1기)	65~90	타원형	5		돌출(복도식)	II
	3호	장방형	445×220	구덩식	중앙(1기)	55×65	방형	8	불처리	돌출(복도식)	II
	7호	장방형	395×280	돌두름식	중앙(1기)	75	원형	6	불처리	돌출(복도식)	II
	11호	장방형	375×280	돌두름식	중앙(1기)	95	원형	8		돌출(복도식)	II
	15호	장방형	(360)×295	구덩식	중앙(1기)	70	원형	7(4주식)		돌출(복도식)	II
	2호	장방형	(905)×730	구덩식	편재(1기)	58~90	타원형	20(벽가배열) 4주식(?)	불처리		III
	4호	상-원형 하-장방형	상-530 570×360	구덩식	중앙(1기)	32×75	장방형	8	불처리	돌출(복도식)	III
	6호	장방형	410×365	구덩식	편재(1기)	55×62	방형	6(4주식)		돌출(복도식)	III
	8호	장방형	370×280	구덩식	편재(1기)	53×60	장방형	1		돌출(복도식)	III
	10호	장방형	(340)×400					1			III
	17호	장방형	385×250	돌두름식	중앙(1기)	60~70	방형	5		돌출(복도식)	III

유적	유구	평면형태	규모(cm)	화덕자리				기둥구멍	바닥	출입구시설	분기
				구조	위치(개수)	규모(cm)	평면				
	18호	상-방형 하-장방형	650×615 550×420	구덩식 하-8(4주식)	편재(1기)	36	방형	상-7	점토+불처리	돌출(복도식)	III
	19호	장방형	500×270	돌두름식	중앙(1)	95×105	장방형	10(4주식)		돌출(복도식)	III
리천리	2호	장방형	904×566	구덩식(?)	중앙(1기)	100	원형		점토+불처리		II
	1호	?	?	?	?	?	?	?	?	?	III
	3호	?	?	?	?	?	?	?	?	?	III
	12호	?	?	?	?	?	?	?	?	?	III
	15호	?	?	?	?	?	?	?	?	?	III

표 4 중부내륙지역의 신석기시대 집자리 현황표

유적	유구	평면형태	규모(cm)	화덕자리				기둥구멍	바닥	출입구시설	분기
				구조	위치(개수)	규모(cm)	평면				
삼거리	1호	방형	(364)×(346)	돌두름식	중앙(1기)	111	원형	·	생토(모래)		I
	2호	방형	445×(305)	돌두름식	중앙(1기)	70	원형	4주식?	생토(모래)		I
	3호	방형	(305)×(270)	·	·	·	·	6(벽가배열)	생토(모래)		I
	4호	방형	(175)×(175)	돌두름식	중앙(1기)	?	?	2(벽가)	생토(모래)		I
	5호	방형	460×420	돌두름식	중앙(1기)	80	원형	4주식	생토(모래)		I
	6호	방형(?)	(145)×(130)	·	·	·	·	·	점토다짐		I
당동리	7-1호	부정형	406×357	돌두름식	편재(1기)	80×66	방형	약간	생토	·	III
	7-2호	방형	470×458	돌두름식	편재(1기)	114×73	타원형	약간	생토	·	III
	7-3호	방형	473×402	돌두름식	중앙(1기)	95	원형	약간	생토	·	III
	1-1호	방형(?)	703×(690)	구덩식	중앙(1), 편재(2)	118~97 ×80~90	원형	다수	생토(점토)		III
호평동 지새울	1호	방형(?)	(350)×(250)	돌두름식	편재(1기)	80×60	방형	·	생토		III
	2호	방형(?)	(424)×(290)	구덩식	편재(1기)	67×58	원형	4	생토		III
	3호	방형	325×(268)	돌무지식	산재(4기)	58~80 ×54~76	원형	·	생토		III
암사동	68-A	원형	600×500	돌두름식	중앙(1기)	50	원형	4주식	생토(모래)	·	I
	68-B	타원형	500×350	돌두름식	중앙(1기)	50×46	방형	·	생토(모래)	·	I

유적	유구	평면형태	규모(cm)	화덕자리				기둥구멍	바닥	출입구시설	분기
				구조	위치(개수)	규모(cm)	평면				
암사동	71-1	방형	570×560	돌두름식	중앙(1기)	(48)	방형	4주식	생토(모래)	·	I
	71-2	방형	640×550	돌두름식	중앙(1기)	(40)×(30)	방형	4주식	생토(모래)	·	I
	71-3	원형	(460)	?	?	?	?	?	생토(모래)	·	I
	71-4	방형	620×580	돌두름식	중앙(1기)	86×78	방형	4주식	생토(모래)	돌출(경사)	I
	71-4´	방형	390×310	돌두름식	중앙(1기)	60×50	원형	1	생토(모래)	·	I
	71-5	방형	760×680	?	?	?	?	8(4주식)	생토(모래)	돌출(계단)	I
	71-5´	원형	470	돌두름식	중앙(1기)	58×48	원형	·	생토(모래)	·	I
	71-A	원형	360	돌두름식	중앙(1기)	70	원형	·	생토(모래)	·	I
	73-1	원형	450	돌두름식	중앙(1기)	75×63	방형	·	점토(1/2)	돌출(계단)	I
	74-1	방형	560×470	돌두름식	중앙(1기)	66×54	방형	4주식	생토(모래)	·	I
	74-2	원형	480	돌두름식	중앙(1기)	65×54	방형	4주식	생토(모래)	돌출(계단)	I
	74-3	방형	610×590	돌두름식	중앙(1기)	80×75	원형	4주식	생토(모래)	돌출(계단)	I
	74-4	방형	570×560	돌두름식	중앙(1기)	96×80	방형	4주식	생토(모래)	돌출(계단)	I
	74-5	방형	420×(320)	돌두름식	중앙(1기)	66×50	방형	4주식	점토	·	I
	75-1	방형	510×490	돌두름식	중앙(1기)	70×60	방형	4주식	생토(모래)	경사	I
	75-2	방영	460×430	돌두름식	중앙(1기)	56×50	방형	4주식	생토(모래)	·	I
	75-3	원형	560	돌두름식	중앙(1기)	60×46	방형	4주식	생토(모래)	·	I
	75-4	원형(?)	(480)	돌두름식	중앙(1기)	70	원형	4주식	생토(모래)	돌출(계단)	I
	75-5	방형	520×(430)	돌두름식	중앙(1기)	68	원형	4주식	생토(모래)	·	I
	75-6	?	?	돌두름식	중앙(1기)	70×50	방형	4주식	생토(모래)	·	I
	75-7	원형	640	돌두름식	중앙(1기)	62	원형	4주식	생토(모래)	·	I
	75-8	원형	570	돌두름식	중앙(1기)	70	원형	4주식	생토(모래)	·	I
	75-9	원형	450	돌두름식	중앙(1기)	76×60	타원형	4주식	생토(모래)	·	I
	75-10	원형	420×390	돌두름식	중앙(1기)	50	원형	4주식(다수)	생토(모래)	·	I
	75-11	방형	(380)×(300)	돌두름식	중앙(1기)	70	방형	4주식	생토(모래)	·	I
	98-1	방형	400×380	돌두름식	중앙(1기)	?	방형	·	생토(모래)	약간 돌출	I
	98-2	방형	550	돌두름식	중앙(1기)	?	방형	·	생토(모래)	·	I
	98-3	방형	500×?	돌두름식	중앙(1기)	70×65	방형	·	생토(모래)	·	분기
미사리	39호	타원형?	320×280	구덩식	중앙(1기)	60	원형	벽가배열?	생토(모래)	·	?

유적	유구	평면형태	규모(㎝)	화덕자리				기둥구멍	바닥	출입구시설	분기
				구조	위치(개수)	규모(㎝)	평면				
사송동	10호	(방형)	510×(180)	·	·	·	·	2	생토	·	III
판교동	집자리	방형	606×(400)	구덩식?	중앙(1기)	?	원형	약간	생토	·	III
가재리	1호	방형	(300)×330	구덩식	편재(1기)	90	원형	1	생토	·	III
신대리	집자리	방형(?)	?×(275)	·	·	·	·	1	생토	·	III
양귀리	집자리	원형	?	돌두름식	편재(1기)	?	원형	?	생토	·	III
화접리	2호	(방형)	(304)×(224)	구덩식	중앙(1기)?	65~80	(타)원형	·	생토	·	III
덕송리	10호	방형	576×486	돌두름식	중앙(1기)	110	오각형	10여기(4주식)	생토(모래)		III
	11호	방형	760×558	돌두름식(2단축조)	중앙(1기)	100	오각형		생토(모래)		III
	12호	방형	420×320	돌두름식	편재(1기)	68~84	원형		생토(모래)		III
	13호	방형?	?	?	?	?	?		생토(모래)		III
천전리	74호	장방형	412×282	돌무지식	편재(1기)	70	원형	약간			III
신매리	12호	방형	408×(312)	돌두름식	중앙(1기)	107	원형	벽가배열			II
거두리	집자리	원형	448×310								II
역내리	1호	타원형	430×250	구덩식	중앙(1기)	66	원형				II
	2호	(타)원형	(615)×(510)	돌두름식	중앙(1기)	70×55	(타)원형				II
	3호	부정형	704×450	돌두름식?	편재(2기)-?	70×60 86×64	원형				II
성산리	집자리	장방형	985×(380)								II
아우라지	1호	원형	460	돌두름식(先) 구덩식(後)	편재(1기) 중앙(1기)		방형	원형	벽가배열		II
	2호	원형						벽가배열			II
	3호	?		돌두름식	중앙(1기)		방형				II
주천리	1호	방형									II
	2호	방형	515	돌두름식	중앙(1기)	100	원형	4주식			II
	3호	방형	(330)	돌두름식?			원형				II
반곡동	1-86	방형	269×213	구덩식	중앙(1기)	?	원형		생토		II
	1-89	장방형	(734)×(621)								II
	8-1호	방형	358×223					약간	생토		II
신월리	집자리	원형	(455)					벽가배열(원형)			III

표 5 중부서해안지역의 신석기시대 집자리 현황표

유적	유구	평면형태	규모(cm)	화덕자리				기둥구멍	바닥	출입구시설	분기
				구조	위치(개수)	규모(cm)	평면				
삼목도	1호	방형	340×330	구덩식	중앙(2기)	78×68, 85	(타)원형	4주식	생토	·	II
	2호	방형	290×270	구덩식	편재(1기)	64×42	(타)원형	4주식	생토	·	II
	3호	방형	?	?	?	?	?	?	생토	·	II
	4호	방형	410×380	구덩식	중앙(2기)	58×48 88×82	(타)원형	4주식, 보조기둥	생토	·	II
	5호	원형(방형)	580 420×380	구덩식	중앙(3기)	60, 52, 45	원형	4주식, 벽가 다수	생토	남쪽-단	II
	6호	방형	310×290	구덩식	중앙(1기)	56	원형	4주식	생토	·	II
	7호	방형	?	구덩식	중앙(1기)	60	원형	?	생토	·	II
	8호	방형	?	?	?	?	?	?	생토	·	II
	9호	원형(방형)	(700) 450×450	구덩식	중앙(3기)	(70)~ (100)	(타)원형	벽가배열 (다수)	생토	·	II
	10호	원형	530	?	?	?	?	?	?	?	II
	11호	원형(방형)	(630) 400×400	구덩식	중앙(3기)	(60)~ (70)	원형	4주식, 벽가배열(외부)	생토	·	II
	12호	원형	720	?	?	?	?	?	?	?	II
	13호	방형	450×400	?	?	?	?	?	?	?	II
	14호	원형	780	?	?	?	?	?	?	?	II
	15호	원형	750	?	?	?	?	?	?	?	II
	16호	방형	?	?	?	?	?	?	?	?	II
	17호	원형	800	?	중앙(1기)	60	원형	다수	?	·	II
운서동	I-1	방형	365×340	구덩식	중앙(1기)	?	원형	4주식	생토		I
	I-2	방형	390×370	구덩식	(2기)	?	원형	4주식	생토	돌출	I
	I-3	장방형	534×505	구덩식	중앙(1기)	?	원형	4주식,보조기둥	생토	돌출	I
	I-4	장방형	635×600	구덩식	(2기)	?	원형	4주식(?)	생토	돌출	I
	I-5	방형	480×430	구덩식	중앙(1기)	?	원형	4주식	생토	돌출	I
	I-6	방형	390×310	·	·	·	·	다수	생토		I
	I-7	방형(?)	260×(140)	·	·	·	·	4주식(?)	생토		I
	I-8	?	?	구덩식	?	?	?	다수	생토		I
	II-1	방형	530×495	구덩식	중앙(1기)	?			생토	돌출	I
	II-2	방형	480×460	구덩식	중앙	?	원형	4주식	생토	돌출	I

유적	유구	평면형태	규모(cm)	화덕자리				기둥구멍	바닥	출입구시설	분기
				구조	위치(개수)	규모(cm)	평면				
	II-3	방형	560×540	구덩식	중앙	?			생토	돌출	I
	II-4	방형	(440)×435	구덩식					생토		I
	II-5	방형(?)	(410)×(370)	구덩식	중앙(1기)	?	원형	벽가배열	생토		I
	II-6	방형	465×460	구덩식	중앙(1기)	?	원형		생토		I
	II-7	방형	470×440	구덩식		?		다수	생토	돌출	I
	II-8	방형	555×470	구덩식	중앙(1기)	?	원형	4주식(?)	생토	돌출(?)	I
	II-9	방형	520×490	구덩식	중앙(1기)	?	원형	4주식	생토	돌출	I
	II-10	방형	435×360	구덩식	중앙(1기)	?	원형	4주식	생토	돌출	I
	II-11	방형	510×452	구덩식		?		4주식	생토	돌출	I
	II-12	방형	525×(420)	구덩식					생토	돌출	I
	II-13	방형	480×380	구덩식					생토	돌출	I
	II-14	방형	670×650	구덩식	중앙(1기)	?	원형	4주식(?)	생토	돌출	I
	II-15	방형	474×350	구덩식	중앙(1기)	?	원형	4주식, 벽가	생토	돌출	I
운서동	II-16	방형	510×455	구덩식	중앙(1기)	?	원형	약간	생토	·	I
	II-17	방형	516×500	구덩식	편재(1기)	?	원형	벽가배열	생토	돌출	I
	II-18	방형	645×555	구덩식	중앙(1기)	?	원형	4주식, 벽가	생토		I
	II-19	방형	500×490	구덩식	중앙		원형	4주식, 벽가	생토	돌출	I
	II-20	방형	302×(205)	?				약간	생토		I
	II-21	방형	480×450	구덩식	중앙(1기)	?	원형	4주식	생토		I
	II-22	방형	540×500	구덩식	중앙(1기)	?	원형	4주식, 벽가배열	생토	돌출	I
	II-23	방형	490×410	구덩식	중앙(1기)		원형	4주식	생토	돌출	I
	II-24	방형	664×465	구덩식	중앙(1기)		방형	4주식	생토	돌출	I
	II-25	방형	470×400	구덩식	중앙(1기)		원형	4주식, 벽가	생토		I
	II-26	방형	475×375	구덩식	중앙(1기)		원형	4주식(?)	생토	돌출	I
	II-27	방형	400×280	구덩식	중앙(1기)		원형	약간	생토	돌출(?)	I
	II-28	방형	405×345	구덩식	중앙(1기)		원형	4주식, 벽가	생토		I
	II-29	방형	510×440	구덩식	중앙(1기)		원형	4주식, 벽가배열	생토		I
	II-30	방형	590×560	구덩식	중앙(1기)		원형	4주식(?)	생토	돌출	I
	II-31	방형	345×256	구덩식	중앙(1기)		원형	4주식	생토		I
	II-32	방형	385×(240)	구덩식	중앙(1기)		원형	벽가	생토		I
	II-33	방형	430×(300)	구덩식	중앙(1기)		원형	벽가	생토		I
	II-34	방형	377×(156)	구덩식	중앙(1기)		원형	4주식(?)	생토		I

유적	유구	평면형태	규모(cm)	화덕자리				기둥구멍	바닥	출입구시설	분기
				구조	위치(개수)	규모(cm)	평면				
운서동	II-35	방형	500×340	구덩식	중앙(1기)		원형	4주식	생토	돌출	I
	II-36	방형	358×(272)	구덩식	중앙(1기)		원형	4주식, 다수	생토		I
	II-37	?	(396)×(312)	구덩식				다수	생토		I
	II-38	방형	485×385	구덩식	중앙(1기)		원형	4주식, 벽가	생토	돌출	I
	II-39	방형	363×344	구덩식	중앙(1기)		원형		생토		I
	II-40	방형	460×425	구덩식	중앙(1기)		원형	4주식	생토		I
	II-41	방형	350×290	구덩식	중앙(1기)		원형	다수	생토		I
	II-42	방형	365×260	구덩식	중앙(1기)		원형	4주식	생토		I
	II-43	방형	465×300	구덩식			원형	4주식	생토		I
	II-44	방형	426×(405)	구덩식	중앙(1기)		원형	4주식	생토		I
	II-45	원형	368	구덩식	중앙(1기)		원형	벽가배열	생토		I
	II-46	방형	(385)×(330)	?							I
	II-47	방형	223×(217)	구덩식	중앙(1기)		원형		생토		I
	II-48	방형	540×420	구덩식	중앙(1기)		원형	4주식	생토	돌출	I
	II-49	방형	480×470	구덩식	중앙(1기)		원형		생토	돌출	I
	II-50	방형	460×(240)	구덩식					생토	돌출	I
	II-51	방형	550×(500)	구덩식				다수	생토		I
	II-52	방형(?)	(540)×(345)	구덩식				다수	생토		I
	II-53	방형	(327)×(250)	구덩식	중앙(1기)		원형	4주식	생토		I
	II-54	원형	348×285	구덩식	중앙(1기)		원형	약간	생토		I
	II-55	방형	470×440	구덩식				다수	생토	돌출	I
	II-56	방형	485×410	구덩식	중앙(1기)		원형	4주식	생토	돌출	I
	II-57	장방형	745×405	구덩식	편재		원형	벽가배열	생토		III
	II-58	방형	450×445	구덩식				다수	생토	돌출	I
	III-1	장방형	716×(186)	구덩식	편재(1기)		원형	벽가배열	생토		I
	III-3	방형						약간	생토		I
운서동 첫개마을	1호	방형	300×(250)	·	·	·	·	·	생토	·	II
	2호	?	(200)×(80)	·	·	·	·	·	다짐	·	II
	3호	원형	330	·	·	·	·	·	생토	·	II
중산동 (고려)	II-1	방형	(435)×(270)	구덩식	중앙(1기)	96×62	장방형	다수	생토	·	III
	VII-1	원형(?)	514×415	구덩식(선) 돌두름식(후)	중앙(2기) 중복	101×82 (돌두름식)	원형	다수	생토	·	III

유적	유구	평면형태	규모(㎝)	화덕자리				기둥구멍	바닥	출입구시설	분기
				구조	위치(개수)	규모(㎝)	평면				
중산동 (중앙)	1호	장방형	(628)×610	돌두름식	중앙(2기)-중복	?	원형	다수	생토	·	III
	2호	장방형	(482)×796	구덩식	중앙(1기)	30	타원형	다수	생토	·	III
	3호	원형	742×666	구덩식(선) 돌두름식(후)	중앙(2기)	?	장방형 원형	다수	생토	·	III
중산동 (한강-23)	1호	방형	612×(460)	돌두름식	중앙(2기)	?	원형	다수(벽가배열)			III
	2호	방형	329×257	구덩식	중앙(1기)	?	?	?		출입구	III
	3호	방형	645×640	돌두름식	중앙(1기)	?	?	?			III
	4호	원형	598×531 구덩식	돌두름식	중앙(2기)	?	방형 원형	다수			III
	5호	방형	603×410	구덩식	중앙(1기)	?	?	다수(벽가배열)		돌출	III
	6호	원형	816×710	구덩식	중앙(1기)		원형	4주식?			III
	7호	원형	544×463	구덩식	중앙(1기)	?	원형	4주식		돌출	III
	8호	원형	710×508	구덩식	중앙(1기)	?	원형	4주식			III
	9호	원형	675×572	돌두름식	중앙(1기)	?	원형	다수			III
	10호	원형	940×930	돌두름식	중앙(2기)	?	?	?			III
	11호	방형	528×387	구덩식	중앙(1기)	?	원형	다수(벽가배열)			III
	12호	방형	695×504	구덩식	중앙(1기)	?	원형	4주식(벽가배열)			III
	13호	원형	476×474	구덩식	중앙(1기)	?	?	?			III
	14호	방형	1070×810	돌두름식	중앙(1기)	?	?	?			III
	15호	(타)원형	803×575	돌두름식 구덩식	중앙(2기)	?	?	?			III
	16호	원형	600×550	돌두름식	중앙(1기)	?	?	?			III
	17호	방형	494×460	구덩식	중앙(1기)	?	?	?			III
	18호	방형	260×252	구덩식	중앙(1기)	?	?	?			III
	19호	원형	250×230	구덩식	중앙(1기)	?	원형				III
	20호	방형	358×314	구덩식	중앙(1기)	?	?	?			III
	21호	방형	410×312	구덩식	중앙(1기)	?	?	?			III
	22호	방형	322×303	구덩식	중앙(1기)	?	?	4주식			III
	23호	원형	735×713	돌두름식	중앙(2기)	?	?	약간			III
	24호	방형	734×721	돌두름식	중앙(1기)	?	원형	4주식			III
	25호	원형	639×531	돌두름식	중앙(3기)	?	?	?			III
	26호	방형	615×601	구덩식	중앙(3기)	?		약간			III

유적	유구	평면형태	규모(cm)	화덕자리				기둥구멍	바닥	출입구시설	분기
				구조	위치(개수)	규모(cm)	평면				
중산동 (한강-23)	27호	방형	911×675	돌두름식	중앙(2기)	?	원형 방형	4주식(다수)			III
	28호	원형	431×387	구덩식	중앙(1기)	?	원형	4주식(다수)			III
	29호	방형	821×695	돌두름식	중앙(2기)	?	?	?			III
	30호	방형	520×321	돌두름식	중앙(1기)	?	원형	약간			III
	31호	방형	751×423	돌두름식 구덩식	중앙(3기) 돌-1, 구-2	?	원형	약간			III
	32호	원형	636×550	돌두름식	중앙(1기)	?	원형	벽가배열			III
	33호	방형	846×654	돌두름식 구덩식	중앙(4기) 돌-3, 구-1	?	?	4주식			III
	34호	방형	620×542	구덩식	중앙(1기)	?	방형	다수			III
중산동 (한강-21)	35호	방형	576×552	구덩식	중앙(1기)	?	원형	4주식, 벽가배열			III
	36호										III
는들	1호	방형	420×410	구덩식	중앙(1기)	90×60	(타)원형	4주식(벽가다수)	생토	·	II
운북동	1-1호	방형	370×250	구덩식	중앙(1기)	45	방형	4주식	생토	돌출	III
	2-1호	방형	300×293	구덩식	중앙(1기)	50	원형	4주식	생토		III
	2-2호	방형	414×290	?	중앙(1기)	?	원형	4주식	생토	돌출	III
	2-3	방형	475×452	구덩식	중앙(1기)	50	원형	4주식	생토		III
	2-4	부정형	676×(485)	구덩식	중앙(1기)	?	방형	4주식	생토		III
	3-1	방형	380×340	구덩식	중앙(1기)	26	원형	약간	생토		III
	4-1	방형	(790)×770	돌두름식	중앙(1기)	?	원형	약간	생토		III
	5-1	장방형	467×?	돌깐두름식	중앙(1기)	70	원형	벽가배열	생토		III
	6-1	방형	(316)×(170)	?	?	?	?	?	생토		III
	6-2	방형	434×(341)	구덩식	중앙(1기)	?	원형	다수(불규칙)	생토		III
	6-3	방형	(264)×(46)						생토		III
	6-4	방형	(286)×(278)	구덩식	중앙(1기)	?	원형	4주식(다수)	생토		III
	6-5	방형	494×450	구덩식	?	?	?	4주식	생토		III
	6-6	부정형	352×(316)	구덩식	?	?	?	다수	생토		III
	6-7	원형	819×749	구덩식(선) 돌두름식	중앙(2기)	?	원형	약간	생토		III
	6-8	방형	490×480					벽가배열	생토		III
	6-9	방형?	377×339	구덩식	중앙(2기, 중복)	?	?	4주식(다수)	생토		III
	6-10	장방형?	765×560	돌두름식	편재(1기)	?	방형	다수	생토	돌출	III

유적	유구	평면형태	규모(㎝)	화덕자리				기둥구멍	바닥	출입구시설	분기
				구조	위치(개수)	규모(㎝)	평면				
	6-11	(장)방형	510×365	구덩식	중앙(1기)	?	원형	4주식(다수)	생토		III
을왕동III	1호	장방형	586×470	구덩식	중앙(1기)	100	원형	다수	생토	단시설(출입구?)	III
	2호	(방형)	284×(160)	·	·	·	·	·	생토	·	III
	A-1	(원형)	(560)×545	돌두름식	중앙(1기)	90	원형	다수	생토	·	III
	A-2	방형	606×(465)	돌두름식	중앙(1기)	60	원형	다수	생토	·	III
	A-3	(원형)	895×(391)	돌두름식	중앙(1기)	?	원형	다수	생토	·	III
	B-1	?	(468)×(257)	돌두름식	편재(1기)	115	원형	다수	생토	·	III
신길동	1호	방형	450×440	구덩식	중앙,편재(2기)	?	원형	4주식(보조기둥)	생토	·	II
	2호	방형	340×326	구덩식	중앙(1기)	?	원형	4주식(보조기둥)	생토	·	II
	3호	방형	376×373	구덩식	중앙(1기)	?	원형	4주식	생토	·	II
	4호	방형	378×(200)	구덩식	중앙(1기)	?	원형	4주식	생토	·	II
	5호	방형	442×432	구덩식	중앙(1기)	?	원형	4주식	생토	·	II
	6호	방형	353×(297)	구덩식	중앙(1기)	?	원형	4주식(보조기둥)	생토	·	II
	7호	방형	310×308	구덩식	중앙(1기)	?	원형	4주식(보조기둥)	생토	·	II
	8호	방형	341×332	구덩식	중앙(1기)	?	원형	4주식	생토	·	II
	9호	방형	386×369	구덩식	중앙(1기)	?	원형	4주식	생토	·	II
	10호	방형	371×365	구덩식	중앙(1기)	?	원형	4주식	생토	·	II
	11호	방형	303×(175)	구덩식	중앙(1기)	?	원형	4주식	생토	·	II
	12호	방형	(330)×(310)	구덩식	중앙(1기)	?	원형	4주식	생토	·	II
	13호	방형	403×394	구덩식	중앙(1기)	?	원형	4주식	생토	·	II
	14호	방형	417×414	구덩식	중앙(1기)	?	원형	4주식	생토	·	II
	15호	방형	574×560	구덩식	중앙,편재(2기)	?	원형	4주식	생토	·	II
	16호	방형	424×409	구덩식	중앙(1기)	?	원형	4주식	생토	·	II
	17호	방형	396×(338)	구덩식	중앙(1기)	?	원형	4주식	생토	·	II
	18호	방형	301×(274)	구덩식	중앙(1기)	?	원형	4주식	생토	·	II
	19호	방형	326×(285)	구덩식	중앙(1기)	?	원형	4주식	생토	·	II
	20호	방형	322×292	구덩식	중앙(1기)	?	원형	4주식(보조기둥)	생토	·	II
	21호	방형	323×303	구덩식	중앙(1기)	?	원형	4주식	생토	·	II
	22호	방형	278×(204)	구덩식	중앙(1기)	?	원형	약간	생토	·	II
	23호	방형	270×(230)	구덩식	중앙, 편재(2기)	?	원형	4주식	생토	·	II

유적	유구	평면형태	규모(cm)	화덕자리				기둥구멍	바닥	출입구시설	분기
				구조	위치(개수)	규모(cm)	평면				
	III지점	방형	320×240	구덩식	중앙(1기)	?	원형	?	생토	·	II
능곡동	1호	방형	269×(155)					?	생토	·	II
	2호	방형	306×273	구덩식	중앙(1기)	55×31	(타)원형	4주식	생토	·	II
	3호	방형	276×(154)	구덩식	중앙(1기)	21×(9)	원형	약간	생토	·	II
	4호	방형	321×319	구덩식	중앙(1기)	47×44	원형	4주식	생토	·	II
	5호	방형	358×317	구덩식	중앙(1기)	41×38	방형	4주식	생토	·	II
	6호	방형	323×268	구덩식	중앙(1기)	57×36	(타)원형	4주식	생토	·	II
	7호	방형	480×415	구덩식	중앙(1기)	52×39	방형	4주식	생토	·	II
	8호	방형(?)	260×(100)	?	?	?	?	?	생토	·	II
	9호	방형	343×(262)	구덩식	중앙(1기)	51×29	장방형	4주식	생토	·	II
	10호	방형	343×(158)	구덩식	중앙(1기)	46×43	원형	4주식	생토	·	II
	11호	방형	351×350	구덩식	중앙(1기)	53×45	원형	4주식	생토	·	II
	12호	방형	419×382	구덩식	중앙(1기)	66×41	(타)원형	4주식	생토	·	II
	13호	방형	445×410	구덩식	중앙(1기)	51×43	방형	4주식	생토	·	II
	14호	방형	387×368	구덩식	중앙(1기)	50×40	(타)원형	4주식(보조기둥)	생토	·	II
	15호	방형	487×484	구덩식	중앙(1기)	57×51	방형	4주식	생토	·	II
	16호	방형	457×405	구덩식	중앙(1기)	?	?	4주식	생토	·	II
	17호	?	(145)×(112)	?	?	?	?	약간	생토	·	II
	18호	방형	502×425	구덩식	중앙(1기)	61×50	방형	4주식	생토	·	II
	20호	방형	390×388	구덩식	중앙(1기)	44×35	방형	4주식	생토	·	II
	22호	방형	365×354	구덩식	중앙(1기)	40×40	방형	4주식	생토	·	II
	23호	방형	476×423	구덩식	중앙(1기)	52×43	(타)원형	4주식	생토	·	II
	24호	방형	335×(260)	?	?	?	?	4주식	생토	·	II
	25호	방형	496×425	구덩식	중앙(1기)	51×43	방형	4주식	생토	·	II
	26호	방형	416×313	구덩식	중앙(1기)	49×40	방형	4주식	생토	·	II
농서리	1호	방형	336×(196)	구덩식	중앙(1기)	20	원형	4주식	생토	·	II
	2호	방형	520×460	구덩식	중앙(1기)	40	원형	벽가배열	사질점토	·	II
	3호	방형	(260)×(212)	구덩식	중앙(1기)	95	원형	4주식	생토	·	II
	4호	방형	392×346	구덩식	중앙(1기)	95	원형	4주식	생토	·	II
	5호	방형	348×278	구덩식	중앙(1기)	76×68	원형	4주식	생토	·	II
	6호	방형	340×336	구덩식	중앙(1기)	98×68	(타)원형	4주식	생토	·	II

유적	유구	평면형태	규모(cm)	화덕자리				기둥구멍	바닥	출입구시설	분기
				구조	위치(개수)	규모(cm)	평면				
농서리	7호	방형	330×260	구덩식	중앙(1기)	76	원형	4주식	생토	·	II
	8호	장방형	478×242	?	?	?	?	약간(출입구)	생토	돌출	II
운양동	2호	장방형	840×580	구덩식	중앙(1기)	?	원형	4주식	생토	돌출	II
신곡리	1호	방형	440×436	?	?	?	?	4주식(?)	생토		II
대연평도	집자리	원형	438×(390)	구덩식	중앙(1기)	110×75	타원형	약간	생토	돌출(?)	II
모이도	1호	원형	370	돌두름식 (공간분할)	중앙(1기)	140×70	장방형	·	점토다짐		III
	2호	원형	360	돌두름식	편재(1기)	60	방형	·	점토다짐		III
오이도(뒷)	2호	?	?	구덩식(?)	?	50	원형	약간(외부)	패층	·	III
오이도(가)	1호	?	?	·	·	·	·	·	생토		
	2호	?	?	구덩식	편재(1기)	80×40	타원형	·	생토		
	3호	?	?	·	·	·	·	·	생토		
기지리	충-1	방형	328×320	구덩식	중앙(1기)	120	원형	4주식	생토		II
	충-2	방형	338×284	구덩식	중앙(1기)	64	원형	4주식	생토		II
	공-1	방형	472×354	구덩식	중앙(1기)	82×72	방형	4주식 (보조기둥)	생토	남벽 약간 돌출 (기둥구멍)	II
	공-2	방형	400×336	구덩식	중앙(1기)	80×72	원형	4주식	생토	돌출	II
	공-3	방형	500×484	구덩식	중앙(1기)	134×110	타원형	4주식 (보조기둥)	생토	남동벽 약간 돌출(기둥구멍)	II
	공-4	방형	(430)×329	?	?	?	?		생토		II
왕정리	1호	방형	277×275	구덩식	중앙(1기)	45×20	원형	약간	생토	·	II
우두리	73호	방형	423×415	구덩식	중앙(1기)	?	원형	4주식(다수)	생토	·	II
	75호	방형	300×(168)	구덩식	중앙(1기)	?	원형	4주식	생토	·	II
소소리	1호	(장)방형	(440)×(380)	구덩식	중앙(1기)	?	원형	4주식, 벽가배열	생토		
기지시리	집자리	방형	340×314	구덩식	중앙(1기)	?	원형		생토		
목리	21호	장방형	732×486	구덩식	중앙(1기)	?	원형	4주식	생토	돌출	II
	41호	방형	444×428	구덩식	중앙(1기)	?	원형	4주식	생토	·	II
장재리	1호	방형	368×300	구덩식	편재(1기)	85×60	(타)원형	4주식(?)	생토	·	II
	2호	장방형	(470)×460	구덩식	중앙(1기), 편재(1기)	115×70 155×80	(타)원형	4주식	생토	?	II

유적	유구	평면형태	규모(cm)	화덕자리				기둥구멍	바닥	출입구시설	분기
				구조	위치(개수)	규모(cm)	평면				
장재리	3호	방형	550×344	구덩식	중앙(1기), 편재(1기)	100 95	방형 원형	4주식(다수)	생토	돌출	II
	4호	방형	(412)×(332)	구덩식	중앙(1기)	125×100	원형	4주식(다수)	생토	·	II
	5호	장방형	590×(272)	구덩식	편재(1기)	96	(타)원형	다수	생토	·	II
	6-1	장방형	514×373	구덩식	중앙(1기), 편재(1기)	70~72	원형	4주식(다수)	생토	돌출	II
	6-2	방형	390×370	구덩식	중앙(1기)	(20)	원형	4주식	퇴적토	돌출	II
	6-3	방형	270×(180)	구덩식	편재(1기)	?	원형	·	퇴적토	·	II
	6-4	방형	435×350	돌두름식 구덩식	중앙(1기), 편재(1기)	120×(45) 86×75	원형	불규칙	퇴적토	·	II
성내리	1호	방형	500×340	구덩식	중앙(1기)	55	원형	4주식(?)	생토	돌출	II
	2호	방형	510×425	구덩식	중앙(1기)	50	원형	4주식(보조기둥)	생토	·	II
	3호	장방형	610×410	?	?	?	?	불규칙	생토	·	II
	4호	장방형	700×440	·	·	·	·	불규칙	생토	·	II
풍기동	1호	방형	460×(260)	?	?	?	?	·	생토	·	II
	2호	방형	410×(130)	?	?	?	?	·	생토	·	II
백암리	3호	방형	445×380	구덩식	중앙(2기)	?	원형	4주식	생토	·	II
	6호	원형	554×472	구덩식(?)	편재(1기)	?	원형(?)	불규칙	생토	·	II
	7호	원형	345×295	구덩식(?)	중앙(1기)	?	원형	불규칙	생토	·	II
용두리	1호	(장)방형	910×660	구덩식	중앙(2기)	?	원형	4주식	생토	·	II
	2호	방형	540×470	·	·	·	·	·	생토	·	II
용화동	1호	방형(?)	351×?	구덩식	중앙(1기)	73×72	원형	1	생토	·	II
백석동	1호	방형	440×430	구덩식?	편재(1기)	?	원형	·	생토	·	II
장암	1호	원형	700×600	·	·	·	·	·	생토	·	I
	2호	원형	360×330	·	·	·	·	·	생토	·	I
가도	1호	(반)원형	(260)×(60)	·	·	·	·	·	생토	·	I
	2호	(타)원형	(350)×(250)	·	·	·	·	·	생토	·	I
	3호	(반)원형	(320)×(190)	?	6기	?	?	8	점토다짐	·	I
	4호	(반)원형	(250)×(230)	?	2기	?	?	7	생토	·	I
노래섬	집자리	원형(?)	(400)	구덩식	중앙(1기)?	90×60	부정형	2	생토	·	III

표 6 중부동해안지역의 신석기시대 집자리 현황표

유적	유구	평면형태	규모(cm)	화덕자리				기둥구멍	바닥	출입구시설	분기
				구조	위치(개수)	규모(cm)	평면				
철통리	1호	방형	380×330	구덩식	중앙(1기)	50	원형	4주식(?)			III
	2호	방형	450×380	구덩식	중앙(1기)	50	원형	4주식			III
	3호	장방형	570×385	구덩식	중앙(1기)	70	원형	4주식(다수)			III
	4호	방형	560×550	구덩식	중앙(1기)	73	원형	4주식(?)			III
	5호	방형	490×430					4주식			III
	6호	방형	370×(360)					3			III
	7호	방형(?)	330×(315)					2주식(?)			III
문암리	98-1	원형	385×360	돌두름식	중앙(1기)	90×85	방형		점토+불처리		I
	98-2	원형	390	돌두름식	중앙(1기)	105×75	원형				I
	02-1	원형	(450)	돌두름식	중앙(1기)	?	원형		점토+불처리		I
	02-5	?	(225)×(223)	?	?	?	?		점토+불처리		I
	02-7	장방형(?)	770×450	돌두름식	편재?(1기)	100×90	원형		점토+불처리		I
가평리	1호	방형	850×800	구덩식	중앙(1기)	130×100	(타)원형	벽가	점토	돌출	II
	2호	?	?	돌두름식	중앙(1기)	(100)×(80)	(장)방형	4주식			II
송전리	1호	장방형	995×814	?	?	?	?		점토		II
	2호	방형	490×480	돌두름식	중앙(1기)	90×65	원형				II
오산리A	1호	방형	270×260						점토+불처리		I
	2호	(타)원형	720×590	돌두름식	중앙(2기)	(80~100)	방형	8(벽가배열)	점토+불처리		I
	3호	(타)원형	680×550	돌두름식	중앙(2기)	95×60 70×70	방형		점토		I
	4호	원형	700	돌두름식	중앙(1기)	100	원형	초석(4주식?)	점토		I
	5호	?	?	돌두름식	?(1기)	(50~60)	방형		점토?		I
	6호	원형	380	돌두름식	중앙(1기)	?	?		점토		I
	7호	원형	400	구덩식	중앙(1기)	70×50	(타)원형		점토+불처리		I
	8호	원형	410×340	돌두름식	중앙(1기)	95×85	원형	초석(4주식?)	점토+불처리		I
	9호	원형	250~270	돌두름식	중앙(1기)	80×65	(타)원형				I
오산리B	1호	장방형?	400×(230)						점토		II
	2호	방형?	400					2			II

유적	유구	평면형태	규모(㎝)	화덕자리				기둥구멍	바닥	출입구시설	분기
				구조	위치(개수)	규모(㎝)	평면				
오산리C	1호	방형	700×690	돌두름식	중앙(1기)	60×50	방형		점토		I
	2호	방형	780×680	돌두름식	중앙(1기)	70×40	오각형		점토		I
	3호	원형	710	돌두름식	중앙(1기)	60×50	방형	3	점토층 굴착		I
	4호	방형	470×420	돌두름식	중앙(1기)	150×50	장방형		점토		I
	5호	원형	360	돌두름식	중앙(1기)	50	원형		점토		I
	6호	방형	(490)×(400)	돌두름식	중앙(1기)	93×82	방형	벽가	점토층 굴착		II
지경리	1호	원형	500					숯기둥		짧게 돌출?	II
	2호	타원형	570×370						점토		II
	3호	방형	580					기둥흔적			II
	4호	방형	760×740	돌두름식	중앙(1기)	110×74	(장)방형	기둥흔적(11)	점토		II
	5호	방형	580×510	구덩식?	중앙(1기)	60	원형		점토		II
	6호	방형	950×(420)					기둥흔적(5)	점토		II
	7호	방형	740×(700)	돌두름식	중앙(1기)	(140)×(90)	(타)원형		점토		II
	8호	방형	480×(200)								II
	9호	원형	440	구덩식?	중앙(1기)	50	원형		불(검고 단단)		II
	10호	방형	450×400	돌두름식	중앙(1기)	(90)	원형				II
초당동	1호	원형	540×490	돌두름식	중앙(1기)	98×80	(타)원형				II
	2호	원형	560×510								II
	3호	원형	660×620	돌두름식	중앙(1기)	80×50	(타)원형	벽가배열	점토		II
	4호	타원형	470×350								II
	I-1	원형?	(490)×(76)								II
	I-2	원형?	(300)×(132)								II
	집자리	원형?	(448)×(362)								II
하시동	1호	원형	(500)	돌두름식	편재(1기)	(60)	방형?				II
오산리 (울진)	1호	원형(?)	(440)×(285)	돌두름식	중앙(2기) 중복	70~85	방형	·	생토(모래)		II
문암리	집자리	방형	370×330	돌두름식	중앙(1기)	70×50	원형	·	생토(모래)		II

표 7 충청내륙지역의 신석기시대 집자리 현황표

유적	유구	평면형태	규모(cm)	화덕자리				기둥구멍	바닥	출입구시설	분기
				구조	위치(개수)	규모(cm)	평면				
송월리	1호	장방형	576×(488)	구덩식	중앙(1기)	(100)	원형	4주식, 외부	생토	?	II
상정리	1호	장방형	710×(110)	?	?	?	?	벽가배열	생토	돌출?	II
관창리	2호	장방형	620×500	구덩식	중앙(1기)	?	원형	?	생토	·	II
	15호	방형	590×590	구덩식	중앙(1기)	?	원형	?	생토	·	II
	47호	장방형	640×540	구덩식	중앙(1기)	?	원형	4주식	생토	돌출	II
	52호	장방형	(750)×700	?	?	?	?	4주식?	생토	돌출	II
쌍청리	집자리	장방형	750×(300)	?	?	?	?	약간	생토	돌출	II
금석리	집자리	(장)방형	790×(840)	구덩식?	중앙(1기)?	?	원형	벽가배열	생토	?	II
관평동	1호	장방형	960×556	구덩식	편재(1기)	138×108	방형	4주식	생토	돌출	II
대천리	집자리	장방형	950×510	구덩식	편재(2기)	68×67 65×62	방형	4주식, 칸막이, 벽가배열	생토	돌출	II
신관동	1호	장방형	777×420	구덩식	중앙(1기)	88×42	방형	4주식? 출입구(정형성)	생토	돌출	II
용동리	1호	장방형	968×700	구덩식	중앙(1기)	138	원형	4주식 외부(정형성)	생토	돌출	II
	2호	(타)원형	456×(300)	구덩식	중앙(1기)	85×60	(타)원형	4주식(?)	생토	·	II
웅포리	집자리	장방형	600×436	구덩식	중앙(1기)	58×52	방형	4주식	생토	·	II
효자동	집자리	방형(?)	420×385	구덩식	중앙(1기)	?	방형	·	생토	·	II
영하리	집자리	장방형	850×457	구덩식	중앙(1기)	85	원형	4주식	생토	돌출	II
학암리	집자리	원형(?)	380	구덩식(?)	중앙(1기)?	?	?	·	생토	·	II
봉명동	1호	원형(?)	370	구덩식(?)	중앙(1기)	?	?	다수	생토	?	III
	2호	?	?	구덩식(?)	편재(1기)	30	원형(?)	다수	생토	?	III
진그늘	1호	원형	(430)	?	?	?	?	2	생토(모래)	·	II
	2호	장방형	(570)×540	·	·	·	·	3	생토(모래)	·	II
	3호	원형(?)	(600)	?	?	?	?	·	생토(모래)	·	II
	ㄷ꼴	장방형	(1,000)×(800)	?	?	?	?	·	생토(모래)	·	II
	1호	원형	(700)	?	중앙(1기)	?	원형	8	생토(모래)	·	II

유적	유구	평면형태	규모(cm)	화덕자리				기둥구멍	바닥	출입구시설	분기
				구조	위치(개수)	규모(cm)	평면				
갈머리	2호	원형	(420)	·	·	·	·	·	생토(모래)	·	II
	3호	(부정형)	?	구덩식(?)	편재(2기)	?	방형(?)	·	생토(모래)	·	II

표 3-8 남부내륙지역의 신석기시대 집자리 현황표

유적	유구	평면형태	규모(cm)	화덕자리				기둥구멍	바닥	출입구시설	분기
				구조	위치(개수)	규모(cm)	평면				
송죽리	1호	원형	420~412	·	·	·	·	·	생토(모래)	·	II
	2호	장방형	710×(480)	구덩식	중앙(1기)	50	원형	22(벽가배열), 기둥구멍-초석	생토(모래)	남쪽(?)	II
	3호	장방형	820×740	구덩식	중앙(1기)	145×120	원형	9	생토(모래)	남쪽(?)	II
	4호	장방형	940×610	·	·	·	·	8	생토(모래)	남쪽(?)	II
	5호	장방형	664×440	구덩식	중앙(1기)	90×75	원형	11	생토(모래)	남쪽(?)	II
	6호	장방형	1030×740	구덩식	중앙(1기)	148×130	방형	33(벽가배열)	생토(모래)	남쪽(?)	II
	7호	장방형	835×623	구덩식(先) 돌무지식	중앙(2기)	130×90 120×25	원형	25(벽가배열)	생토(모래)	남쪽(?)	II
	8호	장방형	720×560	구덩식	중앙(1기)	125×85	방형	10(벽가배열)	생토(모래)	남쪽(?)	II
	9호	장방형	500×350	·	·	·	·	·	생토(모래)	·	III
	10호	장방형	960×620	?	편재(1기)	130×100	원형	5	생토(모래)	·	II
지좌리	1호	장방형	(720)×(400)	?	?	?	?	?	생토(모래)	·	II
	2호	장방형	(380)×360	?	?	?	?	벽가배열	생토(모래)	·	II
	3호	장방형	800×(540)	?	?	?	?	3	생토(모래)	·	II
	4호	장방형	930×560	?	?	?	?	33(불규칙)	점토다짐	·	II
	5호	장방형	730×560	?	?	?	?	12(불규칙)	점토다짐	·	II
	6호	(타)원형	420×340	?	?	?	?	·	생토(모래)	·	II
서변동	17호	장방형	(396)×(238)	·	·	·	·	·	생토	·	III
대봉동	4호	장방형	506×(150)	·	·	·	·	·	생토	?	III
	26호	원형	(600)	구덩식	편재(1기)	150×90	부정형	·	생토	?	III
대천동	17호	장방형(?)	(330)×(160)	·	·	·	·	·	생토	?	III

유적	유구	평면형태	규모(㎝)	화덕자리				기둥구멍	바닥	출입구시설	분기
				구조	위치(개수)	규모(㎝)	평면				
유천동	1호	방형	702×576	·	·	·	·	·	생토(모래)	돌출	II
	2호	방형	554×546	·	·	·	·	·	생토(모래)	돌출	II
임불리	1호	타원형	360×300	·	·	·	·	·	생토(모래)	·	III
	2호	타원형	270×200	·	·	·	·	·	생토(모래)	·	III
	3호	방형	390×390	·	·	·	·	·	생토(모래)	·	III
	4호	방형	200×200	·	·	·	·	·	생토(모래)	·	III
봉계리	3호	원형	690	·	·	·	·	3	생토(모래)	돌출	III
	4호	원형	410	구덩식	편재(1기)	30	원형	7	생토(모래)	·	III
	6호	부정형	610~425	구덩식	편재(1기) (돌무지식)	100	원형	·	생토(모래)	돌출(?)	III
	7호	원형	560	구덩식	중앙(1기)	60	타원형	4	생토(모래)	·	III
	8호	타원형	350	구덩식	편재(1기)	35	원형	·	생토(모래)	·	III
	9호	원형	560	?	편재(1기)	?	?	3	생토(모래)	·	III
	10호	원형	480	구덩식	편재(1기)		부정형	3	생토(모래)	·	III
	14호	타원형	305	돌두름식 (구덩식)	중앙(1기)	80	방형	·	생토(모래)	·	III
	15호	원형	420	구덩식	중앙(1기)	25	원형	·	생토(모래)	·	III
	17호	원형	570	·	·	·	·	2	생토(모래)	·	III
	18호	원형	260	구덩식	중앙(1기)	25	타원형	·	생토(모래)	·	III
상촌리A	1호	장방형	828×546	구덩식	중앙(1기)	170×98	타원형	·	생토(모래)	·	II
	3호	장방형	432×282	·	·	·	·	·	생토(모래)	·	III
	4호	장방형	314×224	·	·	·	·	·	생토(모래)	·	III
	5호	장방형	660×(200)	·	·	·	·	·	생토(모래)	·	III
상촌리B	1호	장방형(?)	340×290	구덩식	중앙(1기)	?	타원형	?	?	?	II
	3호	장방형	510×540	?	?	?	?	?	?	?	II
	4호	장방형	455×420	?	?	?	?	?	?	?	II
	5호	장방형	610×420	?	?	?	?	?	?	?	II
	6호	장방형	870×550	?	?	?	?	?	?	?	II
	7호	장방형(?)	1000×600	?	?	?	?	?	?	?	II
	8호	장방형	770×565	?	?	?	?	?	?	?	II

유적	유구	평면형태	규모(cm)	화덕자리				기둥구멍	바닥	출입구시설	분기
				구조	위치(개수)	규모(cm)	평면				
상촌리B	9호	장방형	640×380	?	?	?	?	?	?	?	II
	10호	장방형	765×468	?	?	?	?	?	?	?	II
	11호	장방형	438×434	?	?	?	?	?	?	?	II
	12호	장방형	740×574	?	?	?	?	?	?	?	II
	13호	장방형	510×340	?	?	?	?	?	?	?	II
	14호	장방형	824×564	구덩식	중앙(1기)	100	원형	?	?	?	II
	15호	장방형	700×484	?	?	?	?	?	?	?	II
	16호	장방형	800×535	?	?	?	?	?	?	?	II
	17호	장방형	1050×425	?	?	?	?	?	?	?	II
	18호	장방형	800×465	?	?	?	?	?	?	?	II
	19호	장방형	790×525	?	?	?	?	?	?	?	II
	21호	장방형	(?)×445	?	?	?	?	?	?	?	II
	22호	장방형	735×465	?	?	?	?	?	?	?	II
	23호	장방형	(620)×375	?	?	?	?	?	?	?	II
	24호	장방형	600×420	?	?	?	?	?	?	?	II
	26호	장방형(?)	955×375	?	?	?	?	?	?	?	II
평거동	3호	장방형	839×614	구덩식	중앙(1기)	?	타원형	10	?	·	II
	5호	장방형	960×646	돌두름식	중앙(1기)	80	원형	?	?	·	II
	7호	장방형	790×455	구덩식	장축(2기)	?	원형	?	?	·	II
	11호	장방형	?	구덩식	중앙(1기)	?	타원형	?	?	돌출(반원형)	II
	12호	장방형	?	구덩식	중앙(1기)	?	타원형	?	?	·	II
	13호	방형	?	?	?	?	?	?	?	·	II
	14호	방형	454×(265)	구덩식	편재(1기)	?	원형	?	점토다짐	·	II
	15호	방형	?	?	?	?	?	?	?	·	II
소남리	18-2	?	?	?	?	?	?	?	?	?	III
	25-1	?	?	?	?	?	?	?	?	?	III
금천리	집자리	방형	800×800	돌두름식	중앙(1기)	80	원형	·	생토	·	III
	9호	방형(?)	?	돌두름식	중앙(1기)	?	원형	·	생토	·	III

표 9 남해안지역의 신석기시대 집자리 현황표

유적	유구	평면형태	규모(㎝)	화덕자리				기둥구멍	바닥	출입구시설	분기
				구조	위치(개수)	규모(㎝)	평면				
동삼동	1호	방형	(500)×(420)	구덩식	편재(1기)	70	부정형	벽가배열	(기반층)	·	II
	2호	원형	(600)	·	·	·	·	벽가배열 방형배치	(기반층)	·	II
	3호	?	(400)×(160)	?	?	?	?	10	(기반층)	·	I
목도	1호	원형	420~390	구덩식	중앙(1기)	150×86	부정형	4	점토다짐	·	I
	2호	원형	306	구덩식	편재(1기)	95×53	부정형	5	점토다짐	·	I
송도	1호	부정형	?	돌두름식	편재?(1기)	45~50	원형	3	점토다짐	·	I
	2호	원형	(540)	돌두름식	중앙?(1기)	90~100	원형	1	점토다짐	·	I
비봉리	1호	?	(850)	·	·	·	·	·	?	·	I
	2호	?	(300)×(300)	·	·	·	·	·	?	·	I
봉길리	1호	방형	330×270	·	·	·	·	13(벽가배열)	생토(모래)	·	II
	2호	방형	360×330	돌두름식?	중앙(1기)?	?	?	10	생토(모래)	·	II
	4호	방형	650×570	·	·	·	·	19(내부), 외부(일렬배열)	생토(모래)	·	II

[단행본]

구자진 · 배성혁, 2009, 『한국의 신석기시대 집자리』, 한국신석기학회 · 한강
　　　문화재연구원.

권혁재, 1995, 『한국지리-지방편』, 법문사.

金勇男 · 金用玕 · 黃基德, 1975, 『우리나라 원시집자리에 관한 연구』, 사회과
　　　학출판사.

김광언, 1982, 『한국의 옛집』, 민음사

데.엘.브로쟌스끼(정석배 역), 1988, 『연해주의 고고학』, 학연문화사.

도유호, 1994, 『조선 원시 고고학』, 백산.

동삼동패총전시관, 2004, 『신석기시대의 토기문화』.

동삼동패총전시관, 2009, 『신석기시대 지역문화론』.

박호석 · 안승모, 2001, 『한국의 농기구』, 어문각.

서국태, 1986, 『조선의 신석기시대』, 사회과학출판사.

스즈키 기미오(이준정 · 김성남 옮김), 2007, 『패총의 고고학』, 일조각.

신숙정, 1994, 『우리나라 남해안지방의 신석기문화 연구』, 학연문화사.

신영훈, 1983, 『한국의 살림집』, 열화당.

안승모, 1998, 『동아시아 선사시대의 농경과 생업』, 학연문화사.

안승모, 1999, 『아시아 재배벼의 기원과 분화』, 학연문화사.

오홍철, 1985, 『취락지리학』, 교학연구사.

윤원태, 1998, 『한국의 전통초가』, 재원.

이융조, 2000, 『청주지역의 선사문화』, 청주문화원.

이필우, 1997, 『한국산 목재의 성질과 용도』, 서울대학교출판부.

임효재 외, 2001, 『한국 고대 도작문화의 기원』, 학연문화사.

장기인, 2003, 『목조』, 보성각.

趙賓福(崔茂藏 譯), 1996, 『中國東北新石器文化』, 集文堂.

주남철, 1990, 『한국주택건축』, 일지사.

주남철, 2000, 『한국건축사』, 고려대학교 출판부.

한창균·신숙정·장호수, 1995, 『북한 선사 문화 연구』, 백산자료원.

洪慶姬, 1985, 『村落地理學』, 法文社.

황기덕, 1984, 『조선 원시 및 고대 사회의 기술발전』, 과학·백과사전출판사.

Беседнов А.Н., Вострецов Ю.Е., Жущиховская И.С., Заг
    орулько А.В., Кононенко Н.А., Короткий А.М, Рак
    ов В.А., 1998, *Первые рыболовы в заливе Петра Ве
    ликого. Природа и древний человек в бухте Бо
    йсмана.* Владивосток: ДВОРАН

(베세드노프, 보스트로초프, 주쉬호프스카야, 자고룰코, 코노넨코, 카로트키,
    라코프 1998, 『표트르대제만의 원시 어업민 연구』)

[논문]

고동순, 2000, 「양양 지경리 유적의 생활영역」 『지경리 선사문화에 대한 학술
    강연회』, 양양문화원.

구자진, 2003, 「옥천 대천리의 신석기시대 집자리에 대한 연구」, 한남대학교
    석사학위논문.

구자진, 2004, 「대천리 신석기유적의 토기와 석기에 대한 연구」 『호서고고학』
    11, 호서고고학회.

구자진, 2005a, 「옥천 대천리의 신석기시대 집자리 연구」 『한국상고사학보』
    47, 한국상고사학회.

구자진, 2005b, 「신석기시대 대상반복문토기에 대한 검토」 『한국신석기연구』

제9호, 한국신석기학회.

구자진, 2006a, 「중부 서해안지역의 신석기시대 집자리 연구」『숭실사학』19집, 숭실대학교사학과.

구자진, 2006b, 「우리나라 중서부지역의 신석기시대 집자리 연구」『한국신석기연구』제11호, 한국신석기학회.

구자진, 2007a, 「우리나라 신석기시대 집자리의 지역권설정과 변화양상」『한국신석기연구』제13호, 한국신석기학회.

구자진, 2007b, 「영동지역 신석기시대 집자리 연구」『강원고고학보』제10호, 강원고고학회.

구자진, 2008a, 「신석기시대 대천리식 집자리의 재검토」『호서고고학』18, 호서고고학회.

구자진, 2008b, 「중부 서해안지역 신석기시대 마을의 생계 · 주거방식 검토」『한국상고사학보』60, 한국상고사학회.

구자진, 2009a, 「중부내륙지역의 신석기문화」『한반도 신석기시대 지역문화론』, 동삼동패총전시관.

구자진, 2009b, 「남부내륙지역 신석기시대 마을의 구조와 생계방식 연구」『한국상고사학보』63, 한국상고사학회.

구자진, 2009c, 「대전지역의 신석기문화」『고고와 민속』12, 한남대학교중앙박물관.

구자진, 2009d, 「아산만지역 신석기시대 집자리의 시공적위치」『문화재』42-3호, 국립문화재연구소.

구자진, 2009e, 「서 · 남해안지역 신석기시대 조개더미 유적의 집자리 의미」『한국신석기연구』18, 한국신석기학회.

김건수, 2001, 「군산 노래섬패총 식료자원의 계절성 검토」『한국신석기연구』2, 한국신석기학회.

김건수, 2004, 「패총 연구 방법론 검토」『한국신석기연구』8, 한국신석기학회.

김도경, 2000, 『한국 고대 목조건축의 형성과정에 관한 연구』, 고려대학교 박사학위논문.

김도경 · 주남철, 1998, 「新石器時代 움집의 構造와 變遷에 관한 研究」『大韓建築學會論文集』14권 10호, 大韓建築學會.

김은영, 2006, 「신석기시대 연평도지역의 생계 · 주거 체계 연구」, 서울대학교 석사학위논문.

김장석, 2005, 「신석기시대 경제연구와 패총」『한국신석기연구』9, 한국신석기학회.

김장석·양성혁, 2001, 「중서부 신석기시대 편년과 패총 이용전략에 대한 새로운 이해」『한국고고학보』45, 한국고고학회.

김재윤, 2009, 「서포항 유적의 유적의 신석기시대 편년 재고」『한국고고학보』71, 한국고고학회.

김재윤, 2010, 「두만강 신석기 후기 자돌점선문 토기의 편년과 지역성」『환동해문화권의 신석기시대 제양상』제8회 환동해고고학연구회 정기학술발표회 자료집.

김재호, 2006, 「한국 청동기시대 주거구조의 복원」『영남고고학』39, 영남고고학회.

金正基, 1968, 「韓國竪穴住居址考(一)」『考古學』1輯, 한국고고학회.

金正基, 1976, 「竪穴住居와 半竪穴住居」『張起仁先生回甲記念論文集』.

金正基, 1983, 「住居址發掘에 있어서의 問題點」『韓國史論』12, 國史編纂委員會.

김종혁, 1992, 「압록강하류일대 신석기시대 유적들의 년대에 대하여」『조선고고연구』92-4, 사회과학출판사.

김진희, 2008, 「한반도 신석기시대 주거지에 관한 연구-중서부지역 주거복원을 중심으로」, 원광대학교석사학위논문.

金鴻植, 1977, 「先史時代 살림집의 構造에 대한 연구(假設)」『文化財』11, 문화재관리국.

金鴻植, 1985, 「岩寺洞 움집 復元 考」『文化財』18, 문화재관리국.

김희찬, 1995a, 「신석기시대 주거내 공간활용과 주거 인원수에 관한 연구」『경희사학』19, 경희대학교사학과.

김희찬, 1995b, 『한반도 중서부지역의 신석기문화연구』, 경희대학교 박사학위논문.

리주현, 2000, 「남부조선지역의 신석기시대 집자리에 대하여」『조선고고연구』00-1, 사회과학출판사.

박순발, 1999, 「흔암리유형 형성과정 재검토」『호서고고학』창간호, 호서고고학회.

배성혁, 2006, 「김천 송죽리 신석기시대의 취락 연구」, 계명대학교 석사학위논문.

배성혁, 2007a, 「신석기시대 취락의 공간구조」『한국신석기연구』제13호, 한국신석기학회.

배성혁, 2007b, 「신석기시대의 토기요 연구」 『한국고고학보』62, 한국고고학회.

송은숙, 2002, 『한국 빗살무늬토기 문화의 확산과정 연구』, 서울대학교 박사학위논문.

송은숙, 2003, 「암사동선사주거지의 특성」 『동아시아 속의 암사동 선사문화의 위치』,제5차 암사동 선사 문화 국제학술대회 자료집.

신상효, 1996, 「청동기시대 주거지의 복원적 고찰」, 전남대학교 석사학위논문.

신숙정, 1993, 「신석기시대 조개더미 유적의 성격-남해안 지방을 중심으로」 『한국상고사학보』14, 한국상고사학회.

신숙정, 2004, 「우리나라 신석기ㆍ청동기시대의 동굴 및 바위그늘 유적 연구」 『우리나라 선사시대의 동굴유적과 문화』, 연세대학교박물관.

신숙정, 2005, 「남한강 상류의 신석기문화」 『영서지방의 신석기문화』한국신석기학회 2005년 학술대회자료집.

신숙정, 2007, 「환동해지역 신석기시대의 문화와 사회교류」 『환동해지역 선사시대 사회집단의 형성과 문화교류』, 한국상고사학회.

신종환, 2000, 「금강식토기고」 『고고학지』11, 한국고고미술연구소.

안덕임, 1993, 「패총출토 동물유체-안면도 고남리패총을 중심으로」 『한국고고학보』29, 한국고고학회.

안덕임ㆍ이인성, 2001, 「산소동위원소분석을 이용한 대죽리패총 조개채집의 계절성 연구」 『한국신석기연구』2, 한국신석기학회.

안승모, 1993, 「한강유역의 신석기문화」 『한강유역사』, 민음사.

안승모, 2002, 「신석기시대」 『한국의 학술연구-고고학(남한 선사시대)』, 대한민국학술원.

오규진ㆍ허의행, 2006, 「청동기시대 주거지 복원 및 실험」 『야외고고학』창간호, 한국문화재조사연구기관협회.

이동주, 1991, 「한국 남부내륙지역의 신석기시대 유문토기연구」 『한국상고사학보』7, 한국상고사학회.

이동주, 2000, 「남강유역의 신석기문화와 일본 열도」 『진주 남강유적과 고대 일본』, 인제대학교 가야문화연구소.

이동주, 2006, 「해수면 상승 흔적이 확인되는 동삼동유적의 성격에 대하여」 『한국신석기연구』11, 한국신석기학회.

이상균, 2003, 「한반도 신석기시대 주거의 변천과 구조적 양상」 『고문화』61,

한국대학박물관협회.

이상복, 2010, 「영종도 운서동 신석기시대유적」『영종도의 고고학』인천학 학
　　　술대회 자료집, 인천대학교 인천학연구원.

李成周, 1992, 「신석기시대」『韓國 先史考古學史-연구현황과 전망』, 까치.

이승윤, 2008a, 「중서부지방의 신석기시대 주거지에 대한 일 연구」『고고학』
　　　7-2, 서울경기고고학회.

이승윤, 2008b, 「우리나라 중동부지방의 신석기시대 주거지에 대한 일 연구」
　　　『과기고고연구』14, 아주대학교박물관.

이영덕, 2009, 「서해남부 해안지역의 신석기문화」『한반도 신석기시대 지역문
　　　화론』, 동삼동패총전시관.

이준정, 2002a, 「가도패총 신석기 · 청동기시대 생계양식의 변화상」『한국신석
　　　기연구』3, 한국신석기학회.

이준정, 2002b, 「남해안 신석기시대 생계 전략의 변화양상-패총 출토 동물 자
　　　료의 새로운 해석」『한국고고학보』48, 한국고고학회.

이준정, 2002c, 「패총유적의 기능에 대한 고찰-생계주거체계 연구를 위한 방
　　　법론적 모색」『한국고고학보』46, 한국고고학회.

이준정, 2003, 「동물 자료를 통한 유적 성격의 연구-동삼동 패총의 예」『한국
　　　고고학보』50, 한국고고학회.

이필영 · 한창균 · 김근완 · 구자진, 2002, 「원산도의 선사시대 유적과 유물」
　　　『고고와 민속』5, 한남대학교 중앙박물관.

이현석 외, 2004, 「수혈건물의 폐기양상」『발굴사례 연구논문집』창간호, 한국
　　　문화재조사연구기관협회.

임상택, 1998, 「패총유적의 성격」『과기고고연구』3, 아주대학교박물관.

임상택, 1999, 「호서신석기문화의 시공적 위치」『호서지방의 선사문화』, 호서
　　　고고학회.

임상택, 2000, 「중서부지역 신석기시대 석기에 대한 초보적 검토」『한국신석
　　　기연구회 학술발표회논문집』2000-1, 한국신석기연구회.

임상택, 2004, 「강원지역 빗살무늬토기 문화의 전개과정」『강원지역의 신석기
　　　문화』, 제6회 강원고고학회 학술발표회 자료집, 강원고고학회.

임상택, 2005, 「신석기시대의 최근 조사 성과와 연구 흐름」『한국 고고학의 최
　　　근성과와 과제』, 한국선사고고학회.

임상택, 2006a, 『한국 중서부지역 빗살무늬토기문화 연구』, 서울대학교 박사학위논문.

임상택, 2006b, 「빗살무늬토기문화 취락 구조 변동 연구」 『호남고고학보』23, 호남고고학회.

임상택, 2007, 「한반도 신석기시대 취락의 운용방식의 일단」 『한일 신석기시대의 주거와 집락』, 제7회 한일신석기연구회 발표자료집.

임상택, 2010, 「영종도의 신석기문화」 『영종도의 고고학』인천학 학술대회 자료집, 인천대학교 인천학연구원.

林永珍, 1985, 「움집의 分類와 變遷」 『한국고고학보』17 · 18합호, 한국고고학회.

임효재, 2002, 「미사리유적의 조사개요와 중요성」 『동아세아에서 미사동유적의 위치』, 2002년 하남 미사동 국제학술심포지엄.

장호수, 1988, 「조개더미유적의 성격－서해중부도서지역의 신석기유적을 중심으로」 『백산학보』35, 백산학회.

정성희, 1994, 「암사동 주거지에 대하여」 『마을의 고고학』, 한국고고학회.

조현복, 1995, 「남부내륙지방 즐문토기에 대한 일고찰」 『고문화』64, 한국대학박물관협회.

조형래, 1996, 「수혈주거의 벽과 벽구에 관한 연구」, 부산대학교 석사학위논문.

지현병, 2003, 「강원지방의 선사시대 주거구조에 대한 고찰」 『강원지역의 역사와 문화』, 한국대학박물관협회 제50회 춘계학술대회 자료집.

최종택, 1994, 「미사리유적의 주거양상과 변천」 『마을의 考古學』, 韓國考古學會.

최종혁, 2001, 「생산활동에서 본 한반도 신석기문화－중서부지방과 동북지방의 패총유적을 중심으로」 『한국신석기연구』2, 한국신석기학회.

추연식, 1993, 「패총의 형성과정－수가리패총의 후퇴적과정에 대한 검토를 중심으로」 『한국고고학보』29, 한국고고학회.

秋淵植, 1994, 「聚落考古學의 世界的 硏究傾向」 『마을의 考古學』, 韓國考古學會.

하인수, 1999, 「동삼동패총 발굴성과와 의의」 『제3회 한일신석기연구회 발표요지』, 한국신석기학회.

하인수, 2001, 「동삼동패총 1호 주거지 출토 식물유체」 『제4회 한일신석기문화 학술세미나 발표자료집』.

하인수, 2006, 『영남해안지역의 신석기문화 연구』, 부산대학교 박사학위논문.

하인수, 2008, 「남해안지역 중기 즐문토기사회의 동향」 『남해안지역의 신석기문화』, 2008년 한국신석기학회 추계학술대회 발표자료집.

하인수 · 안성희, 2009, 「남해안지역의 신석기문화」『한반도 신석기시대 지역 문화론』, 동삼동패총전시관.

한영희, 1978, 「한반도 중 · 서부지방의 신석기문화」『한국고고학보』5, 한국고 고학회.

한영희, 1994, 「신석기시대의 사회와 문화」『한국사』1, 한길사.

韓永熙, 1995, 「新石器時代」『韓國考古學의 半世紀』, 韓國考古學會.

한영희, 1996, 「신석기시대 중 · 서부지방 토기문화의 재인식」『한국의 농경문 화』5, 경희대학교박물관.

한창균 · 김근완 · 구자진, 2003a, 「노은동유적에 대한 종합 고찰」『대전 노은 동 유적』, 한남대학교중앙박물관.

吉林省文物考古研究所, 1988, 「和龍縣興城遺址發掘」『博物館研究』2期.

延邊博物館 吉林省文物考古研究所, 2001, 『和龍興城-新石器及靑銅時代遺址 發掘報告』.

延邊博物館, 1991, 「吉林省龍井縣金谷新石器時代遺址情理簡報」『北方文 物』1期.

遼寧省博物館, 1986, 「遼寧東溝大崗新石器時代遺址」『考古』4期.

許玉林, 1989, 「遼寧東溝縣后洼遺址發掘概要」『文物』12期.

許玉林, 1990, 「遼寧東溝縣石佛山新石器時代晚期遺址發掘簡報」『考古』8期.

許玉林, 1990, 「后洼遺址考古新發現與研究」『中國考古學會 第6次 年會論文 集』文物出版社.

甲元眞之, 1997, 「朝鮮先史時代의 集落構造」『住의 考古學』, 東京大學考古學研 究室五十周年記念.

谷口康浩, 2005, 『環狀集落と繩文社會構造』, 學生社.

宮本一夫, 1986, 「朝鮮有文土器의 編年と地域性」『朝鮮學報』121.

金井安子, 1993, 「竪穴住居의 間取り」『季刊考古學』44, 雄山閣.

大林太良, 1971, 「繩文時代의 社會組織」『季刊人類學』2-2. 雄山閣.

小原哲, 1987, 「朝鮮櫛目文土器의 變遷」『東アジアの 考古と歷史』上, 同明舍.

笠原烏丸, 1936, 「櫛目文土器를 發見せる北鮮淸湖里遺蹟에 就いて」『人類學雜 誌』51-1.

田中總一, 2001, 『韓國 中 · 南部地方 新石器時代 土器文化 研究』, 東亞大學校

博士學位論文.

B. G. Trigger, 1968, The Determinants of Settlement Patterns, Settlement Archaeology, ed. K. C. Chang, National Press Books.

Fitch. J. M and Branch. D. P, 1960, Primitive Architecture and Climate, Scientific American 230-6.

M. Komoto, H. Obata, 2004, Krounovka 1 Site in Primorye, Russia.

[보고서 및 유적자료]

강릉대학교박물관, 2002, 『양양 지경리 주거지』.

강원문화재연구소, 2005a, 『강릉 초당동 유적Ⅰ』.

강원문화재연구소, 2005b, 『하화계리 · 철정리 · 역내리유적』.

강원문화재연구소, 2006a, 『강릉 초당동 신석기유적』.

강원문화재연구소, 2006b, 『강릉 초당동 유적Ⅱ』.

강원문화재연구소, 2006c, 『강릉 하시동 공군관사부지내 문화유적 시굴조사 보고서』.

강원문화재연구소, 2007a, 「영월 주천리 375번지 개인주택부지 발굴조사 지도 위원회의 자료」.

강원문화재연구소, 2007b, 「정선 아우라지 유적-2차 발굴조사 약보고서」.

강원문화재연구소, 2007c, 『신매리 10 · 47-1번지 유적』.

강원문화재연구소, 2007d, 『정선 임계리 고분군』.

강원문화재연구소, 2008, 『천전리』.

강중광, 1974, 「룡연리유적 발굴보고」 『고고학자료집』4, 사회과학출판사.

경기도박물관, 2002, 『연천 삼거리유적』.

경기도자박물관, 2008, 『광주 신대리 18호 백자요지 발굴조사보고서』.

경기문화재연구원, 2009, 『문산 당동리 유적』.

경남대학교박물관, 2003, 「대구-부산간 고속도로 구간내 밀양 금천리 유적- 현장설명회 자료」.

경남발전연구원, 2009, 「진주 평거동 유적 - 4-Ⅰ지구 - 현장설명회 자료」.

경남발전연구원, 2010, 「진주 평거동 유적 - 4-Ⅰ지구 - 현장설명회 자료」

경상남도 · 동아대학교박물관, 1999, 『남강유역문화유적발굴도록』.

경상북도문화재연구원, 2006, 『대구 대봉동 마을유적』.

경상북도문화재연구원, 2007, 「대구 유천동 248-1번지 일원 유적 발굴조사 지도위원회 및 현장설명회 자료」.

경주대학교박물관, 2007, 『대구 대천동 현대 홈타운 신축부지 내 발굴조사보고서』.

계명대학교행소박물관, 2006, 『김천 송죽리 유적 I 』.

고동순, 2006, 「최근에 조사된 영동지방 신석기유적」『계층 사회와 지배자의 출현』, 한국고고학회.

고려문화재연구원, 2006, 「안산 신길택지개발지구내 유적 발굴(시굴)조사-IV 지점 신석기시대 주거지 발굴조사」.

고려문화재연구원, 2007a, 「성남 판교지구 문화재 발굴조사(24-1지점 · 21-2 지점)」.

고려문화재연구원, 2007b, 「안산 신길동 유적-안산 신길택지개발지구내 IV · V 지점 발굴조사-」.

고려문화재연구원, 2009a, 『인천 영종도 유적』.

고려문화재연구원, 2009b, 「김포 양촌 택지개발지구내 문화재 시 · 발굴조사 7 차 지도위원회의 자료집」.

고영남 · 전일권, 2000, 「소정리유적 3지점 신석기시대 집자리에 대하여」『조선고고연구』98-3, 사회과학출판사.

공주대학교박물관, 2002, 『학암리유적』.

공주대학교박물관, 2009, 『해미 기지리유적』.

구자진 · 최봉균 2007, 『아산 성내리신석기유적』, 충청남도역사문화원.

국립광주박물관, 1989, 『돌산송도 I 』.

국립광주박물관, 1990, 『돌산송도 II 』.

국립김해박물관, 2008, 『비봉리』.

국립문화재연구소, 1999, 『양양 가평리』.

국립문화재연구소, 2003, 『연평 모이도패총』.

국립문화재연구소, 2004, 『고성 문암리 유적』.

국립문화재연구소, 2005, 『대연평도 까치산패총』.

國立博物館, 1957, 『韓國西海島嶼』, 乙酉文化社.

국립박물관, 1967, 『한국 지석묘 연구』.

국립중앙박물관, 1994 · 95, 『암사동』.

국립중앙박물관, 1999, 『암사동 Ⅱ』.
국립중앙박물관, 2006, 『암사동 Ⅲ』.
국립중앙박물관, 2007, 『암사동 Ⅳ』.
국립중앙박물관, 2008, 『암사동 Ⅴ』.
국립진주박물관, 1999, 『목도패총』.
국립청주박물관, 1993, 『청원 쌍청리 주거지』.
기전문화재연구원, 2007a, 「시흥 능곡택지개발지구내 능곡동유적 발굴조사」.
기전문화재연구원, 2007b, 『남양주 호평동 지새울 유적』.
기호문화재연구원, 2009, 『용인 농서리 유적』.
金光洙, 1968, 「암사동 즐문토기 유적 발굴 개보」『고고미술』9-2.
김권중, 2006, 「춘천 거두2지구 유적」『계층 사회와 지배자의 출현』, 한국고고
　　학회.
김대성, 2007, 「익산 웅포리유적」『한국신석기연구』14, 한국신석기학회.
김동일 · 김광철, 2001, 「증산군 룡덕리 신석기시대 집자리에 대하여」『조선고
　　고연구』01-3, 사회과학출판사.
김동일 · 서국태 · 지화산 · 김종혁, 2002, 『마산리 · 반궁리 · 표대 유적발굴보
　　고』, 사회과학출판사.
김영우, 1964, 「세죽리유적 발굴 중간보고(2)」『고고민속』64-4, 사회과학원출
　　판사.
김용간, 1964, 『금탄리원시유적발굴보고』, 사회과학출판사.
김용간 · 리순진, 1966, 「1965년도 신암리유적 발굴보고」『고고민속』66-3, 사
　　회과학원출판사.
김용간 · 서국태, 1972, 「서포항원시유적 발굴보고」『고고민속논문집』4, 과
　　학 · 백과사전출판사.
김용간 · 석광중, 1984, 『남경유적에 관한 연구』, 과학백과사전출판사.
김용남, 1983, 「궁산문화에 대한 연구」『고고민속논문집』8, 과학 · 백과사전출
　　판사.
김원룡, 1961, 「부여 나복리의 즐문토기」『고고미술』2-12.
김원룡, 1963, 「춘천 교동혈거유적과 유물」『역사학보』20, 역사학회.
김정문, 1964, 「세죽리유적 발굴 중간보고(1)」『고고민속』64-2, 사회과학원출
　　판사.

대동문화재연구원, 2009, 「김천 부항다목적댐 건설지역내(제2-1·8구역) 유
　　　적 발굴조사 제1차 지도위원회의자료」.

도유호·황기덕, 1957, 『궁산원시유적발굴보고』, 과학원출판사.

도유호·황기덕, 1961, 『지탑리원시유적발굴보고』, 과학원출판사.

동아대학교박물관, 1989, 『합천 봉계리유적』.

동아대학교박물관, 2001, 『진주 상촌리 선사유적(도판·부록)』.

동의대학교박물관, 2002, 『상촌리유적』.

리기련, 1980, 『석탄리유적 발굴보고』, 과학백과사전출판사.

리순진, 1965, 「신암리유적 발굴보고」『고고민속』65-3, 사회과학원출판사.

문화재관리국, 1974, 『팔당·소양댐 수몰지구 유적발굴종합보고』.

미사리선사유적발굴조사단, 1994, 『미사리』제5권.

박철, 2008, 「표대유적 제7지점에서 발굴된 집자리와 유물」『조선고고연구』
　　　08-2호, 사회과학출판사.

변사성, 1992, 「소정리유적 1지점 신석기시대 집자리 발굴보고」『조선고고연
　　　구』92-3, 사회과학출판사.

변사성·고영남, 1989, 「마산리유적의 신석기시대 집자리에 대하여」『조선고
　　　고연구』89-4, 사회과학출판사.

변사성·안영준, 1986, 「강상리유적의 질그릇 갖춤새에 대하여」『조선고고연
　　　구』86-2, 사회과학출판사.

부산박물관, 2007, 『동삼동패총 정화지역 발굴조사보고서』.

서국태·지화산, 1994, 「반궁리유적에 대하여(1)」『조선고고연구』94-2, 사회
　　　과학출판사.

서국태·지화산, 1995, 「반궁리유적에 대하여(2)」『조선고고연구』95-2, 사회
　　　과학출판사.

서국태·지화산, 2002, 『남양리유적 발굴보고』, 사회과학출판사.

서울대학교 인문학연구소, 1999, 『영종도 는들 신석기유적』.

서울대학교박물관, 1984, 『오산리』.

서울대학교박물관, 1985, 『오산리Ⅱ』.

서울대학교박물관, 1988, 『오산리Ⅲ』.

서울대학교박물관, 2001, 『오이도 가운데살막패총』.

서울대학교박물관, 2002, 『오이도 뒷살막패총-시굴조사보고서-』.

서울대학교박물관, 2003, 『인천국제공항 2단계건설 부지조성공사 기본 및 실
　　　시설계용역 문화유적 발굴조사 조사결과보고서.』.

서울대학교박물관, 2007, 『삼목도 유적Ⅲ』.

석광준 · 허순산, 1987, 「장촌유적 발굴보고」 『조선고고연구』87-4, 사회과학
　　　출판사.

신라대학교 가야문화재연구소, 1998, 「산청 소남리유적」 『영남고고학』22, 영
　　　남고고학회.

신라문화유산조사단, 2006, 「경주 양북면 봉길리 13-1번지 근린생활시설신축
　　　예정부지 내 발굴조사 지도위원회의 자료」.

안춘배, 1989, 「거창 임불리선사주거지 조사개보」 『영남고고학보』6, 영남고고
　　　학회.

암사동유적발굴조사단, 1983, 『암사동 유적 긴급 발굴조사 보고』.

암사동유적발굴조사단, 1984, 『암사동 수혈주거지 복원기초조사 보고서』.

양인철 · 이경하, 2008, 「인천 중산동 유적 발굴조사 중간보고」 『남해안지역의
　　　신석기문화』, 2008년 한국신석기학회 추계학술대회 자료집, 한국신석
　　　기학회.

영남문화재연구원, 2002, 『대구 서변동취락유적Ⅰ』.

예맥문화재연구원, 2007, 「양양 여운포-송전간 도로개설부지내 유적 발굴조
　　　사 2차 지도위원회의 자료」.

예맥문화재연구원, 2008a, 「영월 주천리 하수종말처리장 건설부지내 유적 발
　　　굴조사 지도위원회의 자료」.

예맥문화재연구원, 2008b, 『양양 송전리 유적』.

예맥문화재연구원, 2009, 『고성 철통리 유적』.

원광대학교 마한 · 백제문화연구소, 2002, 『노래섬(Ⅰ)』.

유환성, 2007, 「경주시 양북면 봉길리 신석기유적」 『한국신석기연구』제13호,
　　　한국신석기학회.

이경기 외, 2009, 「홍천 성산리 유적 조사개보」 『2009년 강원고고학회 춘계학
　　　술대회 자료집』, 강원고고학회.

이남석 · 이현숙, 2009, 「계룡면 용동리 신석기시대 주거지」 『한국신석기연구』
　　　18, 한국신석기학회.

이종안, 2007, 「안산 신길동유적」 『중서부지역 신석기문화의 제문제』, 서울경

기고고학회 · 한국신석기학회 공동학술대회 자료집.

이훈 · 구자진, 2005, 『아산 풍기동 유적』, 충청남도역사문화원.

임상택 · 양시은, 2006, 「인천 삼목도Ⅲ유적」『남부지방 신석기문화의 제문제』 2006년 한국신석기학회 학술대회 발표자료집, 한국신석기학회.

임효재, 1985, 『암사동』, 서울대학교박물관.

전북문화재연구원, 2007a, 「익산 웅포관광지(3지구) 문화재 발굴조사 익산 웅포리 유적(Ⅰ · Ⅱ지구)」.

전북문화재연구원, 2007b, 「전주 효자5유적-제1차 지도위원회의 및 현장설명회 자료」.

전일권, 1999, 「소정리유적 2지점 신석기시대 집자리에 대하여」『조선고고연구』99-3, 사회과학출판사.

정찬영, 1983, 「토성리유적」『압록강, 독로강 유역 고구려유적 발굴보고』13, 과학 · 백과사전출판사.

조선대학교박물관, 2005, 『진안 진그늘 선사유적』.

조선유적유물도감편찬위원회, 1988, 『조선유적유물도감 - 원시편』.

중부고고학연구소, 2009, 「김포 신곡 6지구 도시개발사업내 유적 발굴조사 3차 지도위원회의 자료집」.

중부고고학연구소, 2010, 「여주 자유골프장 조성사업부지내 유적(2지구) 발굴조사 제5차 지도위원회의 자료집」.

중앙문화재연구원, 2002, 『대전 관평동유적』.

중앙문화재연구원, 2006, 『인천 을왕동 유적』.

중앙문화재연구원, 2008a, 「인천 운서동 유적-신석기시대 취락유적의 조사-」.

중앙문화재연구원, 2008b, 「인천경제자유구역 영종지구 영종하늘도시 1구역(운서동) · 3구역(중산동) 유적 발굴조사」.

중앙문화재연구원, 2008c, 「인천경제자유구역 영종지구 영종하늘도시내(3구역) 유적 문화재 발굴조사 4차 지도위원회의 자료」.

중앙문화재연구원, 2010, 「서산테크노밸리 조성사업부지내 유적 발굴조사 약보고서」.

중원문화재연구원, 2008, 『음성 금석리 유적』.

지화산, 2001, 「남양리유적 신석기시대 집자리에 대하여」『조선고고연구』01-4, 사회과학출판사.

지화산 · 리명철, 2008, 「리천리 유적 제1지구 신석기시대 집자리에 대하여 (1)」『조선고고연구』08-2호, 사회과학출판사.

충남대학교박물관, 1995a, 「보령 관창리 주거유적 발굴조사 약보고서」.

충남대학교박물관, 1995b, 『둔산』.

충남대학교박물관, 2001, 『가도패총』

충남대학교박물관, 2008, 『서천 장암패총』.

충북대학교박물관, 2004, 『청주 봉명동 유적(Ⅲ)』.

충청남도역사문화원, 2005, 「서산 기지리유적 현장설명회자료」.

충청남도역사문화연구원, 2008, 「당진 도시개발지역내 문화유적 발굴조사 2 차 지도위원회의 자료집」.

충청남도역사문화연구원, 2009a, 「아산 탕정 제2일반지방산업단지 조성부지 내 Ⅰ지역 1지점(나구역) 문화유적 발굴조사 아산 용두리 외골 유적」.

충청남도역사문화연구원, 2009b, 「당진 합덕지방산업단지 조성사업부지내 문화유적 발굴조사 개략보고서」.

충청남도역사문화연구원, 2009c, 『공주 신관동 관골 유적』.

충청남도역사문화연구원, 2009d, 「도청이전신도시 2-4지점 매장문화재 발굴 조사 2차 지도위원회의 자료집」.

충청문화재연구원, 2005, 『홍성 장척리 · 상정리 유적』.

충청문화재연구원, 2007, 『홍성 송월리 · 학계리 유적』.

충청문화재연구원, 2008a, 「천안유통단지 개발사업지역내 문화유적 발굴조 사-천안 백석동 고재미골 유적」.

충청문화재연구원, 2008b, 『아산 장재리 안강골 유적(Ⅰ)』.

충청문화재연구원, 2009, 『아산 용화동 가재골 유적』.

충청문화재연구원, 2010, 「당진 송악지구 도시개발 사업지구내 문화유적 발굴 조사 당진 기지시리 내기유적」.

학계소식, 2003, 「표대유적에서 발굴된 신석기시대 집자리」『조선고고연구』 03-2, 사회과학출판사.

한강문화재연구원, 2008a, 「운북 복합레저단지 조성사업 예정부지내 문화유 적 발굴조사 1차 지도위원회」.

한강문화재연구원, 2008b, 「인천경제자유구역 영종지구(영종지역) 문화재 발굴 조사 3차 지도위원회의 -22 · 23지점-」.

한강문화재연구원, 2008c, 「인천경제자유구역 영종지구(영종지역) 문화재 발굴
　　조사 자문위원회-21·23지점-」.

한강문화재연구원, 2009a, 「강원 원주혁신도시 개발사업부지내 문화유적 발
　　굴조사 6차 지도위원회의 자료」.

한강문화재연구원, 2009b, 「김포 양촌 택지개발지구내 문화재 발굴조사 6차
　　지도위원회의 자료」.

한강문화재연구원, 2010, 「강원 원주혁신도시 개발사업부지내 문화유적 발굴
　　조사 9차 지도위원회의 자료」.

한국고고환경연구소, 2008, 「아산시 국도대체우회도로(배방~탕정)건설공사 구
　　간내 문화유적 발굴조사 지도위원회의 자료」.

한국문화재보호재단, 2003, 『제천 신월토지구획 정리사업지구 문화유적 시·
　　발굴조사 보고서』.

한국문화재보호재단, 2007, 「성남 판교지구 문화유적 2차 발굴조사-4차 지도
　　위원회의 자료」.

한국문화재보호재단, 2009, 「의정부 민락(2)지구 택지개발 유적 발(시)굴조사
　　2차 지도위원회의 자료」.

한국문화재조사연구기관협회, 2009, 『강릉 초당동 유적』.

한남대학교중앙박물관, 2003, 『옥천 대천리 신석기유적』.

한백매장문화재연구원, 2008, 「남양주 별내 택지개발 사업지구내 문화재 시·
　　발굴조사 3차 지도위원회의 자료」.

한신대학교박물관, 2007, 『화성 가재리 원삼국토기 요지』.

한양대학교박물관, 1999, 『영종도 문화유적-신항공 고속도로 건설지역내 문
　　화유적조사 종합보고』.

호남문화재연구원, 2003, 『갈머리 유적』.

홍성수, 2007, 「시흥 능곡동유적」『중서부지역 신석기문화의 제문제』, 서울경
　　기고고학회·한국신석기학회 공동학술대회 자료집.

황기덕, 1975, 「무산 범의구석유적 발굴보고」『고고민속논문집』6, 과학·백과
　　사전출판사.

ㄱ

가구방식 16, 138, 174
가옥 11
가재리 유적 35
가평리 유적 36
갈대 152
갈머리 유적 38
강상리 유적 27, 105
거두리 유적 32
거점지역 189
거점집단 203
결합식낚시 217
계절주거방식 207
계층화 12, 180
고깔지붕 13
고산리식토기 51
고상가옥 15, 140
공간배치구조 20
공구류 212, 214, 217
공동시설 19

관창리 유적 38
관평동 유적 38
교동 동굴유적 32
구덩식 64, 65, 74, 120
구래리 유적 36
구릉지역 137
구조부재의 재료 150
굴지구 218
궁산 유적 29
궁산문화 30
그물추 218
그보즈제보-4유적 27
금곡 유적 27
금석리 유적 32
금천리 유적 39
금탄리 유적 29, 204
기둥 175
기둥-도리식 구조 145
기둥구멍 64
기둥구멍 내 초석(다짐)형

139
기둥구멍형 139
기둥배치 14
기둥세우기 방식 139
기둥식-뿔형 16
기지리 유적 34
기지시리 내기 유적 34
까치구멍집 14

ㄴ

난방시설 64
남경 유적 29
남부내륙지역 39, 95
남양리 유적 30
남해안지역 40, 97
내부공간분할 70, 73,
　91, 107, 126
내부공간활용 91
내부시설 63
내평리 유적 32

농서리 유적 109, 125, 213
느들 유적 213
능곡동 유적 34, 109

ㄷ

단시설 100, 121
닭머리남 175
당동리 유적 31
대강 유적 29, 102
대규모 마을 181
대동강·황해도지역 29, 70
대봉동 유적 39
대연평도 까치산 조개더미 유적 35
대천동 유적 39
대천리 유적 38, 116
대천리식 집자리 18, 51, 108, 111, 125, 167, 186, 198, 218
덕송리 유적 31
도랑 100
도리 139, 175
도식화 116
도토리 150
돌두름식 64, 65, 74, 117, 120
돌무지식 64, 74
돌칼 218
동굴 78
동북지역 27, 65
동삼동 유적 40, 99, 189
두만강유역 27

둔산 유적 38, 154

ㄹ

룡덕리 유적 30
룡연리 유적 28
리천리 유적 30

ㅁ

마산리 유적 29, 191
마을 11, 12, 179
마을구조 180
마을유적 12
마을의 분류 207
맞배지붕 16, 144
맨바닥형 139
모이도 조개더미 유적 35
모임지붕 14, 16
母子集團 110
목도 유적 40, 102
목리 유적 34, 108
목제가공구 212, 214
몽고포모양 14
무주식 구조 144
무주식·뿔형 16
문암리 유적 36, 102, 193, 217
문양구성 46
문양배치 46
문양형태 46
미사리 유적 31, 210
민도리집 147
민락 유적 31

ㅂ

바닥처리 64
바위그늘 78
반곡리 유적 212
반궁리 유적 28
반움집 141
방사성탄소연대측정값 54, 196
백석동 고재미골 유적 34
백암리 213
백암리 점백골 유적 34
백이기둥 14
범의구석 유적 27, 65, 112, 134, 204
범의구석식 집자리 134, 172
벽 15, 63, 140
벽 시설 140
보-도리(柱-梁式 構造)양식 141
보강기둥식 구조 144
보강기둥식·뿔형 16
보이스만 유적 27, 102
보조기둥 64
복원 137
봉계리 유적 39
봉길리 유적 40
봉명동 유적 38
부속공간 168
뿔형 16

ㅅ

사구지대 103, 183

사송동 유적 31
사열-도리식 112
사주-도리식 구조 145
사회조직 180
살림집 13, 14
삼거리 유적 31, 33, 102, 210
삼목도 유적 35
상관관계 102, 115
상대편년 25, 43, 54, 196
상부구조 63, 138
상정리 유적 38
상촌리 유적 39, 130
상호작용 102
생계·주거방식 20, 111
생계방식 19, 77, 103, 177, 185
생업분화 185
생활공간 15, 91, 167, 221
생활영역 12, 15
서까래 139, 175
서변동 유적 39
서북지역 28, 67
서포항 유적 27, 65, 102, 191, 196
석기제작장 17
석기조합양상 185, 214
석불산 유적 29
석삼리 유적 38
석촉 218
석탄리 유적 29
선반시설 65
성내리 유적 34

성산리 유적 32
世帶 19
세대공동체 184
세죽리 유적 28
소규모 군집 181
소남리 유적 39
소문화영역 26
소소리 유적 34
소정리 유적 29, 102
송도 유적 40, 102
송월리 유적 38
송전리 유적 36, 217
송죽리 유적 20, 39, 130
송죽리식 집자리 51, 129, 170, 186
수렵·어로구 212, 214, 217
수렵·채집 180, 184
수시이동방식 207
수장벽 140
수종분석 150
순환거주형태 195
식량가공구 212, 214, 217
식량채집구 185, 212, 214
식량획득도구 218
신곡리 유적 36
신관동 유적 38
신길동 유적 34, 109
신길동식 집자리 122, 164
신대리 유적 31
신매리 유적 32

신석기시대 11
신암리 유적 28
신월리 유적 32, 212
쌍다리모양 14
쌍청리 유적 38

ㅇ

아우라지 유적 32
암사동 유적 15, 31, 74, 154, 191
암사동식 집자리 117, 158
야외 화덕시설 209
양귀리 유적 31
억새 152
역내리 유적 32, 212
연중거주방식 207
열상배치 207
영선동식토기 51
영역화 12
영종도 는들 유적 35
영하리 유적 38
오산리 A·B유적 36
오산리 C유적 36
오산리 유적 154, 193
오산리식 집자리 119, 159
오이도 뒷살막·가운데살막 조개더미 유적 35
오진리식토기 51
올레니-1유적 27
왕정리 유적 34
외기둥형 14
외다리형 14

용동리 유적 38, 170
용두리 유적 213
용마루형 16, 144, 146
용화동 가재골 유적 34
우두리 유적 34
우진각지붕 16, 144
운북동 유적 35
운서동 유적 35, 81, 102,
   108, 193, 213
운서동 젓개마을 유적
   35
운서동식 집자리 120,
   162
운양동 유적 36, 125, 213
움집 13, 15, 63, 137,
   140, 141
움집복원 138, 153
웅포리 유적 38
원시적인 초석 175
유물복합체 116
유사 대천리식 집자리
   127, 200
유천동 유적 39
유형 115, 116
유형설정 115
융기문토기 51
을왕동 유적 35, 213
음식물 조리 64
의식주 11
이동생활 180
이중구연토기 51
이중도리식 146
이중도리식-네모뿔형
   145

인구증가 181
인문환경 150
임불리 유적 39
입지변화 185
입지선택 188

ㅈ
자연환경 150
자이사노프카-3유적 27,
   102
장재리 안강골 유적 34
장촌 유적 29
저장시설 18, 65
저장움 72, 77
전형 대천리식 집자리
   200
점이지대 37, 105, 110,
   200
정주마을 184, 197, 212,
   214
정주생활 180
정치체 12
조개더미 유적 97, 103,
   188
조명시설 64
주거공간 15, 20, 191,
   207
주심도리식 146
주제토 154
주천리 유적 32, 212
중부내륙지역 30, 73
중부동해안지역 36, 86
중부서해안지역 33, 81
중산동 유적 35

중심열주식 146
중심집단 203
지경리 유적 36, 198
지붕 63, 152
지붕의 가구방식 143
지붕형태 14
地上家屋 159
지역권설정 25
지역성 106
지좌리 유적 39
지탑리 유적 29
진그늘 유적 38, 131
집단의 이동 181
집자리 11, 12
집터 63

ㅊ
찰절석기 217
참나무과 상수리나무류
   150
천전리 유적 32
철통리 유적 36, 88, 206,
   217
초당동 유적 36, 198
초보적인 농경 180, 181,
   202, 212, 217, 221
초석 67
초석형 139
촉 176
출입구시설 64, 107
충적대지 117, 137, 181
충청내륙지역 37, 91
聚落 11
칡넝쿨 152

ㅋ

칸막이기둥 64
크로우노프카 유적 27

ㅌ

탄화 곡물 221
태선침선문토기 51
토기가마 209
토기생산공간 20, 191,
  207
토기제작장 17
토성리 유적 27
퇴화침선문토기 51

ㅍ

판교동 유적 31

편년설정 13
평거동 유적 202
평면형태 14
표대 유적 30
풍기동 유적 34

ㅎ

하부구조 63
하시동 유적 36, 217
학암리 유적 38
한정행위장소 208
해수면 상승 184
해수면변동 189
해안사구 137
호상배치 207
호평동 지새울 유적 31

화덕자리 64
화분분석 152
화접리 유적 31, 212
효자동 유적 38
후와 유적 29
후와(상층) 유적 112
후와(하층) 유적 102
홍성 유적 27, 196

4주식 117, 120
Rhinoceros program 158